见识城邦

更新知识地图　拓展认知边界

FRANÇOIS HARTOG

PARTIR POUR LA GRÈCE

出发去希腊

［法］弗朗索瓦·阿赫托戈 著
闫素伟 译

中信出版集团 | 北京

图书在版编目（CIP）数据

出发去希腊 /（法）弗朗索瓦·阿赫托戈著；闫素伟译. -- 北京：中信出版社，2020.5

ISBN 978-7-5217-0392-4

Ⅰ. ①出… Ⅱ. ①弗… ②闫… Ⅲ. ①古希腊—历史—研究 Ⅳ. ① K125

中国版本图书馆 CIP 数据核字 (2019) 第 071065 号

出发去希腊

著　　者：［法］弗朗索瓦·阿赫托戈

译　　者：闫素伟

出版发行：中信出版集团股份有限公司

（北京市朝阳区惠新东街甲 4 号富盛大厦 2 座　邮编　100029）

承 印 者：北京通州皇家印刷厂

开　　本：787mm × 1092mm　1/16　　印　　张：17.75　　字　　数：260 千字

版　　次：2020 年 5 月第 1 版　　印　　次：2020 年 5 月第 1 次印刷

京权图字：01-2016-2226　　广告经营许可证：京朝工商广字第 8087 号

书　　号：ISBN 978-7-5217-0392-4

定　　价：68.00 元

献给

周二 11：00—13：00

听课的各位学生

目　录

前　言

来自远方的希腊

回到昨日希腊的光荣，
和往昔罗马的盛名。

这两句诗引自爱伦·坡的《致海伦》(*Hélène*, 1845)。爱伦·坡的这首诗在盎格鲁–撒克逊国家相当有名。我们可以说，这两句诗使经典的古代文化有了名称，有了地位，同时也将古代文化与古希腊和古罗马联系在了一起。光荣属于希腊，盛名归于罗马，但不管是希腊还是罗马，都早已成为过去。诗句中流露出些许伤感。实际上，爱伦·坡的诗表达、转述、浓缩了公元2世纪的一个作家普鲁塔克的话，而且是用充满乐感的话语恰如其分地将普鲁塔克的话重新表达了一遍。忒修斯和罗穆路斯分别是雅典和罗马的创建者。普鲁塔克在《希腊罗马名人传》(*Vies Parallèles*)中这两个人物的传记一开始，的确谈到过"美丽而著名"的雅典，也探索过"罗马的伟大名声"。[1] 换句话说，从普鲁塔克到爱伦·坡——我们姑且只从这一段历史时间来看——他们始终保持了看待雅典和罗马的某种方式。对普鲁塔克来说，那是他生活的罗马帝国，而且他是贵族和知识分子，他既是维奥蒂亚[2] 小城

1　普鲁塔克:《忒修斯传》1，5；《罗穆路斯传》1，1。
2　维奥蒂亚(Béotie)位于古希腊的中部(中希腊)，是中希腊的主体地区之一。——译者注

的公民，又是罗马的公民，所以他会想方设法找到罗马的意义。而爱伦·坡则是在想象一片文学的天地，用的几乎是模仿的方式，并以此为媒介，向海伦表达心声。这里提出的，是两种希腊的形象，是两种与希腊建立联系的方式。[1]

雅典的光荣和罗马的盛名

在后面几页文字当中，作者主要说的是雅典，而不是罗马。但是，如果没有罗马的盛名，何来雅典的光荣呢？我们姑且假设古罗马人没有征服希腊，而且，根据贺拉斯（Horace）的著名诗句，希腊并没有征服罗马这个野性难驯的战胜者；如果是这样的话，“希腊的遗产”能够伴随西方漫长的历史吗？很可能不会，或者至少其伴随的方式会不一样。在罗马和耶路撒冷之间，雅典会如何，又会有什么样的地位呢？为了回答“我们是谁”这个不可避免的问题，古罗马人是最先不得不面对希腊人的，而当时的世界自从荷马以来，便始终是希腊人的故事中所讲述的那样，始终是与希罗多德一起，由希腊的悲剧作家和哲学家思考出来的。所以，我们是蛮族人，还是希腊人呢？是正在希腊化的蛮族人，还是不开化的古希腊人呢？如何从这种两难之中走出来呢？对这个问题，我们知道维吉尔是如何给出了天才的回应的：我们是特洛伊人。而且，《埃涅阿斯纪》（*Enéide*）是被战胜者起来报复的史诗；奥古斯都的元首制标志着最终达成的结果。已经过去的多少个世纪的进程，都可以从这个角度进行审视。而埃涅阿斯从燃烧着大火的特洛伊走出来的场景，模仿的是尤利西斯，实际上（在不自觉中）

---

1 详见普鲁塔克的《希腊罗马名人传》（Plutarque, *Vies parallèles*, édition publiée sous la direction de F. Hartog, Paris, Gallimard, “Quarto”, 2001, p. 9–49）。关于爱伦·坡，详见波德莱尔（Baudelaire）《关于爱伦·坡的生平和作品的笔记》（“Notice sur la vie et les ouvrages de Poe”），载 Edgar Allan Poe, *Œuvres en prose*, Paris, Gallimard, “普雷亚德丛书”，1951, p. 1008。他虽然在赞美这首诗的节奏和韵律，但他也说了那是模仿。

却是一次返回原点的回归之旅。[1]

希腊的状况又如何呢？希腊人是什么时候从历史中走出来的，或者说，希腊人是什么时候变成了历史的“对象”的呢？是古罗马人胜利之后吗？是在公元前 168 年，在珀耳修斯（Persée）失败了的那次彼得那战役[2]之后，当最后一个马其顿国王面对保罗–埃米尔（Paule-Emile）军团的时候吗？在这次经历之后，波里比阿（Polybe）[3]作为人质后来在罗马度过了 17 年，终于明白了一件事：面对新的世界要有一个新的历史，新的历史不应该是“四分五裂”的历史，而应当是全世界的或者全球的历史；在这一新的历史当中，罗马认为自己的演变与命运女神的进程一样。[4]但是，还有其他的一些人，对于他们在“古典希腊”成为历史对象的过程中起的作用，我们怎么强调都不算过分；这些人当中首先是普鲁塔克，他认为光荣的希腊，作为自由城邦并创造了伟大的精神财富的希腊，是在公元前 338 年，在喀罗尼亚战役的时候，在马其顿的腓力战胜了以雅典为首的城邦联盟时，就已经结束了。在雅典人被战胜之后，德摩斯梯尼[5]便成了末路历史的悲剧之英雄代表。

谁这样认为呢？西塞罗这样认为，而且尤其是现代人也这样认为。洪堡[6]把1806年在耶拿被拿破仑战胜的普鲁士和被腓力战胜的希腊进行比较，并因此而设想写一部“希腊末期和衰落的历史，并把这一事件

1　弗朗索瓦·阿赫托戈：《尤利西斯的记忆：古希腊的边界叙事》（F. Hartog, *Mémoire d'Ulysse. Récits sur la frontière en Grèce ancienne*, Paris, Gallimard, 1996, p. 26–28）。

2　彼得那战役发生在公元前 168 年的马其顿，是马其顿王国与罗马在第三次马其顿战争中的一场决定性战役。此次战役的结果导致马其顿王国覆灭。——译者注

3　波里比阿（公元前 200—公元前 120），古罗马历史学家，本是希腊人，晚年成为罗马公民。大约在他 37 岁之时，作为一名政治犯到了罗马。——译者注

4　波里比阿：《历史》（*Histoires* I, 4、1–4）。

5　德摩斯梯尼（公元前 384—公元前 322），雅典政治家，是马其顿腓力二世的死对头，也是雅典最著名的演说家。——译者注

6　威廉·冯·洪堡（Wilhelm von Humboldt，1767—1835），生于德国波兹坦，柏林洪堡大学的创始者，也是著名的教育改革者、语言学者及外交官。1819 年后辞去公职，专门从事学术研究。洪堡是比较语言学的创始人之一。——译者注

看作通史的历史中心”。[1]这是他的原话。这个计划没有实现，但是总体上的想法是非常清楚的。“在马其顿人和罗马人先后的围攻之下，希腊各邦没落了；拿破仑的围攻导致了德国各邦的衰落。从中我们应当可以看出，战胜者总是低于被战胜者。野蛮的民族实际上总是战胜更加文明的民族。不公正的、善于算计的、动荡的民族总是战胜最为人道的、以正直和忠诚的方式从事和平活动的民族。”[2]法国人就是这样欺负人的野蛮民族！但是，在此之后，在内部为自由而进行的斗争中，文明的民族最终是能够战胜作为战胜者的野蛮民族的。这里说的就是被战胜的德国人！从贺拉斯的原话出发，于是便有了洪堡的日耳曼-希腊文化计划，后来，当他被任命为宗教信仰和公共教育局的局长之后，他从1809年开始立即实施了这项计划。基于与希腊存在着“无可否认的相似性”，该计划是围绕着“教化”（bildung）这一中心概念而组织起来的，而“教化”是通过一种特有形式的教育所产生的作用。德国的身份之路必须经由希腊来达到。洪堡还明确说，认识古希腊人，对于我们来说“不仅是令人愉快的、有用的和必要的，而且只有通过认识古希腊人，我们才能发现我们自己的理想是什么，我们想要造就什么样的理想”。[3]在拿破仑的欧洲时代，洪堡再一次提出关于模仿的悖论，正如温克尔曼[4]1755年便在《关于模仿的思考》（*Réflexions sur*

1　恩斯特·奥斯特坎普：《拉丁与希腊：威廉·冯·洪堡与经典古代时期》（Ernst Osterkamp, “Latium und Hellas, Wilhelm von Humboldt et l’Antiquité classique”），载萨瓦和布兰肯施泰因：《洪堡兄弟，精神欧洲》（*Les Frères Humboldt. L’Europe de l’Esprit*, sous la direction de B. Savoy et D. Blankenstein, Paris, PSL Research University, 2014, p. 58）；让·吉扬：《洪堡与希腊：模式与历史》（Jean Quillien, *G. de Humboldt et la Grèce. Modèle et Histoire*, Lille, Presses universitaires de Lille, 1983）。

2　奥斯特坎普：《拉丁与希腊》，第66页。

3　见安托尼·安迪朗的《德国的希腊神话：选择性亲和的历史》（Anthony Andurand, *Le Mythe grec allemand. Histoire d’une affinité élective*, Rennes, Presses universitaires de Rennes, 2013, p. 79）。

4　温克尔曼（Johann Joachim Winckelmann, 1717—1768），德国考古学家、古物收藏家和艺术史学家。他的艺术观念和作品标志着德国和欧洲新古典主义（néoclassicisme）的出现。温克尔曼是作为现代学科的艺术史和考古学的鼻祖。他是第一个利用古代的遗物，而不是专靠古代的文献，从事欧洲古代史研究的。他以保存在罗马等地的许多古代艺术品为资料，从历史的角度研究古代艺术，把原来一团乱麻似的文物整理出一点头绪，并尽其所能以真实的知识代替主观的臆测。——译者注

l'imitation）中提出的那样；温克尔曼向德国人提出，要“直接”到希腊艺术的源头上去汲取，也就是说要模仿古希腊人，以便——如果可能的话——变成不可模仿者。[1] 不再经由罗马和法国，而是要出发去雅典。

而当时在法国，运动的方向是相反的；自从热月 9 日和罗伯斯庇尔倒台以来，人们便想方设法地与古人保持距离，同时揭露雅各宾党人灾难性的幻想，认为雅各宾党人破坏了自由，说雅各宾党人“是古罗马人和雅典人，而不是他们自己国家的人”，这是夏多布里昂[2] 的原话。邦雅曼·贡斯当[3] 不久之后也是这样从理论上阐述的。他们（雅各宾党人）看不到时代的差别，混淆了古人的自由和现代人的自由，想让法国成为一个新的斯巴达。[4] 因此，在政治上要放弃“古人”和“现代人”这一对概念。这一论断本来是自由派人士阐述的，后来就成了一个有形的东西。它的好处是为白色恐怖的失控提供了一种解释，并指出卢梭的责任。在杀人如麻的疯狂背后，某种逻辑是起了作用的。不能出发去斯巴达，更何况这个梦想中的斯巴达从来就没有存在过。

这样一来，我们可以看到，在 18 世纪末和 19 世纪初之间，法国和德国与希腊的关系是如何建立起来的。法国和德国与希腊的关系有着极其深刻的判别。在法国，大革命成了最后一个直接具有政治和暴力意义的历史事件，的确标志着漫长的古今之间的争吵走向了末

1　弗朗索瓦·阿赫托戈：《古代人，现代人，野蛮人》（*Anciens, Modernes, Sauvages*, Paris le Seuil, “Points”, 2008, p. 108–109）；伊丽莎白·德屈托特：《温克尔曼：关于艺术史起源的调查》（Elizabeth Décultot, *Johann Joachim Winckelmann, Enquête sur la genèse de l'histoire de l'art*, Paris, PUF, 2000, p. 83–94）。

2　夏多布里昂（Chateaubriand，1768—1848），法国作家、政治家和外交官，法国浪漫主义文学的奠基人。夏多布里昂是法国 19 世纪颇享盛名的作家，他的消极浪漫主义文学对当时法国文学有着深刻的影响。——译者注

3　邦雅曼·贡斯当（Benjamin Constant，1767—1830），法国政治家和小说家。——译者注

4　邦雅曼·贡斯当：《论古人和现代人的自由之比较》（“De la liberté des Anciens comparée à celle des Modernes”），载马塞尔·戈谢编辑的《政治论文集》（*Écrits politiques,* textes choisis, présentés et annotés par Marcel Gauchet, Paris, Gallimard, “Folio”, 1997, p. 589–619, et *infra*, p. 61, 204–205）。

路。夏尔·佩罗[1]在17世纪末便挑起了这场后人称之为“古今之争”（Querelle des Anciens et des Modernes）的争论，争论最后的结论是现代人（“今”）在几乎所有的知识领域都占了上风，而且在政治上也大胆地与古典的模仿理论断绝了关系。作为热情洋溢的侍臣，佩罗坚持说，从今往后，在过去和现在所有的国王当中，“堪称完美楷模”的，已经不是奥古斯都，而是路易十四。把“历史是生活的导师”这种模式变换一下，可以说，楷模不再来自过去，而是来自现在，君主专制政体就是标准。现实有了一种充实感，或者说，君主专制政体就是现代的楷模。路易十四就是先前的历史所达成的结果，正如基督是《旧约》所达成的结果一样。

总而言之，两个世纪以来，法国古人与现代人之间的距离越来越大，成为现代人，从更大的程度上成为现代人，成为真正的现代人，并不要求一定要与古人彻底决裂，但是至少要承认其结果的局限性。如果要谈到完美，那就要把完美想象成所能够达到的结果，也就是需要把完美相对化，从一开始就要把完美想象成世俗化的完美。而在德国，在18世纪末和19世纪的大部分时间之间，希腊是人们的祖国和理想，与希腊的特殊关系，是成为现代人和德国人的唯一途径。洪堡建立的古典中学（Gymnase）成了达到这一目的的主要工具。成对的概念指的不是“古人”与“现代人”，而是“希腊人”和“德国人”，同时又与古罗马人保持了距离。在通往希腊的路上，罗马人是一个需要绕过去的障碍。

从奇罗尼亚到耶拿，从德摩斯梯尼到洪堡，中间还有个普鲁塔克，这个例子已经明确表示了，作为客体的希腊具有复合的性质，里面穿插、透露着各种世俗性的追求和影响，饱含着人们的期待，而期待也是时时发生着变化的，有时候甚至是矛盾的。由此看来，保罗·瓦莱

1　夏尔·佩罗（Charles Perrault，1628—1703），法国17世纪最伟大的文学家。在古今之争中，是今人（现代派）的代表人物。他的主要文学贡献是对法国口头文学的故事所做的整理工作。——译者注

里[1]似乎是对的，因为保罗·瓦莱里心中曾经想过，“古希腊是现代所做出的最美好的发明”。[2]但是，现代时代，也就是古希腊开始于什么时候呢？瓦莱里想到的，是19世纪还是文艺复兴时期呢？也许他两个时期都想到了。格言的好处就在这里，用不着把话说得十分明确。一幅著名的画作可以帮助我们思考关于现代时代的问题，并为我们提供了一种标志。这幅画就是阿尔布雷希特·阿尔特多费尔（Albrecht Altdorfer）于1529年为巴伐利亚公国威廉四世画的《亚历山大之役》（*Bataille d'Alexandre*）。画中表现的是公元前333年发生在伊苏斯城，由马其顿人大胜波斯人的一场战役。这次战役开启了从德罗伊森[3]开始，现代派所称的“希腊化时代”。然而，后来发生了冲突的军队是如何表现的呢？马其顿人表现得像骑士一样，而波斯人在画中则很像土耳其人。1529年，土耳其人正在围攻维也纳。最后的结论是：与帕维亚之役的雇佣兵在一起的马克西米利安一世，和马其顿方阵中的亚历山大几乎是同时代的人物。时代的差别是不存在的。对阿尔特多费尔来说，那场战役“几乎就是他那个时代”的事，或者也可以说是“不受时代限制”的事，正如莱因哈特·科泽勒克[4]强调指出的那样，是末世论时代的事，是《圣经》的《但以理书》和统治权继承时代的事。月亮和太阳，白天和黑夜是对立的，而且在阳光的强烈照耀下，一艘船的桅杆看起来就是一个十字架。这就是历史：历史是表现出来的，也是以寓意的方式说明的；而且从寓意的角度来说，一切都是同时的，上帝就是这样认为的。

1　保罗·瓦莱里（Paul Valéry，1871—1945），法国象征派诗人，法兰西学院院士。他的诗耽于哲理，倾向于内心真实，往往以象征的意境表达生与死、灵与肉、永恒与变幻等哲理性主题，被誉为“20世纪法国最伟大的诗人”。

2　保罗·瓦莱里：《杂文集，第二集》（Paul Valéry, *Cahiers II*, Paris Gallimard, “Bibliothèque de la Pléiade”, 1974, p. 1465）。

3　德罗伊森（Droysen，1808—1884），德国著名历史学家，“新史学”的代表，其最著名的作品是《亚历山大大帝史》。——译者注

4　莱因哈特·科泽勒克（Reinhart Koselleck，1923—2006），德国现代派和当代派历史学家。他的研究领域十分广泛，包括历史认识论、语言学、历史人类学、社会史、法律史等。他也是概念史的创始人。

相反，300 年之后，当弗里德里希·施莱格尔[1]发现了这幅画时，他十分清楚地意识到了时代的差别：在他所处的时代和绘画所表现的时代之间，在绘画所表现的时代和亚历山大的远征之间，是有着明确的差别的。正是借助这幅画，科泽勒克引入了他对 1500 年和 1800 年之间时代变化的思考。[2]不言而喻的是，不仅与古代的关系不可能不因此而发生深刻的改变，就连什么是古代也变了。时代渗透进了作为客体的希腊，希腊变得世俗化了。从某种意义上说，阿尔特多费尔所直面的古代，已经不可能再是施莱格尔或者洪堡的古代。所以非常重要的是，要向它走去，要找到走向它的途径。出发去希腊，并从源头上汲取力量。我们知道，很长时间已经过去了，然而，人们还是想生活在幻想之中，似乎可以废除已经过去了的时间。更加准确地说，正是因为有了差别，人们才有了追求的动力和理由。同一个施莱格尔还声称："以古典的方式生活，并以实践的方式在自己心中实现古代，这就是语文学的最高峰和目的。"[3]

在现代的变化当中，时间能够起到一些作用，甚至能够起到很大的作用，但是时间并不是唯一的因素，因为作为客体的希腊是远在洪堡、施莱格尔、卢梭之前，甚至远在古希腊学者出现之前，便已经开始被打造了。远在现代时代出现之前，远在科泽勒克深入思考过的作

1 弗里德里希·施莱格尔（Friedrich Schlegel，1772—1829），德国哲学家、批评家和作家，也是德国浪漫派的精神领袖和理论旗手。——译者注

2 莱因哈特·科泽勒克：《过去的未来》（Reinhart Koselleck, *Le Futur passé*, trad. Française, Paris, Editions de l'EHESS, 1990, p. 19–21）。除此之外，还需要指出的，是这幅画所具有的末世论的作用。绘画所表现的战役标志着从波斯统治时代向希腊统治时代的过渡，也就是从第二统治时代向第三统治时代的过渡，后来才又发生了第四统治时代，也就是罗马统治的时代。因此，这场战役也有宣布一个时代结束的作用。但是实际上，所有这些相继出现的统治权力都是同时代的。在即将出现的时代之前，它们都属于已经过去了的同一个时代。

3 弗里德里希·施莱格尔：《雅典娜神庙残篇》（Friedrich Schlegel, *Fragments de l'Athenaeum*, 147, cité par Rémy Brague, *Europe. La Voie romaine*, Paris, Gallimard, "Folio" , 1999, p. 148）。而且，这还不是施莱格尔最后的话，他还从古希腊过渡到中世纪，从对革命的热情发展到天主教。详见吕西安·卡尔维耶：《古代的参照物与 18 世纪末到 1830 年代德国的民族意识》（Lucien Calvié, "Références antiques et conscience nationale allemande de la fin du XVIIIe siècle aux années 1830" , *Les Autorités*, sous la direction de D. Foucault et P. Payen, Grenoble, Jérôme Millionn 2007, p. 114–117）。

为过程的时代、渐进的时代之前，我们可以毫不夸张地说，古希腊人当时就已经开始打造这个作为客体的希腊，从他们定义自己是什么样的人，他们有着什么样的过去和什么样的文化的时候便开始了。他们和其他的人有什么不一样？为什么有一些希腊人自夸比其他的希腊人更是希腊人？在所有这些问题上，古雅典人都滔滔不绝地说过很多话。雅典和斯巴达之间著名的对立当然是真实的，而且很快便变成了一片圣地，为希腊政治哲学所一再朝拜。其实这种对立不就是在雅典和斯巴达对照的作用之下，对城邦进行思考的一种方式吗？在很长时间里，这一思考是对斯巴达有利的，是对斯巴达的天才立法者吕库古有利的；后来，过了很久之后，雅典的民主才在现代人心中占了上风。古希腊人为了自己的需要发明了一对主要的对立概念，也就是"希腊人"和"蛮族人"之间的对立；在希罗多德的《历史》当中，并通过这部历史，公元前5世纪希腊人和波斯人之间的米提亚战争，完全变成了希腊人对这一对概念的详尽思考。因此，可以说，关于古希腊的概念，关于古希腊的思考，是历代以来经由很多人打造出来的，而且有过很多的定义，经过很多曲折、修改，曾经被很多人据为己有。厘清其发展的各个阶段，是今天积极思考后人如何接受古人的思想时，应当完成的一项很好的任务。[1]

让我们简单地回顾一下。在多少个世纪的过程中，一个个继承者也是一个个过滤器。除了继承者保留的前人的东西之外，还有很多东西被丢失了，被破坏了。我们不用往回追溯太远，亚历山大博物馆（Musée d'Alexandrie）在整理馆藏的过程中就进行过最初的选择[2]；后来罗马人又对文献进行了翻译，或者说进行了改编。我们只举一个例子。

1　帕斯卡尔·帕扬（Pascal Payen）创立和主编的《阿纳贝斯：古代的传统和继承》（*Anabases. Traditions et réceptions de l'Antiquité*）就是一个很好的例子。

2　克里斯蒂安·雅各布：《公元前3世纪的亚历山大城》，载《知识的圣地、空间及群体》（Christian Jacob, "Alexandrie, IIIe siècle avant J.-C.", *Lieux de savoir. Espaces et Communautés*, sous la direction de Christian Jacob, Paris, Albin Michel, 2007, p. 1124–1132）。

卢克莱修[1]伟大的哲理长诗《物性论》(*Sur la nature*)被说成是对“神圣的伊壁鸠鲁”学说的阐述。他赞美“名声显赫”的雅典(当时就已经有这种说法),因为在雅典诞生了天才之人,“对所有的事物都给出了详细的答案”。[2]另外,他也强调,他意识到这些“题目是新的”,拉丁语又十分“贫乏”,所以很难将希腊人的这些“模糊的发现”“用拉丁文的诗句清楚地表达出来”。[3]《物性论》成了一部重要的作品,与作者同时代的人对这部作品感到莫衷一是,而它对很多现代人却有着极大的诱惑力。很久之后,到了6世纪,在西哥特国王狄奥多里克(Théodoric)治下,波爱修斯[4]认为必须赶紧把柏拉图和亚里士多德的作品都翻译成拉丁语。但是,还没有等他的计划完成,出于政治的原因,他便被处决了。毫无疑问的是,他之所以提出这项计划,是想通过翻译来传承日渐散失的希腊知识。从8世纪中叶到9世纪初,人们用阿拉伯文做了大量的翻译,主要是科学和哲学方面的内容。后来拜占庭的学者也起到了中间人的作用,比如格弥斯托士·卜列东[5]曾于1439年来到佛罗伦萨,举行过一系列关于柏拉图的报告会。[6]在此之后,科西莫·德·美第奇[7]又建立了柏拉图学院(Académie platonicienne),交给马西尔·费辛领导,并让他赶紧将柏拉图的论文都翻译成拉丁文。在费辛的努力之下,通过新柏拉图学派的介绍,一个基督教化了的柏

---

1 卢克莱修(Lucrèce,约公元前99—公元前55),罗马共和国末期的诗人和哲学家,《物性论》是他的一部哲理长诗。——译者注

2 卢克莱修:《物性论》(Lucrèce, *De la nature*, trad. française, Paris, Les Belles Lettres, Collection des Universités de France, 1962, 6, 2-6)。

3 同上,1,136-139。

4 波爱修斯(Boèce),公元480年出生于罗马,是著名的拉丁哲学家和政治家,他将亚里士多德的哲学传向了西方,成为中世纪哲学的一个重要源泉。——译者注

5 格弥斯托士·卜列东(Georges Gémiste Pléthon,1355/1360—1452),新柏拉图派哲学家,是当时最有特色的拜占庭思想家之一。——译者注

6 在巴黎,斯巴达的乔治·赫莫尼梅(Georges Hermonyme)在30多年的时间里(从1480年到1510年间)向希腊学者提供了希腊文的手稿抄本。详见帕斯卡尔·于梅尔:《翻译:传统与现代性之间的希腊文传承》(*Translatio. La Transmission du grec entre tradition et modernité*, textes réunis par Pascale Hummel, Paris, Philologicum, 2009, p. 17–18)。

7 科西莫·德·美第奇(Cosme de Médicis,1389—1464),佛罗伦萨的银行家和政治家,是意大利文艺复兴期间实际掌握佛罗伦萨权力的人物,从家族财富中拿出大笔金钱,支持科学和文艺事业的发展。“柏拉图学院”是当时创立的很多同类机构之一。——译者注

拉图在西方产生了久远的影响。不应当忘记的还有，在整个中世纪期间，很多僧侣反复抄写了许多古代文本的手稿，虽然他们追求的目的首先是精神上的，但这并不是唯一的目的，这是不幸中的万幸。[1]

后来，希腊学者怀着极大的热情，开始整理这些手抄文稿的目录。如果没有这些手抄文稿，便不可能出现现代出版工作的飞跃；当然，印刷术提供的资源也是一个重要的因素。[2] 比如 15 世纪初，波焦·布拉乔利尼[3]从德国带回来一份卢克莱修主要手稿的尼古拉抄本（le codex Nicolianus）。传承、翻译、流传，都是通过“翻译”（translatio）这种强有力的手段来传播欧洲文化的表现。不管是知识还是权力，“翻译”都是一种创造连续性、产生合法性的方式。卢克莱修声称亦步亦趋地紧跟伊壁鸠鲁的思想，但是他远不只是翻译伊壁鸠鲁的作品。在政治领域，中世纪所有的统治者都援引“权力的传承”（translatio imperii）[4]，也就是统治权的传承，希望把自己说成是罗马皇帝的继承者，但是都无法证明这一点。首先从查理大帝开始。查理大帝在小小的首都亚琛（Aix-la-Chapelle），面对着强大的拜占庭，的确十分需要加强其合法性。[5] 传承殉教者的圣物当然是宗教的行为，但也是政治行为。这种行为在加洛林王朝时期在西方兴起，后来则变得越来越多。“用殉教者的圣物来为王权祝圣，在圣路易时期达到高潮，从 1239 年到 1242 年间，圣路易得到了标志着基督所受苦难的一些圣物，这些圣

---

1 古列尔莫·卡瓦洛：《中世纪的手抄文稿》，载《知识的圣地：空间及群体》（Guglielmo Cavallo, “Le scriptorium médiéval”, *Lieux de savoir. Espaces et Communautés, op. cit.*, p.537-555）。

2 《希腊学者与古代希腊》（*Les Humanistes et l'Antiquité grecque*, édité par Mitchiko Ishigami-Iagolnitzer, Paris, Éditions du CNRS, 1991）。

3 波焦·布拉乔利尼（Le Pogge，1380—1459），意大利文艺复兴时期的博物学家、作家、哲学家、人文学者和政治家，1453 年到 1458 年任佛罗伦萨的首相。

4 拉丁文的“translatio”本来是翻译的意思，引申为“传承”。但这里所说的“传承”是把古代的东西翻译过来，通过翻译而继承过来，从而有了承继的关系。这层意思的关联在中文相关的两个词当中没有。我们在本文只好根据上下文，将相关的词或者译成“翻译”，或者译成“传承”。——译者注

5 本森、康斯特布尔、拉纳姆编：《十二世纪的文艺复兴和变革》（*Renaissance and Renewal in the Twelfth Century*, Toronto, R. I. Bensen, G. Constable, C. D. Lanham [dir.], Toronto, University of Toronto Press, 1991, p. 370, 371, 373）。

物曾在君士坦丁堡保存了几个世纪。”[1] 这是针对拜占庭皇帝和教皇的外交武器。对统治权传承的政治要求是与统治权的变革（renovatio）要求联系在一起的。这是与过去建立联系，是让过去再一次得到生命。只有当“传承”（translatio）同时也是“变革”（renovatio）的时候，它才是成功的。德国的统治者会想方设法把自己说成是恺撒的合法继承者。所以才有了日耳曼神圣罗马帝国的伟大幻想。按照同一种模式，人们还乞灵于“传承”的研究。被查理大帝征召到身边来的阿尔昆[2]，便是“传承研究”的主导者。僧侣诺特克尔[3] 在《编年史》（*Chronique*）中写道：“阿尔昆的教导十分有成效，所以才使现代的高卢人或者法国人成了与古罗马和古雅典人平等的人。”[4]

希腊人、罗马人、蛮族人

雷米·布拉格（Rémy Brague）在《欧洲：走向罗马之路》（*Europe, la voie romaine*）中提出：“从任何一点上，欧洲人都不是古代的继承者。”[5] 他说得对，但是我们需要立即纠正的是，“如果把‘继承者’的含义，像在大多数情况下那样，理解成某个‘来到人世间’的人，在摇篮里便接受了父母留给他的物质和文化财富，那欧洲人的确不是古代的继承者。但是如果相反，认为所谓继承不是别的，正是一种据为

1　埃迪纳·博佐基：《从君士坦丁到圣路易的圣物政策》（Edina Bozoky, *La Politique des reliques de Constantin à Saint Louis*, Paris, Beauchesne, 2006, p. 165）。

2　阿尔昆（Alcuin，730—804）用拉丁语写作的英国诗人、学者和神学家，也是查理大帝的朋友和顾问，当时亚琛最大的皇家学校“加洛林帝国学院”的院长。——译者注

3　诺特克尔（Notker，840—912），僧侣，也是音乐家、作家和诗人，尤以音乐成就著称，据说他还写过一本查理大帝的传记故事。——译者注

4　艾蒂安·吉尔松：《中世纪的哲学精神：从教会圣师的著作研究到十五世纪末》（Étienne Gilson, *La Philosophie au Moyen Âge. Des origines patristiques à la fin du XVe siècle*, Paris Payot, 1986, p. 194）。乌尔丽克·克雷默：《权力及其研究》（Ulrike Krämer, *Translatio impérii et studii. Zum Geschichts und Kulturverständnis in der französischen Literatur des Mittelalters und der frühen Neuzeit*, Bonn, Romanistischer Verlag, 1996, p.32-41）。

5　雷米·布拉格，详见前文所引《欧洲：走向罗马之路》。

己有的活动，那他们就是古代的继承者”。[1]强调古代的原始距离或者最初的相异性，是有好处的，可以使我们不必从根本上再对欧洲的某些方面进行约定，或者不用再对欧洲的长女希腊事先说定什么。这种据为己有的活动是如何开展的呢？是什么样的动力推动着这种活动呢？在几个世纪期间都有哪些从事这一活动的重要人物？今天的状况又如何？这都是我们现在应当提出的问题。如果我们先前所做的简单思考已经为可能的回答提供了一些思路的话，那就让我们更加系统地思考，同时强调具有基础作用的一些成对的概念。更准确地说，是强调成对的概念所表达的思想。

罗马人需要希腊人，或者更准确地说，需要“希腊人”和“蛮族人”这一对概念，以确定自己的位置。这是一对意义相反的、不对称的概念，是希腊人打造出来的，正是这一对概念开启了欧洲的历史。[2]这一对概念将人类分成了希腊人和蛮族人。但是，最早为自己的利益而使用这些概念的，正是希腊人自己。有两点意见可以将讨论的框架勾勒出来。修昔底德指出，荷马的作品当中是没有蛮族人的，但是也没有希腊人。[3]当时还没有这些概念。两者都以对方互为存在的条件。另外，希罗多德和修昔底德一样，也认为界限并非向来就是不可逾越的。希罗多德说，希腊人有可能就是从蛮族人变来的，首先雅典人就有可能是，或者如修昔底德认为，从前的希腊世界生活方式与今天的蛮族人的生活方式是相似的。[4]在接下来的几个世纪里，界限变得明确了，但是这一对概念还是常常被人用到，不管是用来贬低蛮族人，还是相反用来歌颂蛮族人的单纯和贴近自然的生活。但是使用这些概念的时候，人们始终用希腊文。在漫长的文化历史当中，斯基泰

1 雷米·布拉格，详见前文所引《欧洲：走向罗马之路》，第 168 页。

2 详见前文所引科泽勒克的《过去的未来》，第 191—232 页。

3 修昔底德：《伯罗奔尼撒战争史》（*Guerre du Péloponnèse* 1, 1, 3）。亦请参见本书下文 77 页及以后部分（Voir *infra*. P. 119 et suivantes）。

4 修昔底德：《伯罗奔尼撒战争史》1，1，6。

（Scythe）的阿那卡尔西斯（Anacharsis）[1] 经历的一系列奇遇就是证明。他认为，希腊人有时候是在自我宽慰（我们的生活方式是最好的），有时候又在散布怀疑（玩世不恭的阿那卡尔西斯爱戏弄人，对城邦的腐败风俗满是瞧不起）。[2]

在罗马，除了起源的问题之外，与希腊的关系是通过语言来表达的。一本集体创作的书《在罗马讲希腊文的方式》（*Façons de parler grec à Rome*）中列出了罗马人向希腊人借用的一些方式，正是通过这些方式，罗马人才成为罗马人。书的作者不喜欢“模仿”或者“希腊化”这类万金油式的概念，而是更喜欢“包容的相异性”之类的概念。[3] 罗马的精英是会讲两种语言的，但是，用来指称希腊文和拉丁文的，是“两种语言”（Utraque lingua），也就是“这种或者那种语言”，这种非此即彼的形式在希腊文中是没有的，这种形式的采用清楚地表明，罗马人一定要让这两种语言成双配对。这样一来，人们便能够从所有其他的语言中区别出这两种语言（其他的语言显然就是蛮族的语言）；人们让拉丁语和希腊语接近，甚至使拉丁语成为一种形式的希腊语。[4] 但是请注意，在罗马元老院，人们只能讲拉丁语。在文化方面，实际上就是把一些希腊的说法和做法包括在其中，并最终使之转化成罗马的方式。比如在宗教领域，所谓的“希腊仪式”（ritus graecus）并不是指起源于希腊的仪式，而是一种罗马的宗教仪式，但是人们一致地把它说成是希腊的仪式。[5] 比如“体育场”（palestre）和“体育学校”（gymnase），这两个词是希腊文，而且它们所指的机构在雅典城

1 阿那卡尔西斯是“蛮族”出身的哲学家，原来是黑海北部的斯基泰族人，公元前 6 世纪初来到希腊。有时被排在“七圣人”之列。他的文章已经全部散佚。传说他是个明智的外国人，在希腊文明中代表了“外部眼光”对城邦习俗的审视。——译者注

2 详见本书下文第 85 页及以后部分。

3 弗洛朗斯·杜邦：《包含相异性：罗马的身份及其与希腊的关系》，载弗洛朗斯·杜邦、埃马努埃利·瓦莱特-卡尼亚克《在罗马讲希腊文的方式》（Fl.Dupont, “L’altérité incluse. L’identité romaine dans sa relation à la Grèce” , *Façons de parler grec à Rome*, sous la direction de Florence Dupont et Emmanuelle Valette-Cagnac, Paris, Belin, 2005, p. 255–277）。

4 瓦莱特-卡尼亚克：《乌特拉克语言》，载《在罗马讲希腊文的方式》（E. Valette-Cagnac, “Utraque lingua” , *Façons de parler grec à Rome*, *op.cit.* p. 23–28）。

5 同上，第 32 页。

邦生活当中具有很强的标志作用。而在罗马，同样的名称指的事物不一样了。在希腊，“体育场”（palestre）和“体育学校”（gymnase）属于政治范畴的事物，是培养公民和未来公民的场所；在罗马，它们是属于“娱乐”（otium）类的事物，与作为“议事”场所（espace du *negotium*）的“集会场”（forum）不同，其目的是借想象中的希腊，娱乐市民的生活。[1] 希腊之旅，始于娱乐场。

与希腊面对面是罗马人无法回避的，也是他们自己选择的，所以罗马人改变了他们一开始处于第二位的地位，并使这一地位成为优势，以慢慢建立后来人们称之为罗马文化的文化。我们可以认为，这种开始时的差距成了动力，使罗马人有了资源、愿望、动力，于不知不觉之中穿插在了希腊人和蛮族人之间，后来又成为主导性的、压倒一切的因素，使人们不得不接受，但是另外两个因素都没有因此而消失，希腊人和蛮族人都还在。只不过，现在的游戏是三方在玩。不是一对一的游戏，而是三方游戏了。这样一来，希腊人便有时间细细思考罗马人的起源。问题不仅仅是理论上的，因为现在的问题是，希腊人要根据罗马人的地位来确定自己的位置，而且还要一天天地和罗马派到希腊来的官员进行实地的谈判。普鲁塔克以共同的文化和价值观的名义，提出建立一个希腊–罗马帝国。但是，征服是在 4 个世纪之前完成的。罗马人知道他们既不是希腊人，也不是蛮族人，他们不想成为希腊人，也不想成为蛮族人。有时候，他们还像贺拉斯一样，很愿意回想起自己乡野的出身，尤其是最早的拉丁诗人所描写的那种情景，但那只是为了突出奥古斯丁的诗歌所达到的完善程度，与古希腊诗人的水平相比毫不逊色。贺拉斯甚至可以大胆地宣称：“我矗立起了比铜墙铁壁还坚固持久的纪念碑。”[2] 因此，我可以大胆地与希腊的楷模进行比拟，超过它（甚至做得比它更好）。

1　皮埃尔·科尔迪耶：《罗马洗浴者的服饰》，载《在罗马讲希腊文的方式》（Pierre Cordier, “Les habits du baigneur romain”, *Façons de parler grec à Rome*, *op.cit.* p. 92–95）。

2　贺拉斯：《歌集》（Horace, *Odes*, *III*, 30, 1–2）。

至于蛮族人，大致来说，所有其他的民族都是蛮族，他们是没有发言权的，但是他们永远都会在那里，甚至越来越多，一直到罗马帝国于476年垮台。首先罗马人要征服蛮族人，要把他们限制在“利姆”（Limes）防线之外。[1]我们知道最终的结果是什么样的。不管怎么说，蛮族人前边的路还长远得很。直到今天，蛮族人随时都是一个现成的主题，供人一次次地研究、开发。的确，多少个世纪以来，全世界惊动蛮族人的事件可以列出一个长长的清单。这些事件常常具有负面的作用，有时候也有积极的作用。比如儒勒·米什莱[2]在《人民》（*Le Peuple*）中明确表达自己的观点，认为人民地位的上升来自蛮族的入侵。“蛮族人就是向未来的罗马进军的旅行者。”[3]负面作用的实例很多，但无可怀疑的是，在1870年到1945年间，德国的蛮族人远没有占据重要的地位。1918年11月创作的一首胜利的颂歌中唱道：“光荣属于英雄”，“让蛮族人后退”。

基督徒、异教徒

“希腊人”和“蛮族人”这一对概念使希腊人确立并传播了他们的世界观，后来又让罗马人在其中起到了重要的作用，而且还增加了第二对概念，同样也产生了重大的影响。那就是“基督徒”和“异教徒”这一对概念。这一对概念在4世纪和5世纪期间开始变得越来越有力。我们不是要在这里展开其整个历史，而只是想强调这一对概念引入了一个新的交战方——犹太人——并形成了新的势力版图，但是同时，很重要的一点是，原来的势力并没有被消除。这一对新的概念

---

1 但是我们要注意“利姆”防线的意识形态意义和边界线的战略现实意义之间的差别，详见查尔斯·惠特克（Charles R. Whittaker）十分具有阐释作用的作品《罗马时期伊庇鲁斯的边界》（*Les Frontières de l'Empire romain*, traduction française, Paris, diff. Les Belles Lettres, 1989）。

2 儒勒·米什莱（Jules Michelet，1798—1874），19世纪法国著名的历史学家，在近代历史研究领域成绩卓越，被学术界誉为“法国最早和最伟大的民族主义和浪漫主义历史学家”，还被誉为“法国史学之父”。——译者注

3 儒勒·米什莱：《人民》（Jules Michelet, *Le Peuple*, Paris, Flammarion, 1974, p. 72）。

打破了原来的稳定，形成了新的形势，建立了与过去的、与来自从前的事物之间的全新的关系。的确，一种人可以不知不觉地变成另一种人。你可以是基督徒，但是也可以在面对希腊人时自称是蛮族人，这样一来，希腊人就成了异教徒，并顺着这道斜坡，一直滑到蛮族人一边去。保罗体验了一番如何出发去雅典，但实际上没有必要这样做了。而罗马人费尽心机地建立他们“虔敬”（pietas）的神话，却从总体上落到了异教徒一边。[1]

帝国的罗马人都知道，维吉尔在《埃涅阿斯纪》一开始的诗句中便乞灵于诗神缪斯，并向诗神问道：为什么埃涅阿斯“那么虔敬”，却要遭遇朱诺的愤怒。原来的拉丁文修辞学教授奥古斯丁一定不这么看。然而，在《上帝之城》（*Cité de Dieu*）中，他也只能说这些人是“不信宗教的人”（impii）[2]，并证明说，每当罗马遇到危险时，他们的伪上帝从没有出手相救。从更加宽泛的意义上说，在勾画出一个地上、一个天上这两个城邦的同时，奥古斯丁首先要确定基督徒从罗马的历史中要记住什么，要以拉丁的作者为基础，而且首先是瓦龙（Varron）、撒路斯提乌斯（Salluste）、李维[3]、维吉尔。他所讲述的历史，从罗穆路斯创建罗马开始，是由一系列堪称楷模的人物组成的：雷古卢斯（Regulus）、伟大的西庇阿（Scipion）、小加图（Caton d'Utique）等，甚至是一直到现代仍然为人所记忆的，代表了罗马历史的一些人物，在旧体制的中学，后来在共和国的学校教科书里的人物。与普鲁塔克齐名，或者比普鲁塔克更有名的奥古斯丁，在建立古代基督教历史的过程中，在这一历史的传承过程中，是一个重要的承前启后的人物。整个拉丁的中世纪期间，人们都在读他的作品。而且在法国他的权威

1　安德烈·芒杜斯：《圣奥古斯坦和罗马宗教》，载《奥古斯坦：混合的观念》（André Mandouze, “Saint Augustin et la religion romaine”, *Avec et pour Augustin. Mélanges*, Paris, Cerf, 2013, p. 277–320）。

2　在《上帝之城》中，奥古斯丁使用更多的是“不信宗教的人”（impii），而不是“异教徒”（pagani）这个词。

3　李维（Tite-Live，约公元前 59—公元 17），古罗马历史学家，作品有《罗马史》。——译者注

至少一直延续到博须埃（Bossuet）时代。

雷古卢斯宁肯选择死亡，也不愿意背叛自己说过的话。他之所以成为楷模，可以从两个方面来解释。他的命运表明，罗马的神没有出手挽救他，所以只是伪神，或者只是作恶的魔鬼。于是在奥古斯丁对罗马的不敬神的批判当中，榜样反过来成了罪的证明。但是从另一个方面来看，可以将榜样再收回来，让他再次具有积极的意义，因为一些像雷古卢斯之类的人物具有榜样的作用，可以启发永恒之城中的公民。[1]这些伟大的罗马人追求的是什么呢？光荣。然而，光荣有两种，一种是上帝的光荣，一种是人的光荣。上帝将人的光荣给了罗马人，“他们接受了奖赏”。[2]但是不管怎么说，正是由于有了这一小部分有道德的人，上帝才让罗马帝国变得如此广大，如此持久。因此异教的历史，首先是罗马的历史，是按照楷模的原则组织的。这段历史是，而且将来仍然是一本榜样的文集，但是，这些榜样不会让人们不加分辨地直接模仿他们。其组织的规律就是，在尘世城邦的框架和限度之内光荣之结构的规律。虽然某些人物，某些最好的、最有道德的人物，比如雷古卢斯，对受到感召、想分享上帝的光荣的基督徒来说，可以是一种训导（主要是让人们从他们的勇气当中受到感召）。

《上帝之城》也是一部通史。在这部通史当中，奥古斯丁还建立了第二种具有组织作用的原则。除了在经典历史或者异教历史上常见的榜样的模式之外，他还使用了帝国承继的模式，但是这种模式也不是他发明的。“权力传承”（translatio imperii）的原则在古代历史学家的作品当中便已经有所运用，在《圣经》的《但以理书》中占有重要地位。他得到启示说，会先后有四个罪恶的王国出现，然后才会建立

1 奥古斯丁：《上帝之城》（Augustin, *La Cité de Dieu*, Paris, Desclée de Brouwer, “Bibliothèque augustinienne”, Paris, 1960, V. 17, 222）。

2 同上，V. 15, 221。

第五个王国，也就是将永远存在的上帝的王国。[1] 奥古斯丁虽然很熟悉这种模式，而且毫不犹豫地使用它，但是他倾向于简化这种模式，最终只保留了两个主要的帝国：以巴比伦的名字所代表的、意味着“混乱”的亚述帝国和罗马帝国，罗马帝国是“第二个巴比伦”，是“第一个巴比伦的女儿”或者“西方的巴比伦”。他甚至指出，在亚述帝国的终结和罗马帝国的开始之间，有一种时间上恰到好处的同步关系。[2] 权力从一方传到另一方。作为安排的原则，但以理笔下的权力传承具有目的论的意义，甚至具有神学的意义：历史在前进，历史是有意义的，而且上帝是历史的真正的安排者。我已经提到过，在整个中世纪期间和现代之初，随着权力传承用途的减少，这种概念在神学政治和政治文化方面有着何种命运。这些现代的说法只是为了强调各种不同名目的复杂性，或者那些动不动便被人拿来用一用的概念的可塑性。[3]

至于蛮族人，他们从定义上来说便是异教徒。因此，所谓的蛮族人，就是异教徒。无论如何，他们都是要被限制的，但是他们也是被转变的对象，这当然是一个新的问题。在应奥古斯丁的要求写的《与异教徒斗争的历史》（*Histoire contre les païens*）当中，奥罗西（Orose）甚至认为，蛮族人的入侵是天意安排的机会，以让他们认识真理。[4] 与“希腊人”与“蛮族人”这一对概念所不同的是，“基督徒”与“异教徒”这一对概念是注定要慢慢消失的，因为所有还不是基督徒的人，一定会成为基督徒，这是尘世间历史终结的标志。保罗为自己确定的使命就是成为“外邦人的使徒”[5]，所有的人都是要皈依的，也包括犹太人。

1　《但以理书》，VII，17–18，详见后文第 50 页及以后部分。

2　奥古斯丁：《上帝之城》，XVIII，22，284，XVIII，27，292。

3　本森、康斯特布尔、拉纳姆编：《十二世纪的文艺复兴和变革》，第 370 页、402 页。

4　奥罗西：《与异教徒斗争的历史》（Orose, *Histoire contre les païens*, Paris, Les Belles Lettres, 2003, VI, 41, 8）。

5　保罗：《罗马书》（Paul, *Épître aux Romains*, 11, 13）。

“基督徒”和“异教徒”这一对概念的土壤是犹太文化。两者之间的对立源自“种族”（ethnos）为一方，犹太人和外邦人（ethnê ou gentes），也就是“外国人”（Gentils）为另一方的对立。但是，虽然结构是相同的，但是其动力和内容却发生了改变（因为犹太人解放的历史，恰恰就是其消失的历史）。因为提出的关于犹太人和基督徒之间的关系的问题是十分敏感的问题。基督徒的出现晚于犹太人，不能把犹太人推到异教徒一边。正如罗马人的出现晚于希腊人一样。[1] 保罗认为，有了洗礼，以前的分别就都无效了。的确，脱去旧人的衣服，再穿上的，就是新人的衣服了。

> 在此并不分希腊人、犹太人、受割礼的、未受割礼的、化外人、西古提人、为奴的、自主的，惟有基督是包括一切，又住在各人之内。[2]

《加拉太书》重复表达了差不多一样的信息，同时又增加了一个重要的细节：

> 并不分犹太人、希腊人、自主的、为奴的，或男或女，因为你们在基督耶稣里，都成为一了。
> 你们既属乎基督，就是亚伯拉罕的后裔，
> 是照着应许承受产业的了。[3]

因此，基督徒彻底的新颖之处及其继承人的资格（“承受产业”），都在一段话中得到了确认。如果他真的属于基督，那他就一定是亚伯

1　雷米·布拉格：《欧洲：走向罗马之路》，第 74 页：“对于古代的联盟来说，基督教恰如罗马人之对希腊人。”

2　保罗：《哥罗西书》（Paul, *Épître aux Colossiens*, 3, 11）（以下所有关于《圣经》引文的译文，均引自“灵修版”在线《圣经》[http://bible.jdj.cc/] ——译者注）。

3　保罗：《加拉太书》（Paul, *Épître aux Galates*, 3, 28）。

拉罕的后裔。原来的盟约和新的盟约，《旧约》和《新约》就这样密不可分地联系在了一起。公元 4 世纪，当基督教成了君士坦丁大帝的宗教，教会成为强有力的机构为人所接受时，主教该撒利亚的优西比乌[1]的确又说过，基督徒形成了一个“新的种族”（neon ethnos），它“既不小，又不弱”，“也没有只是位于地球上的某个角落”，它是“不可战胜的，是不朽的”，它受到“上帝的救援的支持”。但是他随即又补充说，当然，“从前的宗教人（palai）”已经在执行这些虔诚的规则，这些规则不是基督徒想象出来的。他想到的是什么人呢？希伯来人不是一个“新的种族”，尤其是“正义得到证实的所有的人，从亚伯拉罕开始，一直回溯到世间的第一个人”。所有这些义人，“由于他们的行动或者名称，如果我们称之为基督徒，是不会偏离真理的”。[2]

这种“第二位”的特点具有基础的作用，也是不可逾越的，也表现在旧的盟约和新的盟约之间所建立的动态关系上。[3]旧的盟约是摩西在西奈山上接受的盟约：“其中包括一些尘世间的许诺，同时借助于耶稣基督，应该有一个新的盟约，以允诺上天的王国。”[4]但是，从旧的盟约到新的盟约，刮过了一阵预言之风。第一个预言是真实的历史，但是也宣布了一些尚未发生的事情，也就是耶稣的到来。这样一来，成了旧约的那些文本当然应当从字面上去理解，但是同时也要从精神上去理解，需要作为寓言去读（per figuras），或者作为标识去读。在这方面颇有些高手！奥古斯丁就很不错，但是他认为有些人做得太过分了，这些人想以寓言的方式，也就是以预言的方式来解读旧约中所有的故事。总而言之，在原来的，或者更准确地说是“老的”盟约

1　该撒利亚的优西比乌（Eusèbe de Césarée，265—339）曾是巴勒斯坦该撒利亚的主教，写过很多关于宗教历史的作品，最著名的就是《宗教史》。他被认为是“教会之父”。他的作品对于人们了解基督教前三个世纪的历史起过重要的作用。——译者注

2　该撒利亚的优西比乌：《宗教史》（Eusèbe de Césarée, *Histoire ecclésiastique*, 1, 4, 2, 6）。

3　详见前文所引雷米·布拉格的《欧洲：走向罗马之路》，第 75 页至 79 页。

4　详见前文所引奥古斯丁的《上帝之城》，XVIII，11，269。

（vetus）和“新的”盟约（novum）之间建立了前所未有的关系，而重要的一点是，老的盟约并没有被消除，而是被超越了。化身的现实性使得过去有了充实的意义。奥古斯丁用一句令人吃惊的话解释说：“人们为什么称之为旧（约）呢，还不是因为它‘掩盖了新约’（occultatio novi）？人们为什么称另一个为‘新约’呢，还不是因为它‘揭示了旧约’（veteris revelatio）？”[1]他还说，“旧的”盟约是“新的”盟约的“影子”：光明来自新约，正是新约让我们看到旧约的真相，看到我们应当看到的东西。大卫统治的尘世间的耶路撒冷是“在未来的影子当中的”（in umbra futuri）[2]。从更加世俗的、更加有限的方面来看，认为路易十四是奥古斯都的样板，这便意味着是对奥古斯都形式的重复（从多大的程度上是故意的重复呢？）。奥古斯都的确是在路易十四的“影子当中”的。

我们还是回到《圣经》的话题上来。《圣经》中的过去并不是样板，而是确确实实的预示。从这种意义上说，过去是值得探索、思考和保留的。但不言而喻的是，我们是从现在走向过去的，而不是从过去走向现在。基督的现在概括和完成了《旧约》中所宣称的一切，首先是先知所宣称的一切，对会解读的人来说，先知的话预言了基督的到来。但是，一定要到这一事件的发生，人们才会承认先知的话所表达的全部真理。先知的话当中已经包括了一切，但是这一切还得不到人们的承认，也包括直接受到上帝的启示从而表达了这些话的人。这就是《旧约》和《新约》之间建立关系的推动力，这种关系是前所未有的。因为，这既不在“历史是生活的导师”（historia magistra）的模式当中（希腊模式、罗马模式、异教徒模式），因为“历史导师”是把过去当成可以模仿的榜样库，而且让这些榜样具有权威性，也不在从不同程度上或强烈或缓和地与过去决裂的模式当中。对基督教来说，

1 详见前文所引奥古斯丁的《上帝之城》，XVI，26，168。
2 同上，XVII，14，235。

公元2世纪马吉安[1]曾提出过与过去决裂的方案，马吉安想放弃为愤怒的上帝所主宰的《旧约》，只保留《新约》及其有爱心的上帝。教会坚决地否定了这种方案，并斥责其为“异端邪说”。过去是不能彻底破除的，而是要以先知的方式去解读过去。剩下的，就只能像奥古斯丁那样得出结论：“与讲述过去相比，《圣经》也同样关注，或者更加关注预言未来。”[2]

我们还需要引入最后一种不同之处，这种不同之处的意思是要与过去彻底地决裂。基督徒通过洗礼，不正是一个死于罪孽、重生于基督的生命的人，一个要脱掉旧人的衣服的人吗？保罗说：“若有人在基督里，他就是新造的人，旧事已过，都变成新的了。”[3]但是，要完全放弃的那个过去，首先要有与其决裂的过去，那就是他自己的过去，他作为罪孽者、作为异教徒的过去。只有这样，他才能理解基督的话语，也才能够正确地解读旧约的过去。在这一点上，我认为重要的是对死亡和新生的强调，是对再生（regeneratio）的强调。所谓“再生”，也可以说成是“更新”“变革”。因此，奥古斯丁认为，在区别尘世之城和上帝之城的特点当中，这是非常重要的一点。尘世之城只满足于“生产”，男人和女人的结合是“城的苗床”，天国之城另外还需要“再生，以摆脱生产的惩罚”。[4]这是另外一个特殊之处——当然是希腊人和罗马人所不知道的，这一特点有力地配置了“旧”和“新”之间的关系。“新”不是随着“旧”的脚步而来的，它是于突然之间开启了另外一个时代：由基督的死亡和复活而产生的救世主的现在，随着耶稣再临人间，救世主的现在也将结束。耶稣未来会再临人间，但是这一光荣时刻什么时候发生，谁也不知道，所以所有启示录的期待

1　马吉安（Marcion，约110—160），早期基督教的神学家，是第一位《新约》编辑者，自立马吉安派，是第一个被基督教会判为异端的派别。他创建了一个与罗马教会平行的教会组织，并且自封主教。《天主教百科全书》称：“马吉安分子是基督教有史以来最危险的敌人。”——译者注

2　同上，XVII, 1, 197。

3　保罗：《哥林多后书》（Paul, *IIe Épître aux Corinthiens*），5, 17。

4　详见前文所引奥古斯丁的《上帝之城》，XV，16，94。

都成为可能，而且这种种期待都是人们怀着不同程度的激情，演变为与遭受迫害、痛苦、被剥削的过去彻底决裂的方式。

就这样，“复活”（“复兴”）的比喻被引入精神生活，后来又进入欧洲的文化，成了思考“新”与“旧”之间的界限，同时又推翻这些界限、打破这些界限的伟大源泉。而且首先是大胆地对新事物进行探索。正是这种胆识，这种新皈依的教徒的胆识，激励着意大利最早的人文主义者进行探索。通过设身处地的比较和置换，需要放弃的“旧人”，就是中世纪，以在古代世界的光荣中再生。把这些黑暗的世纪称为“中间时代”（media aetas），绝不是无足轻重的说法。在此之前，“中间时代”一般指的是从上帝化身为人到耶稣再临人间之间的一些世纪，也就是直到基督回归和时间的终结。改变这一说法，即使是以寓言的方式改变它，用它来指称从古代的结束一直到他们的现在的一段时间，把这一段时间包括在新的界限之内，这就意味着他们想把自己看成真正地开启了一个新时代的人。因此，他们动用了现成的“变革”的说法，从双重的意义上以前所未有的方式，老实说也是以违反其本来意义的方式来使用它。这里所涉及的，已经不再是天国之城，而只是尘世之城，而且他们所追求的再生是罗马的再生，是“罗马的盛名”的再生。重生于古代，并让古代再生：出发去罗马。

“变革”作为皈依和再生，作为精神的愿望和源泉，作为“希望的胆识”，而且是面向过去的希望之胆识，还有一项需要完成的伟大工作，那就是要“复古”（restitutio de l’Antiquité），首先是通过古代的文本来恢复古代，然后渐渐地，还要探索古代所有的遗迹，清理古代所有破败的建筑。两项工作，一方面是“变革”，另一方面是“复古”，这两项工作的结合，在“旧”与“新”之间引发一种关系的产生，这种关系也是前所未有的。旧的事物恢复了其楷模的功能，古代的历史导师（historia magistra）又重新行动了起来，模仿恢复了其全部的合法性。但是，从基督教的模式当中，又恢复了一种强烈的观念——开启救世主的一个“新”时代（从字面意义上所说的“再生”）——以及对现在的信心。目的不是为了过去而寻找过去，而是把过去的“光荣”绝大部分转移到现在，以走向充实的现在。

“古”与“今”[1]

因此，在公元前 5 世纪和公元 5 世纪之间，在米提亚战争和西哥特国王阿拉里克（Alaric）[2] 攻下罗马之间这段时期，有两对概念，第一对（“希腊人”和“蛮族人”）和后来的第二对（“异教徒”和“基督徒”，再加上这两对概念之间还有一个三人组合（“希腊人”、“罗马人”和“蛮族人”），这些概念形成了古代世界重要分界的基础。这些概念构成了人们的世界观和对人类的表达，划定了空间的界限和时间的前后。我们大致勾画出了其各自的历史，同时关注了每个对立的概念之间在潜在意义上的对立，或者更准确地说是它们的不同，以及相互之间交织在一起的复杂关系和重复意义。的确，这种把概念组织成对的思想是强有力的，这种思想形成了欧洲或者西方概念的骨架。

然而，在 6 世纪初，又出现了一个新的名称“现代人”（modernus），不久又出现了一对新的概念，并在很长时间里将“原来的人”（“古人”）和“现代人”（“今人”）联系在一起，使之成为两个对立的概念。[3] 这是第三对，也是最后一对重要的概念，这一概念引入了一种只与时间的范畴有关的新型划分。这一对概念和其他两两相对的概念一样，也具有区别的作用，用来对人和事物从时间上进行划分。的确，“现代人”（“今人”）首先是现在的人，是现实中的人。在此之前，只有“老人”和“年轻人”，“更年轻的人”和“原来的人”之

1　法语的“古”与“今”是 anciens 和 modernes，本来是“古人”（“原来的人”）和“现代人”的意思，但有关的文献当中也有译为“古”和“今”的，比如法国的“古今之争”。本文以下根据行文的需要，译为“古人”“今人”，或者“原来的人”“现代人”。——译者注

2　西哥特王国是 5—8 世纪初西哥特人在西罗马帝国境内高卢西南部和西班牙建立的日耳曼国家，第一个国王就是此处说的阿拉里克（395—410 在位），他于 410 年率领西哥特人洗劫了罗马城。——译者注

3　详见前文所引阿赫托戈的《古代人，现代人，野蛮人》，第 31–41 页。

分，而没有“现代人”。从这种意义上说，“现代人”向前走了一步。几乎是把自己投射向了前方，在自己和自己身后的、它所称的“原来的人”（“古人”）之间，画出了一条可以移动的线。这样一来，“现代人”为自己划定了一个特有的时空，在这个时空之外，便是“原来的人”，而“原来的人”的概念既可以包括昨天的人，也可以包括很久之前的人，可以指异教徒，也可以指基督徒。这样一来，对“原来的人”可以采取多种态度：区别、模仿、否弃。从根本上说，分界线是灵活的，取决于在一定的时刻，你要区别的是什么，同时大部分情况之下，是以褒义来对待所称的“现代人”（有时候也待之以贬义）。在“古”和“今”之间，一般的关系模式是冲突，是挑战，是争吵。这一对概念的作用是通过其二元对立的结构，使冲突得以成形，得以建立，甚至呼吁人们超越这一冲突。

在“古”与“今”的关系当中，人文主义者跨过了一个新的阶段；人文主义者认为“古人”就是古希腊和古罗马的异教徒，由此确定了人们的立场，并划定了空间的界限。分界线已经不再是一条简单的可以移动的界线，而是划定了一个漫长的时空。因为在“现代人”——也就是“如今的人”，和“古人”之间，除了“黑暗的”世纪之外，什么也没有，而黑暗的世纪就是我们前边提到的一个“中间”时代，是一个必须忘记和消除的时代，以复兴于“古代”，同时让“好的文艺”复兴。所以，所谓的“变革”，首先就是废除“旧”的时代，为“新”的时代敞开门户，但后来也成了在“古人”和我们之间进行区分，将“古人”和我们分别开来的时代的意识，说明已经过去的时代一去不复返了。因此，要“变革”，就要完成一项工作，那就是“复古”（restitutio）。必须重新找到和恢复古时的文本，鉴别那些重要的建筑，清理雕像，将“古代”的最重要的文物收集在一起，并最终建立起最早的博物馆。

所有这些工作和努力都与承认古罗马的遗迹分不开。要让人们重新重视这些遗迹，或者更准确地说，这些遗迹已经受到人们的重视。

它们是那个伟大的时代，是古罗马盛名之下的遗迹。从最后一个罗马皇帝罗穆路斯·奥古斯都（Romulus Augustule）于476年的没落，到14世纪中叶出现最初的古代文物收藏品，9个世纪过去了。最初的博物馆则出现于一个世纪之后，也就是15世纪中叶，与教皇关于保护古罗马遗迹的诏书出现于同一个时代。[1]从原理上说，博物馆做的就是关于时间的工作：正因为注意到时代的断裂，才有了博物馆对文物的保护，而且博物馆的宗旨就是减少时代的断裂。从根本上说，博物馆是建立在时代的不一致基础之上的，并产生一致性，也就是“当代”的特点。博物馆在建立了时代断裂的同时，又在致力于弥补这一断裂，向人们展示最新清理出的杰作。罗马的教皇不就是古罗马皇帝的继承者吗？从这种意义上说，博物馆就是对“古代”的复现，是对连续性的重建，是通向光荣的过去的一座桥。但是所有这些作用都是在专门的空间完成的，博物馆又改变了展示物品的状况。这些东西是从地下发掘出来的，经过恢复，使它们摆脱了时光的磨蚀，让它们与现实共存，与现时同在。人们将这些东西为我所用，使它们成为当代的事物。人们也复制它们。通过这种做法，人们从过去走向现在，但是目的是要丰富现在，美化现在，表明人们可以将过去的教训为我所用，分享其美好的意义，同时将自己上升到同样的高度。然后再产生超越过去的抱负。

新的概念并没有消除以前在异教徒和基督徒之间所建立的区分。毫无疑问的是，“现代人”是基督徒，而“古人”是异教徒。但是，只要是基督徒就能够属于“现代人”吗？显然不是。罗马皇帝在皈依之后不再属于异教，但他们并没有因此而属于“现代人”。人文主义者认为，真正的“现代人”，经过“变革”的人，是与人文主义者一起出现的。而在此之前，则是黑暗的、野蛮的“中间”时代，是真正

1　比如，庇护二世西尔维乌·比科罗米尼（Pie II, Silvio Piccolomini）便在1462年重申了关于古罗马文物的法律。不仅要保护基督教的古罗马，也要“为未来的几代人”保护“古老的建筑及其遗迹”。

的“古人”和真正的“现代人”之间的时代，是人文主义者宣布结束了的时代，但是对这个时代的开始阶段，他们说得并不多。另外，古代的某些作者也被人们从有利于基督教的角度进行了解读。这些作者当然是异教徒，但他们几乎算得上是基督徒了，而且对“现代人”有教育意义。比如对科西莫·美第奇治下的佛罗伦萨感到迷恋的柏拉图、普罗提诺和伟大的赫尔墨斯。因此，某些异教徒和基督徒之间的界限并非不可逾越。当然，从另一方面来看，有些“古人”还是发出了一些信号，我们要知道如何解读这些信号，实际上要像我们学会了如何解读《圣经》的《旧约全书》那样，去解读这些“古人”的作品。奥古斯丁已经承认：柏拉图将苏格拉底和毕达哥拉斯的教导结合在一起，同时“承认真正的上帝是人的创造者”，从而将“哲学推向了完善的高峰”。在这样的条件之下，根本不需要再考察其他的哲学家，因为，奥古斯丁总结说，任何其他的哲学家都“不像柏拉图派的哲学家那样离我们更近”。[1] 实际上，这些古人就像该撒利亚的优西比乌提到过的“过去的宗教人”一样，虽然他们没有基督徒之名，但他们离基督徒很近。

但是，一个重要的事实是，人们所称为的“新世界”不久便打乱了古人、现代人、蛮族人、异教徒和基督徒之间的界限划分、冲突和一次次的谈判。由此而出现了此前古人和现代人都不知道的一些民众，《旧约全书》里面没有提到过这些人，但是这些人的确是存在的！而且的确是当代人。必须给予他们一个位置。解决了这些人是否属于人类的问题之后，该如何给他们分类呢？最初的回答是运用古人关于偏远地方人口的知识，那些偏远地方才是属于他们的地方：关于神话民族、野人、蛮族的一些描绘有助于“认识”印度人。后来，在第二个阶段，不管是出于战争的还是风俗的实践，一些旅行者和编年史作家将新世界的人与古人做了比较。这是理解野人的一种方式，也就是要

1 详见前文所引奥古斯丁的《上帝之城》，VIII，4，326，VIII，5，327。

把他们驯化，但是同时，在不知不觉当中，新世界的人也开始与古人保持距离。[1]到最后，古人可以变成野蛮人，而且出发去希腊，就等于是引领着现代人穿过人类学的领地。一个新的三驾马车得以建立，也就是由古人、野蛮人、现代人或者文明人组成的三驾马车。这种划分认为野蛮人和古人优于所谓的文明人，虽然文明人是基督徒。[2]蒙田（Montaigne）是最早对这几种人之间的界限提出质疑的人。

有一点是可以肯定的。野蛮人是异教徒。我们可以提出的问题是，为什么野蛮人和异教徒没有受到神的启示，虽然他们仍然负有神圣的使命来参与基督的秘密。教会的使命毫无疑问是要让他们皈依。但是很快便提出的问题是，大家的生活方式是不一样的，怎样让他们皈依？耶稣会的神父何塞·德·阿科斯塔[3]在秘鲁当了 15 年的传教士；我们觉得很有意思的是，他采用了原来的"蛮族人"的概念范围。想要从中得到何种好处呢？《土著福音传教纪实》（*De procuranda Indorum salute*）是他在 1588 年发表的一本关于针对印第安人进行福音传教的论著，书中的"野蛮人"恰恰是他专门用来指异教徒的。从西印度到东印度的人都是异教徒，但是对所有这些人，你不能一视同仁，因为并不是所有的野蛮人都一样。何塞·德·阿科斯塔将野蛮人区分为三大类。最具"正直理性"（recta ratio）的人是野蛮程度最低的人。这没有什么令人感到出其不意的地方，他这话指的是中国人，另外同样不令人感到奇怪的是，他认为最野蛮的人，是加勒比人。秘鲁和墨西哥的印第安人处在中间地位。[4]这是一个重新利用古代"野蛮人"概念的很好例证，但在重新使用这个概念的时候，消除了其中严格意义

1　详见下文第 92 页，以及前文所引阿赫托戈的《古代人，现代人，野蛮人》，第 45–61 页。

2　详见本书下文第 93–96 页。

3　何塞·德·阿科斯塔（José de Acosta，1539—1600），16 世纪西班牙耶稣会教士，曾到拉丁美洲传教。——译者注

4　何塞·德·阿科斯塔：《土著福音传教纪实》（José de Acosta，*De procuranda indorum salute*, Madrid, Consejo superior de Investigaciones scientificas, 1984, p. 60–71）。关于耶稣会的传教士，详见安东内拉·罗马诺的《罗马与中国：现代欧洲和世界的文字》（Antonella Romano, *Rome et la Chine. L'Europe moderne et l'écriture du monde*, Fayard, 2015）。

上的二元对立的用法（比如在“希腊人”与“蛮族人”这一对概念当中所起的作用那样）。当然，还有作为基督徒的我们和作为异教徒的他们，但是野蛮人，或者更准确地说野蛮的程度恰恰是用来区分和衡量差别的，以便从中得出行为准则，并通过准确地了解他们的野蛮程度，让他们更好地脱离异教。就这样，经过程度的划分，经过多样化和世界化，“野蛮人”的概念变成了一种比较的工具。

“去殖民化”

我们在前文已经提到过，17 世纪末的“古今”之争标志着现代人实现了自己的抱负，战胜了古人。同时也标志着，作为一种颇有创造性的冲突模式，“古人”与“现代人”这一对概念相互并列的关系结束了，需要建立一种新的比较的认识工具。[1] 大革命对“古人”与“现代人”这一对概念给予了致命一击。从那以后，现代人几乎在各个领域都占了上风。的确，两种概念的对立已经“成为过去”，何必再因它们的关系而为难呢？“古人”和“现代人”这一对概念的对立关系，不管是从对人的启发作用上，还是从修辞上来说，其资源都已经被消耗殆尽，只好从活生生的历史中退出，只能在学术领域才能找到其庇身之处。[2] 从今往后，现代人已经从古人的束缚中解放出来，一定要找到其他的资源，才能够作为现代人来思考自己，比如，区别向着改革和进步而敞开怀抱的“现代人”和“保守派”或者“反动派”。站在现代人最前排的，是随时有可能被人超越的“先锋派”，和只顾盯着未来、想让未来尽快到来、想摆脱过去的负担的“革命派”。马克思说，应当让死人去埋葬死人。

但是，在 18 世纪末和 19 世纪初，由于前面提到的一系列原因，

---

1 详见前文所引阿赫托戈的《古代人，现代人，野蛮人》，第 251–279 页。

2 同上，第 279 页。

德国走上了另外一条路。尤其是对于像洪堡这样的人，拿破仑大败普鲁士起到了振聋发聩的作用。当法国放弃“古人”与“现代人”这一对概念的时候，德国选择了希腊，又重新拾起这一对概念，但是同时也深刻地改变了其意义。这里说的不是一般意义上的“古人”，而是希腊人和德国人。在希腊人和德国人之间，其关系是要按照“变革”的模式来思考的，也就是要按照真正的复兴的模式来思考。人们所调动的，正是这种从根本上具有宗教性质的意义。要让古希腊人复兴，才有希望让德国人真正复兴。1912 年，格丁根大学的拉丁语教授弗里德里希·列奥（Friedrich Leo）发表了一个关于“古希腊人对于德国文化的意义”的讲话，在讲话中提到“希腊—德国的复兴”，而在 18 世纪末，德国除了所具有的古罗马特点之外，其“原始的希腊特点”也正在觉醒。他动用了一种很能说明问题的类比。他认为，德国人针对希腊人的立场，实际上类似于罗马人对希腊人的立场。“希腊特点（对德国人）所产生的作用是直接的，正如罗马的特点对 14 世纪和 15 世纪意大利人的影响一样，而且与其他民族所受到的拉丁影响不同，没有经过中间的媒介，直接产生了作用。其直接的程度几乎与古代希腊人对罗马人的影响一样。”[1] 温克尔曼提出的希腊之“源”的意象常常被人提到。温克尔曼说，德国人应当直接到这一源泉去汲取，而不应当去模仿那些二手的模仿者。意大利人模仿了罗马人，法国人、英国人、荷兰人等又开始模仿罗马人的模仿者意大利人。因此，为了打破拉丁的二手模仿，一定要去直接模仿希腊人。罗马人就是这样做的，他们做得很成功。因此，直接模仿希腊人，就等于从拉丁人的经验中得到教益！

相反，经过两次战争之后，恩斯特·罗伯特·库尔提乌斯[2]在 1947 年发表的重要作品《欧洲文学与拉丁中世纪》当中，却强调了拉丁文

1　详见前文所引安托尼·安迪朗的《德国的希腊神话：选择性亲和的历史》，第 290 和 291 页。

2　恩斯特·罗伯特·库尔提乌斯（Ernst Robert Curtius，1886—1956），德国语文学家，也是罗马文学研究的专家，主要研究修辞学和拉丁文学对西文文学的影响。——译者注

化在欧洲文化的形成中所起到的根本性作用。从维吉尔到但丁，也就是在 13 个世纪期间，拉丁语都是文化的语言。[1] 不愿意承认这一事实，这在德国是常见的事，其结果就是德国人根本不可能理解西方的传统，导致产生各种各样的偏离。库尔提乌斯在纳粹时期受到迫害，内心里是个被放逐的人，只是为了“维护西方的文明”，他才做了这种文献学的工作。他反对 19 世纪和 20 世纪所有声称德国和希腊从根本上具有亲和性的人，他多次提到，对于欧洲来说，拉丁的基础是不可回避的。他甚至想方设法，指出歌德对所有古罗马事物的热爱，让歌德为他做证。“这一伟大的智慧，这一在各种事物上都讲究条理的文化，是我非常喜欢的，远远胜过一切希腊的事物。”[2] 库尔提乌斯认为，欧洲文学，从荷马到歌德，就像罗马帝国一样，也是由行省组成的。只了解一两个行省，可以说对欧洲文学还是一无所知。只有在帝国生活过很长时间，并多次在各个行省之间往来，才能够取得帝国的公民权。所以，“只有成为罗马公民（civis romanus），你才能被称为欧洲人”。[3] 这一罗马的声音（库尔提乌斯在退休后，最后的时日是在罗马度过的）和欧洲的声音，有助于厘清关于古希腊文化就是德国的历史命运的思考。不管怎么说，1945 年之后，这种思考便不再流行。

阿纳尔多·莫米利亚诺[4] 1967 年以去殖民化为题写过一篇文章，在文章中对此得出了最终的结论。他在文中写道，我们处在一个“普遍的去殖民化的时代”。[5] 从更低的程度上说，这一政策也适用于古代文化领域，他补充说，因为的确要摆脱 150 年“德国科学毫无对手的统治”，而这 150 年更多的是受到希腊的影响，而不是罗马的影响。我

1　恩斯特·罗伯特·库尔提乌斯：《欧洲文学与拉丁中世纪》（Ernst Robert Curtius, *La Littérature européenne et le Moyen Age latin*, trad. Française, Paris, PUF 1956, p. 19）。

2　同上，第 43 页。

3　同上，第 46 页。

4　阿纳尔多·莫米利亚诺（Arnaldo Momigliano，1908—1987），意大利历史学家，研究领域包括古希腊、希腊化时代、古代犹太民族以及与古代和现代史学相关的一些问题。——译者注

5　莫米利亚诺：《1967 年希腊文学概要》（Arnaldo Momigliano, “Prospettiva 1967 della storia greca”, *Quarto Contributo alla storia degli studi classici e del mondo antico*, Rome, Edizioni di storia e letteratura, 1969, p. 43）。

们刚刚看到这种影响是以何种方式产生，是多么重要以及为什么会有这种影响。因此，他认为“要了解希腊人，必须用希腊文思考，或者必须用德文来思考，这其实是一样的”——这是一种幻想；一旦消除了这种幻想，在20世纪60年代的世界上，要给予希腊何种“有益的意义”呢？[1]我们还能够如何出发去希腊呢？显然不能再求助于“古人”和“现代人”这一对概念，这一对概念已经彻底失去了其效用。但是，这并不意味着通过二元对立的概念进行思考的方式已经消失。比如，我们可以考虑相同年代“自然”和“文化”这一对概念所具有的结构作用，而这时的人类学正是至高无上的科学。

不过，在很有希望的线索当中，莫米利亚诺注意到英国的摩西·芬利[2]在经济和社会历史领域所做的研究，以及法国让-皮埃尔·韦尔南[3]关于希腊思想方面的研究，他认为，韦尔南的研究“替代了”瓦纳尔·耶格尔[4]的研究成果及其希腊文化的理论。[5]耶格尔是德国20世纪20年代和20世纪30年代被人们称之为“第三人文主义”的卫道士和主要代表，他主张回归以“教化”(paideia)概念为基础的希腊人，希腊文的这个词相当于德文中意义非常强烈的“教化”(Bildung)所表达的概念。[6]总而言之，他是要通过希腊文化的例外特点，重新激活所谓的“教化”。“我们可以真正地称之为文明的历史——也就是有意识地追求理想的历史，在希腊之前，这一历史还没有开始。”因此，希腊“既是时间的开始，又是精神的源泉，我们应当

1　莫米利亚诺:《1967年希腊文学概要》，第47页。

2　摩西·芬利(Moses Finley，1912—1986)，美国籍历史学家，1962年移居英国，专门从事希腊古代时期的研究。——译者注

3　让-皮埃尔·韦尔南(Jean-Pierre Vernant，1014—2007)，法国历史学家，专门从事古希腊的研究，尤其是古希腊的神话。——译者注

4　瓦纳尔·耶格尔(Werner Jaeger，1888—1961)，德国20世纪前半叶的学者、哲学历史学家和古希腊文化学家。——译者注

5　莫米利亚诺:《1967年希腊文学概要》，第52页。

6　瓦纳尔·耶格尔:《教化：希腊文化理想》，法文译本的篇名是《教化：希腊人的形成》(Werner Jaeger, *Paideia. La Formation de l'homme grec* [1933], trad. française, Paris, Gallimard, “Tel”, 1988)。

不断地回归这一源泉……好让它重新引导我们”。[1]

显而易见的是，韦尔南并没有这样的想法，但是很能够说明问题的是，莫米利亚诺竟然能够把韦尔南看成耶格尔的最好“去殖民者”（décolonisateur）。[2] 从更加宽泛的意义上说，开始有所交流，并且交流也表现出成果的领域是人类学领域，比如英国的埃德蒙·利奇[3]和法国的克洛德·列维–斯特劳斯（Claude Lévi-Strauss）的人类学研究。莫米利亚诺还指出，从这方面来看，法国享有特殊的地位。因为很久以来，法国的社会学家、人类学家和历史学家就有交流的习惯。这也就意味着，研究古代的学者所写的文章，不仅仅是供文献学者阅读的。一些作者的作品以各自不同的方式证明了这一点，比如菲斯泰尔·德·库朗热[4]、古斯塔夫·格洛茨[5]、路易·热尔内[6]以及现在的韦尔南。

在去殖民化的这些年，越来越多的人也确实出发去了希腊。的确，去寻找“希腊的夏天”的游客越来越多了。[7] 在尤利西斯之后，或者紧跟圣保罗的足迹，旅行社的橱窗里展示着跨地中海旅行的豪华游轮的图片，以及充满阳光的海滩和考古圣地。希腊，也包括罗马，迅速地进入“休闲文化”，但是，这也改变了我们与古代的关系，使之成了一种文化消费产品，一种可以按照多种方式使用的产品。作为客体的希腊变得既寻常又遥远。那些著名的遗迹，我们可以亲眼看见，可以拍照，可以在那里散步，可以触摸那些有着几千年历史的石头；因此，我们可以与之亲密接触。但是同时，这一片在酷热的阳光下显得小小

---

1 瓦纳尔·耶格尔：《教化：希腊文化理想》，第 13 页。

2 关于让–皮埃尔·韦尔南，详见后文第 204–227 页。

3 埃德蒙·利奇（Edmund Leach，1910—1989），英国人类学家。——译者注

4 菲斯泰尔·德·库朗热（Fustel de Coulanges，1830—1889），法国历史学家，被认为是将法国的史学引入科学道路的第一人。——译者注

5 古斯塔夫·格洛茨（Gustave Glotz, 1862—1935），专门从事古希腊研究的法国历史学家。——译者注

6 路易·热尔内（Louis Gernet，1882—1962），法国语文学家、法学家和古希腊研究专家。——译者注

7 雅克·拉卡里埃：《希腊的夏天》（Jacques Lacarrière, *L'Eté grec*, Paris, Plon, 1976）。但是度假的人去寻找的“夏天”恰恰不是拉卡里埃所提到的夏天，而是旅游大潮到来之前的夏天，是上校们专政之前的夏天。但是，也是韦尔南 1936 年第一次去希腊时所看到的夏天。

的地方，从前在这里发生过的事，怎么能够与我们有关系呢？这简直令人难以相信，而且我们又急着回到有空调的大巴车上去，停在停车场的大巴车连发动机都没有熄火。那不过是一堆没有生命的石头，还时不时地需要有人维护，别让它们倒塌了。“我呀，对那些老旧的石头，我才不会喜欢呢！”因此，对我们来说，它们是有距离的，是陌生的。不过，有人可以宣称，今年他们“重建”了希腊。有投影片可以为证。

但是，用莫米利亚诺的话说，我们还可以让这些东西具有什么样的“有用的意义”呢？当第一批游客来到18世纪中叶发现的庞贝古城和旁边的赫库兰尼姆古城时，他们觉得自己突然之间撞入了古人的私生活当中，好比破门而入一般。斯塔尔夫人笔下的科琳满怀热情地说：“展现在我们眼前的，是古人原汁原味的私生活”，那是在死亡的一刻凝固了的生活。[1] 从那以后，成千上万的游客参观过那里，在那里的街上游荡过，走进那里的房子，拍下了数十亿张照片。在庞贝古城，人们清理出44公顷的城区，每年有200万游客在那里参观。但是，遗迹越来越破败：磨损、倒塌，各种抢劫、偷盗。除此之外，在只要有钱款可以侵吞的地方，便必然会有秘密组织“克莫拉”（Camorra）。尽管联合国教科文组织和欧洲多次催促意大利“要管理好庞贝古城，对欧洲和全世界来说，那是一个象征性的地方”。[2] 然而这种督促毫无作用。我们甚至无法再对已经清理出以供经营的遗迹进行维护，那里已经被过度经营了，正如濒危的物种一样。也许有一天布鲁塞尔会规定每个国家参观者的人数限额！从何种意义上这个地方具有“象征性”呢？从明信片文化的角度具有象征性（而这种明信片文化也正在消失）。这是想让文化遗产“增值”的荒唐的经济学，而不是想让古

1　斯塔尔夫人：《科琳或者意大利》（Germaine de Staël, *Corinne ou l'Italie*, Paris, H. Champion, 2000, p. 288）。

2　菲利普·里代：《被盗与坍塌：庞贝古城正在破败》，载2014年3月21日的《世界报》（Philippe Ridet, “Vols, éboulements: Pompéi dépérit” , *Le Monde*, 21 march 2014）。

代文化具有实用意义。

在20世纪60年代，“波普艺术”使我们看到了在西方传播开来的消费社会，因为它干脆将所谓的消费社会直接摆在了我们眼前。比如罗伊·利希滕斯坦[1]1964年画的《阿波罗神庙》（*Le Temple d'Apollon*），所表现的就是正在发生中的一些变化。画家这幅作品是根据科林斯阿波罗神庙的一张黑白两色的明信片创作的。[2]经过画家的描绘和丝网印刷技术的印制，画面与希腊旅游的招贴画没有什么两样。这幅画属于广告系列的东西，也是老套的画面，因为“通过表现阿波罗神庙的外形，作品所表现的是所有传统的古代遗迹”。[3]的确，罗伊·利希滕斯坦“没有直接观看古代的遗迹，而是通过现代所特有的形式，是根据我们心中想象的形象创作的……在这幅作品当中，神庙并不是一个值得观看的漂亮的形式，而是一个值得讨论的符号。画家在处理古代的事物，并没有直接涉及其深刻的神话，而是以间接的形式，只停留在我们对这一古代事物所形成的意象表面”。[4]作品中的希腊只是某种形象的表面，只是一种符号；也许是“值得讨论”的符号，但仅仅是一个符号而已。它不是在邀请我们出发去希腊，而是在挑衅我们，让我们思索与作为客体的希腊之间的关系。这个已经极端模式化了的希腊、没有任何人也不属于任何人的希腊、已经死去了的希腊究竟是什么呢？［与古希腊学者让·勃拉克（Jean Bollack）1997年

1 罗伊·利希滕斯坦（Roy Lichtenstein，1923—1997），美国波普艺术运动中最重要的艺术家。其作品主要受当时的广告画、街头绘画和连环画的影响。他把自己的风格形容为“尽可能显露人为的痕迹”。——译者注

2 俯瞰集会广场的神庙是希腊最为古老的建筑之一，是公元前6世纪修建的。在猫途鹰（Trip Advisor）导游手册上所列的科林斯（Corinthe）十大游客必看景点中，排在第六位。

3 米歇尔·马卡里乌斯：《古代遗迹：从文艺复兴到如今的艺术表现》（Michel Makarius, *Ruines. Représentations dans l'art de la Renaissance à nos jours*, Paris, Flammarion, 2011, p. 262）。

4 维维安·贝西埃：《古代文物与后现代性：六十年代以来叙述艺术的希腊拉丁互文文本》（Vivien Bessières, *Antiquité et postmodernité. Les intertextes gréco-latins dans les arts à récit depuis les années soixante*, Toulouse, thèse de doctorat, 2011, p. 13），博士论文。

在《不属于任何人的希腊》[1] 一书中为之辩护的东西完全不同。]那是明信片上的希腊，是为明信片而想象出来的希腊，是一个流通中的符号、一种交流的媒介，是“思想感情”和“度假回忆”的载体。但那根本不是从其本来意义上所说的“古代”的或者“现代”的希腊。人们已经不再出发去希腊，只是去希腊而已。

我已经有机会表述过从菲斯泰尔·德·库朗热到韦尔南与希腊的关系，从《古代城邦》（*La Cité antique*）到《希腊思想的起源》（*Origines de la pensée grecque*），也就是从1864年到1962年这一个世纪期间人们与希腊的关系，我们在此没有必要重复这些内容。[2] 更何况在这篇前言中，我认为最重要的是让读者注意到，并尽一切可能让读者了解这些重要的两两相对的概念所具有的结构性作用，长期以来，正是这些两两相对的概念，使得欧洲形成了表现自我的方式。这些两两相对的概念对于古人来说，也是一些非同寻常的、有效的行动指引，我们需要强调的是，“现代”的欧洲是如何在这些概念的作用之下形成的。这些概念是如何让欧洲有了世系。在欧洲历史的发展中，以及在古代文化的形成过程中，这些概念起到了何种推动的作用。如果我们再回到这些成对的概念上来，我们注意到这些成对的概念远不是静态的、一成不变的界限划分，而是动态的，因为每一对概念都是对立的。它们是不对称的，是互相对立的，也是不可分割的，永远不会处在稳定的状态。它们之间的界限是在变动的。通过古老的“电”的概念，我们可以想象到元素之间的电位差。另外，由于在时间的先后上，这些成对的概念是先后产生的（但是下一对概念不会直接出自前一对概念，也不会完全地消除前一对概念），使各种可能的结构和相互之间的混响效果变得越来越复杂。比如，“希腊人”和“蛮族人”，“希

1　详见让·勃拉克的《不属于任何人的希腊》（*La Grèce de personne*, paris, Seuil, 1997）。作者在书中既反对能够立刻通达原始话语和古代希腊的自负，也反对虚伪骗人的正经文章。详见下文第229页及以后部分。

2　详见前文所引弗朗索瓦·阿赫托戈的《古代人，现代人，野蛮人》，第225–250页，以及下文第五章和第六章。

腊人”和“蛮族人”再加上“罗马人”，“异教徒”和“基督徒”，“古人”和“现代人”，“古人”和“现代人”再加上“野蛮人”，以及它们之间的各种关系（最常用到的有“模仿”“传承”“变革”“复古”）慢慢地确定了现代人称之为“古代”的这一对象的结构，甚至在19世纪中叶以更加有限的方式，确定了“经典古代”的结构。让我们把话说得更加明确一些，正是在其结构效果的交叉当中，“古代”才得以展开。

然而，如果我们让人们以为由此而涉及的只是对“古代”的发明，那无异于大大降低了其意义和效率。我谈到过欧洲的知识架构，以及这一架构所具有的结构性，对资源进行配置的作用，这都是一些渐进的步骤，以试图理解使得欧洲成为可能的原因，理解是何种推动力使得欧洲与拜占庭、伊斯兰，或者与亚洲的其他文明显得不一样。我们必须以两两相对的概念进行思考；我们必须采用罗马人作为第三者（是包括这一第三者，而不是排斥它），必须考虑到基督教的“复兴”，必须考虑到解读《旧约全书》和《新约全书》的基督徒所建立的“古”与“今”之间的关系；我们必须考虑到“现代人”这一概念的出现以及对处在中间的新时代的拒绝，也就是对中世纪的拒绝，才能怀着希望面向古人。我们必须考虑新世界和野蛮人。我们还必须考虑人的历史中不可避免的偶然性因素。

开篇词

对我来说，在本书中结集出版的几篇文章就是几种出发去希腊的方式。这些文章都是简短的、部分的旅程，写于不同的时刻和不同的情况，但是它们的共同点就是对作为研究对象的希腊进行探索。我们在前面的文字当中，已经致力于勾画了希腊的崛起。首先是那些重要的、具有起结构性和组织性作用的一些成对的概念，这些概念为我们最终所称的“欧洲”或者“西方”打上了有力的印记。本书的前言展示了这一前景，同时回溯了“古人”和“现代人”这一对概念的古老的历史，人们常常把这一对概念作为出发点来看待，而如果我们把它们放在系谱当中，或者放在漫长的史前时期来看，一直追溯到最初的一对概念——“希腊人”和“蛮族人”，那么这些概念会具有更有力的阐释作用。

我们所选择的每一篇文章，都提出或者回答了一个明确的问题。第二章是从荷马到奥古斯丁的历史问题，因此，也就是在选择值得重提、保留和传承的东西时，明确其作用是什么，根据什么样的标准进行选择，要达到何种目的；被西方称之为“历史”的这一特殊的发展过程是如何形成的。第三章是关于蛮族人及其在18世纪的几次复兴的问题：蛮族人有持久的生命力，自从希腊人划出了自己与蛮族人之间最初的界限之后，蛮族人便不断地到处游荡。第四章介绍了几种出发去希腊的现代方式：在哲学家保罗·利科（Paul Ricœur）之前，有研究宗教的历史学家米尔恰·伊利亚德[1]的方式，也有其他的历史学家芬利和克洛德·莫塞[2]的方式。最后，第五章和第六章提到的是“法国式”的希腊，在一个多世纪期间，从菲斯泰尔·德·库朗热到让-皮埃尔·韦尔南，其间还有埃米尔·涂尔干（Emile Durkheim）。最后还要提到的是，第一章以“古典研究的双重命运”为题，思考的是今天我们与古典的关系：从哪些方面来看，以及为什么古典研究还是一个学科？这个学科会产生什么样的后果？古典学科还可以成为什么？

有两条主线组织和贯穿本书的文章：一条主线是时间，另一条是空间。首先，我们所研究的希腊是从别的地方观察到的希腊：是从时间上说的别处，也是从空间上指的别处。希腊是作为结构，作为表现，作为知识、欲望和怀念的对象来被理解的。这是一个从时间的角度来观察的希腊，从次要的程度上来考察的，是古人——我们想到的是罗马人以及后来的现代人，旅行者、士兵、梦想家、学者、越来越多的游客——不断地出发而去的希腊。对于最近一个时期，我们想到的还有皮埃尔·维达尔-纳凯（Pierre Vidal-Naquet）的书《从别处看到的希腊民主》（*La Démocratie grecque vue d'ailleurs*），以及他与希腊发生联系的方式。所有这些走向希腊的旅程无不引发了从希腊的归来，因此也就产生了一些游记。

温克尔曼念念不忘地想去希腊，但是从来没有超越罗马，所以他是个不幸的英雄，或者说，他代表了一种极端的形象，他在追逐某种对象，却永远也抓不住它。即使在希腊，他也永远没有达到“希腊”。对他来说，希腊的艺术只有通过罗马，才能为人所见，或者更准确地说，当希腊的艺术完全缺席的时候，只有从罗马，只有通过复制罗马，才能够看到希腊的艺术。实际上我内心里真正最为关注的正是这个“希腊”，我已经决定，只要那些上校的专制还在，我便不去希腊，因此

---

1 米尔恰·伊利亚德（Mircea Eliade，1907—1986），罗马尼亚宗教历史学家和哲学家，被认为是现代宗教历史研究的鼻祖。——译者注

2 克洛德·莫塞（Claude Mossé，1924—），法国历史学家，古希腊历史专家。——译者注

我更加关注的是，在多少个世纪以来与希腊建立的种种不同方式的关系当中，希腊对人们具有何种重要性，希腊可以供人们怎样利用。因此，我的关注是在希腊缺席的背景下对它的关注。

书的最后是“法国式的希腊”，这是美国的古希腊学者伯纳德·诺克斯（Bernard Knox）在介绍韦尔南及其团队的研究成果时说的话，我们借用他的说法，同时扩大了其所指的范围。这仍然是从别处看到的希腊，这次的出发点是一个美国的校园。这是一个什么样的“希腊”呢？从根本上说，是通过涂尔干的社会学棱镜看到的希腊，而且是通过比较并在比较中看到的希腊。因此，这个希腊处在被别人从别处的空间或者时间探索的境况之下，也包括以调查者的现在为出发点，而调查者反过来也可以作为被那些遥远的希腊人探索的对象。

皮埃尔·维达尔-纳凯死于2006年，让-皮埃尔·韦尔南死于2007年。我并没有想到并想要暗示，他们出发去希腊的方式是绝无仅有的，即使在法国，这种想法其实也是荒唐的。让·勃拉克一辈子都在固执地捍卫另一种去希腊的方式，并深信他的道路是对的；但是他开辟的道路与维达尔-纳凯和韦尔南走过的路并没有相交。不管怎么说，当韦尔南在1946年选择了希腊，并开始阅读他所能读到的一切时，勃拉克已经是一个文献学者，他来到巴黎继续研究。但是当时，他们并没有交集。以前的学术经历，对知识的关注，在各自期待方面的差距也许已经很大了。

不管怎么说，这种“法国式”的希腊，在我们之前已经让其他人（和我属于同一个年龄段的人）觉得是最有前途的，首先是维达尔-纳凯和马塞尔·德蒂安（Marcel Detienne），妮科尔·洛罗（Nicole Loraux）后来也加入了马塞尔·德蒂安的阵营；在此之后还有很多其他的人，或者是与我们同时的，或者是在我们之后的，也都参加了进来，有法国的，也有世界其他地方的。在20世纪60年代和70年代，用莫米利亚诺的话说就是，曾经出现过“有用的意义”，甚至我们认为，我们相信曾经明确、提出了这一意义，并且使之得到了广泛的传播。

我们不想要现代化的，或者现实化的希腊，我们想要的，是一个“复兴”的希腊，这是芬利的话，是一个恰当的、与我们有关的、向我们倾谈的希腊，与当时思想和政治上的得失密切相关。如果我们今天认为，这只不过是幻想，那是把问题简单化了，这种看法也尤其是不准确的。说到底，这个带有“困难时期”经验的希腊，带有 20 世纪殖民战争经验的希腊只不过是幻想或者梦想。但是，如果让人们以为，随着那些人的逝去，出发去希腊的事也随之而完结了，这种想法也是荒唐的。随着那些人的逝去，某种类型的出发结束了，这种出发去希腊的新类型是菲斯泰尔·德·库朗热开启的，而菲斯泰尔·德·库朗热在 1864 年的时候不可能知道埃米尔·涂尔干将会阐读和思考他的作品。我们希望希腊的很多城市会再次成为人们参观的对象。

第一章

古典研究的双重命运

《我们输掉的是战役，而不是战争》（*Praelio victus, non bello*）：“古典文化输掉了，也正在输掉很多战役，但并没有输掉战争。”研究古代艺术的历史学家萨尔瓦多·塞迪斯 2004 年以《古典文化的未来》为题出版的一本辛辣的小书[1]，最后就是这样结尾的。是何种自信，使他最后连个问句的形式也没有用呢？除非他是“一厢情愿”（wishful thinking）！

我们首先要问的是，古典文化研究的现状如何？我们这里说的，是作为一个学科长期以来在教育机构得到承认的古典文化研究。但是问题刚一提出，便似乎已经超出了其范围，因为古典文化研究的首要特点恰恰就是，古典文化不仅仅是一个学科，而且也不足以成为一个学科。今天它们的命运既有赖于这个“不仅仅”，也有赖于这个“不足以”。“不仅仅”立刻使我们想到古人在我们的公共空间所占据的地位。人文学者选择了古典文化，以对自己进行对照性的研究，而且从更加宽泛的意义上说，在漫长的欧洲历史当中，古典文化成了思想上、文化上，也包括在政治上带有重要影响力的因素。尤其是在“古典文化”这一概念的形成和使用当中。因此，在提出问题的同时，重点立

1　萨尔瓦多·塞迪斯：《古典文学的未来》（Salvatore Settis, *Le Futur du classique*, traduction fr., Paris, Lana Levi, 2005）。该作品首先见于塞西莉亚·苏索尼和于贝尔·奥珀蒂主编的《没有拉丁文》（Cécilia Suzzoni et Hubert Aupetit, [dir.], *Sans le latin*, Paris, Mille et une nuits, 2012, p. 353–382）。

刻便放在了其条件的两重性或者似是而非的特点上。古典文化研究（从这个说法最为广泛的意义上说）的确与诸如人类学、梵文，或者甚至于历史的地位不一样，虽然它们的命运从很大程度上与这些学科后来作为学科的变化结果密切联系在一起，在今天看来是这样，明天就更是这样。但是它们的命运（未来的命运）也有赖于在公共空间已经成为过去的现在（雅典和罗马的光荣和盛名），因为正是以这种盛名的名义（或者为了纪念这一盛名），某一学科才捍卫了，并仍然在经常捍卫着自己的合法性、自己的领地和岗位，甚至竭力使其可敬的权威再一次成为显而易见的事实。

不仅仅是一个学科，又不足以成为一个学科

从何种意义上古典文化的研究不仅仅是一个学科，但又不足以成为一个学科呢？作为教育和研究的一个门类，“学科”在 20 世纪之前是不存在的，而在 19 世纪，科学作为一个重要的门类，是与“专业化”一起发展起来的，用勒南（Renan）的话说，学科就是“专业的研究工作”，这反映了人们共同接受的一个定理：分析要先于综合，并为综合做好准备。定义一个学科的最新标准，比如达到范式形式（这里是指从托马斯·库恩的意义上所说的范式），或者把学科设想成“专家进行沟通的一个共同体”和“一个自创生的系统”施蒂希韦（R. Stichweh）的定义，并不能明白无误地应用于古典文化的研究领域，因为这一领域的特点是零零碎碎，而且变得越来越零碎。[1] 古典文化研究属于范式，虽然阐述性语句的产生当然是有规则的，认证和证明是有程序的，但是这些规则和程序只是局部的。的确，用热拉尔·朗克吕

1　关于学科概念的总体思考，详见布蒂埃、帕斯龙、雷韦尔主编的《什么是学科》（J. Boutier, J.-Cl. Passeron, J. Revel [dir.] *Qu'est-ce qu'une discipline?*, Paris, Éditions de l'EHESS, “Enquête”, 2006）。亦请参见法比亚尼（J.-L. Fabiani）、布朗卡特（Cl. Blanckaert）、朗克吕（G. Lenclud）的文章。

（Gérard Lenclud）的话说，如果学科对于知识，相当于拼写之于写字，那我们不得不承认的是，对相同含义的词语来说，几种拼写都是对的。如果一个学科按照约定俗成来运行，而且部分地基于不言而喻的东西，而不是基于明确说明的东西，也就是基于人们认为是真实的、恰当的、值得关注的东西，那我们也不敢肯定古典文化研究因此就能够明确表达出那些本来从很大程度上是隐含着的意义。

我想，一个到我们的高等教育机构来参观的外人，会首先注意到各种各样的名称。作为形容词的“古典”（古典文化研究、古典文学、古典哲学、古典文献学）会首先吸引他的注意，而且还不只是这一个词（还有古典学、古代研究、古代历史等）；然后他会注意到研究领域的细分，以及繁多的专业或者分学科，每个专业或者分学科都有自己的刊物、自己的研讨会、自己的小圈子和等级关系。最后他还会注意到根据国家和地方的不同，还有种种不同的学会和团体。比如古典考古学可以属于古典文化系，可以是历史和艺术系的一个专业，也可以是一个单独的考古系。还可以举些其他的例子，在巴黎，研究经典古代文化的机构相互之间毫无了解，或者几乎毫无了解。所有这一切也许可以说是在特定的历史中形成的，但是，之所以分得如此细碎，仍然说明它们虽然同属一个学科，但是不要指望它们会有统一的研究方法，它们甚至连统一的研究对象也没有！它们有相同的研究对象吗（希腊和罗马）？可是研究对象一向是以支离破碎的方式来理解的。一旦有人想将这些碎片联系在一起，那会形成一个十分奇怪的火山口，或者更准确地说，连一个奇怪的火山口也没有。学科的专业化使本来统一的结构分成了哲学、历史学、语文学或者文学的结构，各个结构相互之间有分界线，有无法触动的各自的级别。如果某项研究是皮埃尔·维达尔–纳凯向柏拉图提出的历史学的问题，那极有可能他的书历史学家不看，哲学家也不会看！[1]

1　皮埃尔·维达尔–纳凯：《从别处看到的希腊民主》（Pierre Vidal-Naquet, *La Démocratie grecque vue d'ailleurs*, p. 95–137）。

古希腊学者是一个“懂得”希腊文，“懂得”希腊文化的人（好比拉丁学者是个“懂得”拉丁文的人一样）。这是不言而喻的。但是随即又有人问，懂得什么样的希腊文呢？是古典希腊文，“共同语”（koinê），翻译《圣经》的希腊文（Septante），还是教会圣师的希腊语（patristique）呢？根据什么来做出决断呢？是根据权力？根据能力？从更加广泛的意义上说，提出学习拉丁语和希腊语的问题，连带着也会让人提出有关教育系统的问题，因此也就会提出学科范围的问题。中学教育中还有希腊文和拉丁文的地位吗？有？没有？根据什么模式来判断，为什么这样判断呢？弗朗索瓦·瓦克的《拉丁文帝国》是一本专门论述从 16 世纪到 20 世纪之间拉丁语的地位的书。在这本出色的作品当中，作者最后总结说：“让我们把对拉丁文的研究留给那些专门研究人文文学文化（culture humanistico-littéraire）的专家，让拉丁语成为一个有其充分尊严的专门学科吧。”因为，“拉丁语在 20 世纪 60 年代的衰落不是语言的衰落。拉丁语之所以消失了，是因为对当代世界来说，它已经没有任何意义。它所代表的一切——一种关于人的观念，一种高贵的形式，一种权力体系，一种普遍目的，以及除此之外，一种社会观念，一种社会秩序，一种社会标准的观念——已经不再时兴，或者已经以其他的方式来表达了，而且从今往后，它所从属的霸权文化模式已经输给了其他的竞争模式”。[1]

尽管如此，根据统计，2014 年法国的中学里仍然有 71 219 名“拉丁学者”和 16 684 名“希腊学者”。而且拉丁文和希腊文的捍卫者为之斗争的，并不是某个专业，他们是以其他的名义而斗争的：恰恰是因为拉丁文和希腊文“不仅仅是一个学科”。是因为古人曾经、仍然，或者仍然可以“不仅仅”是一个学科吗？“古典研究”或者“古代研究”在今天还重要吗？现在的社会所关心的，不是历史，而是记忆和

1 弗朗索瓦·瓦克：《拉丁文帝国》（Françoise Waquet, *Le Latin ou l'empire d'un signe*, Paris, Albin Michel, 1998, p. 321, 322, 323）。

身份，同时又怀着或多或少的热情或者担忧来探索全球化，探索如何在学校的课程设置上对这种担忧做出回应，用芬利在 20 世纪 70 年代曾经说过的话来说，为什么“古典研究”或者“古代研究”能够代表“有关的过去”呢？学习这些已经死去的，带有精英主义特点的语言，有什么好处呢？

我们由此触及的，是其双重的命运。古人在公共空间里的影响越小，其成为专业学科的进展就会越快；但是，古人（在外部）的影响越是减少，我们就越不容易（在学校的教育体制内部）作为学科来捍卫他们。人文科学传统上的捍卫者是以希腊人曾经具有的价值来捍卫这一学科的，好比显而易见的“希腊奇迹”仍然时兴一样。因此，没有人听他们的，除非是那些本来就与他们有着同样精神状态的人。但是，这些人在这样做的同时，最终会败坏了作为专业和学科的古典研究。相反，那些一开始就把古典研究当作一个学科（是一个和其他的专业一样的专业）来捍卫的人，却很难讲出理由：需要推动发展的其他学业那么多（与现实世界和学校的学生有关系的学业），为什么（还）需要那么多人从事古典研究呢？他们的表现很可能没有说服力，除非在他们提出的理由当中，偷偷摸摸地、不明言地引入了古人曾经有过的价值（“不仅仅是”）。极而言之，在欧洲，正在使用的一些主要语言出现了倒退，英语倾向于成为唯一的交流语言或者唯一的服务语言；在这种形势之下，相对于梵语和美索不达米亚的阿卡德语来说，为什么要以不同的方式对待拉丁语和希腊语呢？[1]

我们暂且让外来的参观者先在一旁思考和困惑，我想拉开一段距离，通过古典文化研究在漫长的欧洲历史上具有的重要性，来思考为什么古典文化研究“不仅仅”是一个学科。更加准确地说，人们首先称之为的“古人”，是被用来起什么样的作用的，人们打造、动用

1　皮埃尔·朱代·德拉孔布、海因茨·维斯曼：《语言的未来》（Pierre Judet de la Combe, Heinz Wismann, *L'Avenir des langues*, Paris, Cerf, 2004, p. 113–114, 122–125）。

和传达了哪些起作用的因素？哪些姿态得以一再产生？实际上，这完全是几个名称或者概念在多少个世纪期间，在组织成变化多端的结构的同时，不断地被重复、被探索、被一次次赋予新的意义，也就是由“古人”和“现代人”组成的一对概念，以及此后出现的面对“文明人”的“野蛮人”或者“蛮族人”，“古典主义者”和“前古典主义者”，以及后来的“新古典主义者”等概念。通过这些概念之间的相互关系和对立，事实上勾勒出了欧洲现代文化产生的连续运动，在这一运动中，“古人”和“现代人”这一对概念，在很长时间里起到了最为重要的作用，有着漫长的“古今之争”的历史。[1]

复古的姿态

我从意大利的人文运动当中，只留下了这一复古姿态，而且从很大程度上只让它起到示意的作用。在“古人”和“现代人”之间的对立当中，展开了“一种面向过去的希望之热情”，这是阿方斯·迪普龙[2]的原话，但是，激起这种热情的，是一种愿望，也就是想把现在提升到再次复兴的光荣的过去的高度。[3]这里面有着很大的论战的成分：与人们刚刚命名的中世纪决裂，对“权力的传承”（translatio imperii）和研究的传承提出异议，用西塞罗的拉丁语恢复（restituere）、重建罗马。除了与复活的形象相近的“复古”或者“变革”之外，所采用的工具包括模仿、比较，以及由古人和现代人形成的一对概念。这一切都使得这一姿态本身就包括了重复的可能性。[4]

虽然从彼特拉克（Pétrarque）到蒙田，罗马的遗迹变得越来越重要，但是也越来越被当作遗迹来看待了。彼特拉克还通过维吉尔和李

1　详见本书前言部分，第 xxv–xxix 页。
2　阿方斯·迪普龙（Alphonse Dupront，1905—1990），法国历史学家和人类学家。——译者注
3　阿方斯·迪普龙：《现代的起源》（Alphonse Dupront, *Genèse des temps modernes*, Paris, Gallimard/Le Seuil, “Hautes Études”, 2001, p. 49）。
4　详见前文第 xxiii 页及以后部分。

维来看待这些遗迹，而蒙田在参观罗马的时候，眼里看到的，就只是一座坟墓了。一方面，这些遗迹变得离我们越来越远，而且在失去魅力的同时，也越来越变成一种程序，供人从博物学的角度去研究碑铭，去出版相关的文本，以让古代的东西开口讲话。另一方面，和一切古代过去了的事物一样，这些遗迹仍然禁锢于与现在的密切关系当中。正是在这一点上，榜样的力量才会起到作用。的确，人文主义是围绕着一个悖论组织起来的："一个新世界的观念是根据一句古老的话建立起来的。"[1] 文艺复兴的胆识"需要榜样，而且这个榜样不可能是其他的东西……只能是充满光荣的古老世界完全了解的、在基督教诞生之前能够自足的全部现实"。[2] 文艺复兴的胆识就在于选择了这一过去。

如果我们的确是遵循"历史是生活的导师"（historia magistra）这一原则，从过去走向现在，同时，由于宣称与当时中世纪的决裂所造成的连续性中断，这一古代的过去也就成了一种"可用的"现在，我们便可以"切实地"身处其中了。或者这一古代的过去也可以成为"一种永远的触手可及的方式"。这也正是"变革"的意义，是人文主义者的口号，也是使他们联合在一起的方法：是旧事重提，是重新开始。可以肯定的是，这种回归的哲学是时间的哲学，但条件是需要立刻像迪普龙一样补充说，那"是对时间的信心，是对现在的充实感"。[3] 文艺复兴的人们还没有达到现代进步哲学的高度，现代的进步哲学要求一种开放的时间，而他们的时间是停止于他们面前的，同时为耶稣再临人间开放。那是古人的黄金时代，也是古人和现代人之间的对立充满了力量的时代。在与现代人对立的同时，古人也是现代人得以撬起现在的杠杆。

1　弗朗西斯科·里科：《人文主义的梦想》（Francisco Rico, *Le Rêve de l'humanisme*, Paris, Les Belles Lettres, 2002, p. 19）。

2　详见前文所引阿方斯·迪普龙的《现代的起源》，第 49 页。

3　同上，第 51 页。

对古典范畴的清理

是什么使得这些概念的流行成为可能的呢？有了古典文化，人们又重新拾起文艺复兴的某种姿态，但是同时又移动了这一姿态的位置。"古典"这个词是根据拉丁文的"classis, classicus"形成的。拉丁文的意思首先指的是税务的分类。而且"classicus"尤其指的是属于纳税人中第一类的人。格利乌斯（Aulu-Gelle）[1]使用过一次"classicus scriptor"这个词，首先是指不属于"普罗"（proletarius）的作家，其作品适合被"有等级的人"（classici）阅读，而不是为大众所阅读。[2]这实际上指的是一个杰出的作家。在菲勒蒂埃[3]1685年版的《通用大词典》（*Dictionnaire universel*）当中，还没有收入这个词，1690年版的词典中便收入了"古典"一词，但是其意义还比较有限。"古典作者"是"在学校教育中使用的作者，或者是在学校教育中具有很大权威的作者"，这一名称"指的尤其是共和时代或者拉丁文比较盛行的奥古斯都末期的一些作者"。除了这一意义之外，《百科全书》又补充说，"路易十四时代以及路易十四治下的优秀作者"也是古典作者。到了19世纪，"古典"一词的反义词是"浪漫"，而且首先用在绘画领域，在古典艺术家当中，排在首位的是雅克·路易·大卫[4]。因此，这个名称首先专门用于指古人，后来转用到现代人身上（尤其是通过"世纪"的范畴），又通过大卫的绘画回归于古人。值得关注的是，通过"古典"的概念，古人和现代人之间产生了循环，"古典"一词甚至可以指称古人，也可以指称现代人。古典作家是一个"已经"具有现代特点的古人，或者"仍然"具有古人特点的现代人。"已经""仍然"的意

1　格利乌斯是公元2世纪的人，留存于世的只有一本《阿提卡之夜》（*Les nuits attiques*），长达20卷本，据说是为他的孩子写的。他在雅典住过，也担任过罗马民事裁判员。——译者注

2　详见前文所引萨尔瓦多·塞迪斯《古典文化的未来》，第100页。

3　菲勒蒂埃（Furetière，1619—1688），法国的教士和词汇学家，写过不少寓言和诗。——译者注

4　雅克·路易·大卫（Jacques Louis David，1748—1825），法国画家，也是当时国民公会的议员。在绘画上，他被认为是新古典运动的领军人物。——译者注

思是说，这个词从很大程度上摆脱了时间，用皮埃尔·拉鲁斯（Pierre Larousse）的话说，它将“内容和形式的完美”联合在了一起。伏尔泰（Voltaire）则认为，在路易十四时代，“语言在各种体裁当中都达到了最高程度的完美”。[1]因此，古典可以作为文化因素起作用，因为它既可以用来联系，也可以用来鉴别。的确，古典可以指古代的某些时期（比如公元前5世纪的雅典，奥古斯都世纪，但是，相对于埃斯库罗斯和欧里庇得斯等人来说，索福克勒斯也算是古典作家），也可以指现代人历史上的某些时期（比如路易十四的世纪，歌德的时代等），当然，在被人称为或者自称为古典作家的人当中，不管是古人还是现代人，存在着一种特殊的联系，一种优先的关系。

因此，如果我们再回到“古”“今”之争的时刻，赞成古人的一派认为，法国的巴那斯派（Parnasse）正在走向希腊和罗马的巴那斯派。当时还没有“古典”派这个形容词把它们联合在一起，但是这种想法开始发展。夏尔·佩罗的《古人和现代人对照》（*Parallèle des Anciens et des Modernes*）的三个主要人物决定趁国王不在时，到凡尔赛宫去散步。开始时，他们提出的问题是，要不要把古代猎场小屋的变化看成古人的完善和今人模仿的完美，或者现代人的胜利？解决问题的办法是，要承认那是一件“古典”的杰作，也就是在作品当中集中了古人的经验和现代人的期待。古人的经验提供了形式，提供了（适合）现代人的形式。“古典作品”可以被理解为一种折中的模式。马可·福马罗利[2]问道，为什么布瓦洛（Boileau）代表了“古典作品的化身”呢？因为，他又接着说：“文学植根于古代，没有任何现代的奴性，不是时下的某些动机的产物，不像现代人的作品那样，所以国王认为，那些为文学争得了光荣的作品，能够使王国变得更加稳固。古典文学

1　伏尔泰：《历史作品集之路易十四时代》（Voltaire, *Oeuvres historiques. Le Siècle de Louis XIV*, Paris, Gallimard, “Bibliothèque de la Pléiade”, 1957, p. 1570）。

2　马可·福马罗利（Marc Fumaroli，1932—），历史学家和杂文作家，法国科学院院士，也是研究17世纪的专家。——译者注

植根于真和美的永恒的基础之中，只有与古代的古典作品联系在一起，才是法国想象力的保证。”[1]

而现代人则自认为是真正的古人，他们不明白的是，他们为什么要模仿年轻人呢？年轻人还笨手笨脚，要不然就是不折不扣的乡巴佬。因此，模仿只能被贬低到奴性的程度，而拥护古人的人则为模仿辩护，他们认为模仿是一种动态的观念（是创造性的模仿）。但是，重要的一点是，模仿和不再模仿是成为现代人，或者更好地成为现代人的两种方式，这是十分清楚的。布瓦洛在他的《讽刺诗》(*Epître*)第一卷当中，的确把自己说成是“从前对整个世纪讲了直话”的人，而且“曾像历史一样谈到国王（路易十四）”。[2]通过诗的艺术，他有着深远的视野，或者说他的观点高屋建瓴，所以他最能够以适当的方式赞美国王。与复兴的姿态所不同的是，捍卫古人的人“变革”的愿望并不是太大，或者说复兴古代的愿望并不是太大，他们更想把机会都留给现实，在君王的领导之下，现实正在变得史无前例，因此也就是正在变成一种模式，但是需要确切说明的条件是不能故步自封，不能沉湎于过分的自尊而变得盲目。

“古典”的概念将继续发展，变得与“浪漫”的概念对立，而“古人”的概念则变得越来越远，渐渐脱离了日常的使用。在19世纪，当知识在大学里走上制度化和专业化的道路时，“经典古代文化”(Antiquité classique)专门用来指古希腊和古罗马。正是在这个时候，出现了其他的古代文化（民族的古代文化，东方的古代文化，等等）。“专业化”满足的是某一门知识自称是科学知识的愿望。最后一个步骤便是学科的划分。在法国，20世纪初的教育改革使中学里出现了两个专业：古典学科和现代学科（开始时，现代学科是不

1 马可·福马罗利：《蜜蜂与蜘蛛》，载《古今之争：十七世纪到十八世纪》(Marc Fumaroli, “Les abeilles et les araignées”, dans *La Querelle des Anciens et des Modernes, XVIIe-XVIIIe siècles*, Paris, Gallimard, “Folio”, 2001, p. 153)。

2 同上，第151页。

受重视的）。在20世纪60年代之前，对最好的学生来说，理想的状况是把两个学科组合在一起（希腊文化和数学），最后选择进入高等工程学院就读。

语文学

对于我们前面所说的事，语文学似乎是一个相反的例子。语文学被认为是一个典型的学科，而且在欧洲和世界上很多地方都是作为一个学科被提出，甚至被人们所接受的，那我们怎么能认为，古典研究“不仅仅”是一个学科，也“不足以”成为一个学科呢？自从弗雷德里希·奥古斯特·沃尔夫[1]于1777年4月某天在哥廷根大学被要求一定要读古典语文学（Studiosus philologiae）开始，一直到乌尔里希·冯·维拉莫维茨[2]就语文学和19世纪末的学校所做的思考为止，德国与古人的亲近时期长达一个多世纪。[3]开始时，语文学（还）是理想的学科，但是在享受了特殊学科的地位之后，令人很难接受的是，语文学作为一个学科，竟然变得与其他学科一样了，并成为普遍的趋势。在一些重要的学科创建者的努力之下（温克尔曼、沃尔夫、洪堡），我们注意到复兴的姿态再次出现，但是同时也出现了多种变化。这一过程中有论战的成分，但是论战主要是针对法国的。的确，在人们的感觉当中，法国的文化从根本上带有罗马特色，是对古拉丁人的模仿，是对帝国时期的继承。在讲到模仿的整个循环时，有人提到古罗马人也模仿了古希腊的文化，而且是在模仿古希腊文化的同时，才

1　弗雷德里希·奥古斯特·沃尔夫（Friedrich August Wolf，1759—1824），德国语文学家和古希腊文化研究学家，因为首次对《伊利亚特》和《奥德赛》在结构上的一致性提出质疑而著称。——译者注

2　乌尔里希·冯·维拉莫维茨（Ulrich von Wilamowitz，1848—1931），德国著名语文学家。——译者注

3　迈克尔·维尔纳：《德国历史科学的语文学时刻》，载前文所引《什么是学科？》（Michael Werner, “Le moment philologique des sciences historiques allemandes”, *Qu’est-ce qu’une discipline? op. cit*, p. 171–192）。

造就了十足的罗马文化，这就能使我们更好地理解为什么温克尔曼向德国人提出应当直接模仿希腊人。只有直接到希腊艺术的源泉去“汲取”，才能够打断模仿的循环和学习的传承（translatio des études），才有可能避免像马戏团的猴子（singes d’Arlequins）一样只会模仿，才有能力成为充分的希腊人，或者真正的德国人。

很清楚的是，由此提出的问题，是今天如何从事“教化”“教育”（Bildung）的问题；通过建立“人文学科中学”（Humanistiches Gymnasium），洪堡怀着极大的热情，推动了这种教育或者教化的发展。在这方面，拉丁语和希腊语具有重要的地位，是培养完美个人的工具，是一条走向自主的道路。然而，对温克尔曼来说，由于希腊是良好的审美能力开始形成的地方（bilden），模仿希腊人便成了“成长的唯一方式，而且如果可能的话，也是变得令人无法模仿的唯一方式”。这一点标志着产生断裂的刀口，也为德国人指出了“分离”（Sonderweg）的可能性。模仿成了为争取身份而进行的一场战斗，而且事实上也是获得独特性的唯一选择。[1] 模仿的民族化正在发展，而且语文学成了一种典型的德国科学。

这已经不是“变革”，不是“对照”，甚至也不是所谓的模式，而是一个理想的希腊（是已经失去的、永远消失了的祖国）。因为从今往后，模仿已经不意味着试图重新去做希腊人已经做过的事，而是“像”希腊人做过那样去做。洪堡在 1804 年从罗马写给歌德的一封信中说得很清楚：“如果希望成为雅典或者罗马的公民，那是幻想。古代的事物只能通过距离，通过与常规的分离，作为过去了的事物呈现在我们面前。”[2] 与希腊的关系被理想化了，同时也从历史的角度得到考察。要想成为自己，也就是说，要想成为真正的德国人，或者最好的人，或者真正的现代人，这种创造性的模仿是最便捷的途径。

---

1 详见前文所引弗朗索瓦·阿赫托戈的《古代人，现代人，野蛮人》，第 108–109 页。
2 详见前文所引弗朗索瓦·阿赫托戈的《尤利西斯的记忆：古希腊的边界叙事》，第 210 页。

1870 年之后，人们终于意识到拉丁文和希腊文在教育当中所占的位置太大了，人们觉得，要想成为越来越现代化的人，这种状况成了一种阻碍。于是语文学在最初所具有的重要性略微受到些削弱；但是尽管如此，拉丁文和希腊文的教育仍然走在制度化发展的道路上，作为一个独立学科的地位仍然稳固。语文学放弃了成为普遍科学（cognitio cogniti）的野心，却加强了在技术上的特点，并主张自己是古代学领域内一门完整的科学（Altertum-wissenschaft），是唯一的经典古代学。提出这种主张的，主要是维拉莫维茨。也正是在这时候，尼采（Nietzsche）对中学提出了尖锐的批评，认为学校并没有引导学生们走向“希腊祖国”，反而成了“现今的奴仆”。

语文学的这一姿态（曾在一段时间里使古代科学成了德国科学的全部）恰恰是在使人们关注其论战性特点的同时，语文学成了让人们从全景的角度关注的对象，从而找到了它的价值所在。的确，如果我们从法国的经验出发来考察事物，我们注意到与古人的关系的重要性是以其他的方式，从 19 世纪初便提出来的。大革命的失败彻底关上了模仿的大门，也破坏了古今对照的方法。要想成为现代人，就必须与过去的共和决裂，而且正如邦雅曼·贡斯当所表述的那样，再也不能混淆古人的自由和现代人的自由。经过 1870 年的失败和巴黎公社之后，伊波利特·丹纳[1]在《现代法国的起源》当中，认为应当批驳古典精神的恶行。[2]博物学当然是一门有益的学问，其最初的作用（仍然是政治上的作用），就是打破人们在很长时间里维系的关于雅典公民的斯巴达式的平等或者自由的幻想。唯一剩下的，就是古人培养志趣、发现美的方法，尽管时过境迁，尽管人们现在学习的是推理和演讲的艺术，但是这种方法并没有被湮没。总而言之，这就是人文科学（修辞班就

1　伊波利特·丹纳（Hippolyte Taine，1828—1893），法国哲学家和历史学家。——译者注

2　伊波利特·丹纳：《现代法国的起源》（Hppolyte Taine, *Les Origines de la France contemporaine*, Paris, Robert Laffont, 1986, p. 139–152 ["L'esprit classique"]）。菲斯泰尔·德·库朗热 1864 年在《古代城邦》（*Cité antique*）的开始部分也是在这样做。

是其巅峰)。最后,论战的特点仍然存在。在德国一边,开始时是针对法国文化的论战;在法国一边,则是对“德国”科学的怀疑,这种科学企图入侵大学校园,必须阻止这种企图。由此我们看到,古典学科不仅仅是一个学科,为了得到人们的理解,我们必须以跨民族的方式来看待它。

一种当代的姿态

20世纪还有人以保守或者干脆就是反动的方式,通过否弃现代时代,利用古人来反对现代人。这一姿态与人文主义者的姿态及其当时所引发的种种仿效和变化完全相反:人们是经由古人才变成现代人的。规模最大的运动是法西斯主义和国家社会主义借此发动的运动。比如在德国,很多语文学家都参与出力,打造了纳粹的“政治人”(politischer Mensch),并为一种新的人道主义辩解,同时与文艺复兴和启蒙的人道主义决裂,理由是旧的人道主义主张的是个人的发展,而不是共同体。但是在基层的学校里,在准备对课程和教育计划进行调整的背景之下,老师们也想捍卫希腊文和拉丁文在教育中的地位。在拒绝历史、拒绝面向未来的现实的同时,纳粹的领导人以罗马人为先例,试图再次激活“历史导师”。[1] 我在此不再详细论述现代人经受的苦难(新古典主义,尤其是最后的后现代主义),再回到我的出发点,也就是古典研究的现状,以从中得出结论。[2]

除了常规的姿态之外,古典研究最新针对的,是哪种姿态呢?我认为有一种,那就是政治的姿态,或者把与古希腊人的关系再度

1 约翰·沙普托特:《民族社会主义与古代学》(Johann Chapoutot, *Le National-socialisme et l'Antiquité*, Paris, PUF, 2008)。

2 “古典”(classique)这个词出现于19世纪末,开始时是用来指尼古拉斯·普桑(Poussin)的绘画艺术,后来专门用于指1750—1830年这一时期。详见大卫·欧文:《新古典主义》(David Irwin, *Neoclassicism*, Londres, Phaidon, 1997)。

政治化的姿态，也就是在面对专制主义时，汉娜·阿伦特[1]、让-皮埃尔·韦尔南以及后来的柯奈留斯·卡斯托里亚蒂斯[2]以各自不同的方式所表现的那样。的确，尽管有着很大的差别，但至少大家都是把希腊城邦作为一种符号来理解的，以便让另外一种政治的观念成为可以想象的东西，过去它曾经是这样的符号，将来仍然可以是这样。在谈到古希腊时，阿伦特说那是“失去的宝藏”，对卡斯托里亚蒂斯来说，那是“萌芽”；韦尔南在提到古希腊人时，说古希腊人与君主专制政体的统一决裂，重新建立了公共商议的空间，我们可以根据他参加抵抗运动和共产党的经验，来重新看待他所理解的古希腊人。[3]“古人”和“现代人”这一对概念当然不会再次被启用，“变革”、比较、模仿也都不在日程上，但是“回归希腊人”（Back to the Greeks）是我们探索现实的一条道路，可以由此而形成思考的方式，并用来对现实进行思考。后来，到了20世纪70年代，与野蛮人进行对照，并参考克洛德·列维-斯特劳斯的理论，借用结构分析，从而使与希腊的关系的研究，变成了人类学的分析。人们所寻求的，不是所谓的希腊人的现代性，而是在开始产生的距离当中，通过让古希腊人成为野蛮人的方式，来勾画出希腊人的特殊之处，他们的相异性，以及某种特殊性的力量。

从那以后又发生了什么变化呢？共产党在欧洲垮台了，民主成了“必然的选择”（must），美国成为帝国（尽管人们对它有疑虑）。在这个新的时期，我们听到古人的声音了吗？在美国和其他地方针对“城邦”（polis），针对古今的民主发生的一切争论（首先是古典学派的争论）似乎都是我们应当考虑的，但是有个问题：也就是在学科之

1 汉娜·阿伦特（Hannah Arendt，1906—1975），德裔美国政治学家、哲学家和记者。曾积极参与政治活动，对专制主义、现代性和历史哲学多有论述。——译者注

2 柯奈留斯·卡斯托里亚蒂斯（Cornelius Castoriadis，1922—1997），希腊裔法国哲学家、经济学家和心理分析学家。——译者注

3 详见后文第204页及以后部分。

外，在从前充满了古人的公共空间，古典研究究竟产生了什么影响？[1] 从三十年以来发生的变化当中，我在这里提到的只是，在我们对时间的经验当中，现实的影响越来越大。同时前途出现了危机，未来也被关闭了。[2] 从今往后，记忆压倒了历史，一切落在现实这个圈子之外的东西都被推到了我们的视界之外，都成了我们看不到的东西。现实甚至倾向于变得更长，古人的确是有很多人陪伴的，但也从很大程度上被推到了视界之外。在这片空间里出现了一片采石场，或者是一片广阔的工业废弃地，每个人都可以随便到这里来，或者都可以取走只对自己有用的某个零件或是一些碎片，或者使用日常唯现实为上的司空见惯的技术。总而言之，对过去的“楷模”（exemplum），人们有了一种新的版本，但是这个新的版本又没有榜样的力量，因为它不是供人们模仿用的，它尤其是人们无法模仿的。脱离了上下文关系的语录属于第一种类型，比如后现代派的建筑，其项目是要与现代建筑区别开来的，同时也从外观上将差别表现出来（这些差别也可能是一些诙谐的表示）。但是，这种做法既不是向后倒退了一步，也不是向前走了一步，而是向旁边迈出了一步。广告上用到一些古代的名字（有可能实际上只是一些首字母组合词，其滑稽的用意深浅不一）也算是语录一类，但是其程度几乎算得上是从零开始。[3] 最近电影工业抓住一些古代的题材（《特洛伊》（*Toy*）、《亚历山大》（*Alexander*）、《角斗

1　详见莫里斯和柯特・拉夫劳博主编的《民主 2500？问题及挑战》（I. Morris, K.A. Raaflaub [dir.], *Democracy 2500? Questions and Challenges*, Dubuque, Kendall/Hunt, 1988），以及乔赛亚・奥伯（Josiah Ober）的最新作品；洛伦・萨蒙的《民主出了什么问题？从雅典的实践到美国的崇拜》（Loren J. Samons II, *What's Wrong with Democracy? From Athenian Practice to American Worship*, Berkeley, University of California Press, 2004）认为，雅典的正当性在很长时间里，不是由于民主而存在的，而是尽管有民主，其正当性仍然得以存在。另请参见摩根斯・汉森的《古希腊民主的传统及其对现代民主的重要性》（Mogens H. Hansen, *The Tradition of Ancient Greek Democracy and Its Importance for Modern Democracy*, Copenhague, Det Kongelige Danske Videnskabernes Selskab, 2005）。亦请参见后文第 171 页。

2　详见阿赫托戈的《历史性的体制——当下主义与时间经验》（F. Hartog, *Régimes d'historicité. Présentisme et experiences du temps*, Paris, Le Seuil, "Points", 2012, p. 149–157）。

3　米歇尔・加利：《人道的火刑堆：对古代语言和文学的牺牲是对文明的犯罪！》（Michèle Gally, *Le Bûcher des humanités. Le sacrifice des langues anciennes et des lettres est un crime de civilisation !*, Paris, Armand Colin, 2006, p. 103–105）。

士》(*Gladiator*)等),从噱头上看,是在充分利用异域风情,也是从现实的角度来看待一切。这离从前穿“长衫”(peplum)的人物差着十万八千里。最近的电影《斯巴达300勇士》(*300*)是完全在摄影棚里用计算机完成的,更多的是受《黑客帝国》的启发而创作的,而不是受希罗多德的启发,只从耗资无数这方面有斯巴达的气概。[1]

要求并表达了与时间的某种关系的学科,属于我称之为的“历史性的现代制度”,在这种制度当中,未来占有最为重要的位置。未来既是要达到的目的,又是照亮道路的灯光。从学科上来看,这就要求更好地组织知识的产生和传承,以便能够更快地产生更多、更好的新知识。这是由一种累积的、进步的逻辑所主导的。但是,未来是行动的推动力,只要“未来”这一概念不再是显而易见的概念,这样的知识生产的模式便会受到质疑。于是人们便进入了万事万物无不处在灵活性之中的时代,一切都变幻莫测,人们拒绝滞重的、持久的结构和长时间的计划。在企业界,这些变化被说成是“资本主义的新的精神”。[2]这种看法在最近几年变得普遍化了。

研究的组织是有些不合时宜的,但是也有人要求或者鼓励研究组织采用这样的方式。当然,根据国家和教育体系的不同,情况也有些不一样,但是趋势是普遍性的。这样一来,学科——现在已经变成了“传统的”东西——让人看起来像是注定会过时的大型工厂,因为学科跟不上时代的变化,对人们提出的要求反应太慢,对企业圈和国际竞争的适应笨手笨脚。研发、创新的受关注度在融资当中(也包括公共融资)倾向于超过基础研究。由此,在法国像“国家科学研究中心”(CNRS)这样的机构才会遇到一些长期的困难,因为里面的研究人员岗位是常设性的,研究的团队也是长期的。“国家科学研究中心”被

---

1 尼斯比特:《电影和大众文化中的古希腊》(G. Nisbet, *Ancient Greece in Film and Popular Culture*, 2ᵉ éd., Exeter, Bristol Phoenix Press, 2008)。

2 吕克·博尔坦斯基、夏娃·希亚佩罗:《资本主义的新精神》(Luc Boltanski, Ève Chiapello, *Le Nouvel Esprit du capitalisme*, Paris, Gallimard, 1999)。

认为是学科的堡垒，几乎天天都有必要说明自己存在的理由。由于过去和未来的关系被打破了，剩下的只有现在。正因为如此，到处都有人提出有关课程设置（curricula）规则方面的问题：培养的对象是谁？培育什么样的人？为什么培养？为昨天，为明天还是为今天？

面对这种时间的危机，第一种回应首先来自学科内部，但也有来自各种机构和企业的回应，那就是让时间停止下来，向回看：重新回顾已经走过的道路，关注过去的档案和历史。各种学科都在关注自己的历史。我们是从哪里来的，我们是经过谁来到这里的？这个反思的过程，或者回顾历史的过程，不管怎么说，都是一个批判的过程，很快便被一个重要的运动吸收了，这个运动的口号就是“记忆、身份和文化遗产”。在与古人的关系上，根据时代和民族传统不同，这种对历史的关注表现在一系列理解或者重新理解古人和古典作品的研究工作当中。受到过《古代科学》（*Altertumswissenschaft*）和克罗齐（Croce）的历史决定论（historicisme）影响的阿纳尔多·莫米利亚诺是这一领域名声响亮的人物，在他的作品当中，我们可以看到芬利及其《古代和现代的民主》（*Democracy Ancient and Modern*），皮埃尔·维达尔-纳凯及其《从别处看到的希腊民主》，以及其他很多全世界各地研究者的影子。这些以前的按照其他的思路进行的思考，这些年以来受到了人们的关注。

只要这种研究致力于关注先后提出的关键问题（一些针对古人的“姿态”的意义的问题），并根据比较的方式进行研究，那就不会成为所谓的“古玩”。只要是想再次理解古人的历史，时刻不忘差距，注意探究张冠李戴的误会，那就与什么事都用现实的眼光去看，拿出九牛二虎之力使古人现代化，把古人化装成当代人，甚至打扮成先驱者，从而丢失了前进方向的做法划清了界限。如我刚刚所描述的那样去研究历史，就是属于这种方法。把古人现实化不是真正的好办法，与之相对的是“再”现（re-présentation）的做法。因为，只有承认距离，将距离标示出来，才能够有成效地对之进行探索，同时也对我们自己进行探索。由此既不会对作品进行误读，也不会使作品变得枯燥无味，不会导致普遍的相对主义，反而是通过大量的研究，有时候会产生一种很好的结果，发现古代作者能够想到的，以及他们未能想到的东西，并且，通过这种在他们和我们之间的往复运动，根据他们的思想，多亏了他们，看看我们能够发现何种与他们不一样的东西，看看我们对他们、对我们自己会有什么想法。女哲学家芭芭拉·卡森主编的一本书题目是《我们的希腊人和他们的现代人》，她实际上说的意思是“我们的”现代人和“他们的”希腊人。[1]

文化遗产和身份之路是另外一条错误的道路。古希腊人和古罗马人不能仅仅作为文化的根源和西方文明的谱系。虽然这种保守派的方法并不是一种新的方法，但是多文化主义却给它带来了一种具有现实感的生命力。有些人说，每个国家都有自己的文明，那为什么一定要绕个大圈子，非要通过一种已经死去很长时间的文明，一种造成古老的欧洲经历了那么多变故的文明，来看待自己的文明呢？或者还有一种对称的、相反的立场：站在塞缪尔·亨廷顿最近阐述的文化冲突的前景之下，有必要重申西方的文明，以防止多文化主义的危险。[2]

与退守于对身份的探求的回应相比，更有前途的是比较学派提出的回应，尤其是如果能从“与”古人和现代人相比，“与”古代和现代的帝国主义相比，过渡到在古人和现代人“之间”，在古代和现代的帝国主义“之间”进行比较，那就更有前途。《伯罗奔尼撒战争和波利尼西亚战争》（*The Peloponnesian War and the Polynesian War*）就是这样的作品，马歇尔·萨林斯[3]在他的作品《修昔底德颂歌》（其中一章《我们的很多东西都应归功于古人》[We owe a lot to the old man!]）

1　芭芭拉·卡森：《我们的希腊人和他们的现代人》（Barbara Cassin, *Nos Grecs et leurs Modernes*, Paris, Le Seuil 1992）。米莉娅姆·莱昂纳尔：《雅典在巴黎：古希腊及法国战后思想中的政治》（Miriam Leonard, *Athens in Paris. Ancient Greece and the Political in Post-War French Thought*, Oxford University Press, 2005）。

2　塞缪尔·亨廷顿：《文明的冲突》（Samuel Huntington, *Le Choc des civilisations*, Paris, Éditions Odile Jacob, 2009）。

3　马歇尔·萨林斯（Marshall Sahlins，1930—），美国人类学家。——译者注

中也试图这样做。[1]我还想到杰弗里・劳埃德[2]以希腊为基地，在希腊和中国之间进行的抱负远大的冒险体验，以及弗朗索瓦・于连[3]从古典哲学出发，在更加广泛的范围内进行古典研究和人类学之间的交流（这种交流并非始于昨日）。虽然他们采用的考据方式是比较的方式，但是比较的形式并不都是一样的。当发展变化占主导，或者以结构主义的前景作为关注的对象时，我们所采用的比较类型是不一样的，因为所根据的情况不同，时间是，或者不是，或者会成为一种恰当的因素。古典研究和其他的学科一样，也是一个比较学的学科，所以也受治于设想比较和从事比较的种种方式，并且应当提出和实验不同的比较方式：马塞尔・德蒂安不停地进行试探，并要求人们与他一起实验。[4]

最后还有如何向我们的后人传承知识的责任问题。应当说知识在发展，而传承是为了防止发生不可救药的中断、断裂。在这一点上，如果明确地站在作为专业的学科一边，考虑所要求的学习内容，我们也会超出学科的范围。我们所遇到的仍然是其双重的特点，因为我们无法阻止这种“不仅仅是一个学科”的现状发生，我们不能不面对的是，古人在很长时间里被置于对立的位置上，成了与现代计划的制定不可分的一系列姿态的对象，直到被抛弃、被忘记、被其他的东西所代替。这里所涉及的有档案材料、出版物、博物馆和图书馆，但是还不仅仅是这些。我们不能让我们的继承者遗忘掉其他可能的资源，如果他们有可能重复某种姿态的话，虽然是重复，但那也仍然充分地是他们的姿态。我们还要努力使这种姿态成为可能，从物质上和思想上成为可能，向我们的继承者指出可能的通向古人的国度之路在哪里，

1　马歇尔・萨林斯：《修昔底德颂歌：把历史当作文化来理解，把文化当作历史来理解》（Marshall Sahlins, *Apologies to Thucydides. Understanding History as Culture and Vice Versa*, Chicago, University of Chicago Press, 2004）。

2　杰弗里・劳埃德（Geoffrey Lloyd，1902—1984），英国保守派政治家。——译者注

3　弗朗索瓦・于连（Fransois Jullien，1951—），法国哲学家，也是古希腊文化学家和汉学家。其作品大部分已翻译成中文出版。——译者注

4　马塞尔・德蒂安：《比较无法比较的事物》（Marcel Detienne, *Comparer l'incomparable*, nouvelle éd., Paris, Le Seuil, 2009）。

或者更准确地说，通向身后之国的路在哪里。

最后，学科的命运，古典研究和其他学科的命运，有赖于我们能不能说服人们相信，这些学科是我们的社会应当关注的东西——如果现实成了社会唯一日常关注的对象，那就更有必要关注这些学科——并让人们知道，我们不是为了回避现实，但是我们要开始从现实中挣脱出来，以便更好地理解现实。我们不是要将自己封闭起来，忘记时代，也不是要把过去的事统统放在博物馆里，以厚古薄今的方式对待古人，怀念古代，而是要建立“疏离”（estrangement）空间，以有创造性的方式产生非现实感（inactualité）。因为，从现实中脱离出来是首要的条件，只有这样，我们才能够重新提出与时间和人物的其他关系，才能够探索这些关系；时间和人物被赋予了这样的关系（我们这里说的是古人、古典学，但是也包括野蛮人或者现代人），努力使自己摆脱中心，重新开启新的可能性，选择我们要面对的事物，以不同的方式将经验和期待的前景联系起来，以另外的方式编织过去、现在和未来的网络。

第二章

历史来自哪里？

文字、错误和历史

扬·阿斯曼[1]是公认的古埃及学者，名声很大，既是历史学家，又是文化理论家，他的思考从根本上说，采用的是从时间和空间上进行比较研究的方法。凡是读过他的《埃及人摩西》（*Moïse l'Égyptien*）和《一神论的代价》（*Le Prix du monothéisme*）的人，都知道这一点。他的《文化记忆》也是一样。[2]这是一本内容重要、丰富的作品，法文翻译得很好。在讲到书的内容之前，我想先对当代思想史讲几点意见，我相信这并非与主题无关。事实上，《文化记忆》这本书 1992 年在德国出版，先于《埃及人摩西》和《一神论的代价》，是扬·阿斯曼及其妻子阿莱达（Aleida）和一个十分活跃的研究小组在 1984—1985 年进行的思考达成的结果。

为什么要提到这一点呢？至少有两个原因。为了从总体上看待"文化记忆"这一概念的意义，就有必要阅读阿莱达·阿斯曼针对现代时期的研究成果。20 世纪 80 年代的中期恰恰是法国开始关注历史

1　扬·阿斯曼（Jan Assmann，1938—），德国埃及学家。——译者注

2　扬·阿斯曼：《文化记忆：早期高级文化中的文字、回忆和政治身份》（Jan Assmann, *La Mémoire culturelle. Écriture, souvenir et imaginaire politique dans les civilisations antiques*, trad. française, Paris, Aubier, 2002）。本文最先发表于《欧洲》杂志（*Europe*, n° 88 [976–977], 2010, p. 386–388）。

记忆的时候：1984 年诺拉[1]的《记忆之场》（*Lieux de mémoire*）出版，1985 年，朗兹曼[2]的电影《浩劫》（*Shoah*）上映。但是，当时对在德国进行的研究，我们知道的并不多。18 年之后，《文化记忆》才翻译成法语出版，而且我们应当感到高兴的是，奥比耶（Aubier）冒着很大的风险翻译了这部作品。而且开始的时候，阿斯曼是根据哈布瓦赫（Halbwachs）的“集体记忆”的概念出发，把列维-斯特劳斯在“冷社会”和“热社会”之间所做的区别普遍化。我们知道列维-斯特劳斯的这一区别很快便闻名天下，但是人们并没有理解这一区别的意义。法国围绕“集体记忆”以及“记忆”和“历史”之间的划分的争论（法国人与法国人之间的争论），由此而起。

阿斯曼的书分为两个部分：一部分是理论大纲，另一部分是历史例证，包括埃及、以色列、希腊，同时提到巴比伦和赫梯人。当然，这两个部分是相互联系的。有对具体例证的研究，也有理论；讲理论的时候也有对具体例证的说明。扬·阿斯曼用“文化记忆”这个概念，指的是社会发展出来的一些与过去相联结的模式和形式。一个社会对其种族特点的体验和想象方式，依赖于其文化的记忆。其中的一个因素发生变化，显然会对另一种因素产生影响。在最初的“交流记忆”（是一种在种群中传播的记忆，时间不会超过 40 年）的基础上，同时建立了一种“文化记忆”，带有一些过去事物的固定点（记忆形象、神话、重要时刻）。文化记忆会变成仪式，具有特别的载体（大胡子、祭司、史官等），这些人掌握知识，从而与族群里其他人有区别。由于文化的记忆，对过去的关注才有了形式和意义，凝聚成无论如何也不能够忘记的基础性历史。所以纪念活动和仪式的连续性才非常重要。在这一点上，扬·阿斯曼接过“冷社会”和“热社会”的划分，并使

1　皮埃尔·诺拉（Pierre Nora，1931—），法国历史学家，法国科学院院士，法国“新历史”学派的代表人物。——译者注

2　克劳德·朗兹曼（Claude Lanzmann，1925—2018），法国记者、作家、电影制片人，参加过法国的抵抗运动，第二次世界大战之后曾在萨特和波夫娃创办的《现代》杂志任主编。——译者注

这种划分普遍化和复杂化。比如，埃及无疑是有文字的社会，其权力是有组织的，并利用这种有组织的权力，使历史“固定”下来：长长的历届法老名单和年表就是要证明，一切一向就是如此，除了创立之神的遥远的时期，因此，一切都应当以同样的方式延续下去，而且这就是法老的作用：使朝代永远延续。因此我们可以说，文字和冷漠是密切联系在一起的。

从更加广泛的意义上说，作为埃及学者的作者有一个很大的好处，那就是他没有用希腊人的眼睛去看待事物（以字母文字具有绝对优势为前提条件）。他有激情充溢的几页文字描写从“仪式的连续性”向“文本的连续性过渡”。在这一点上，只有文字的文本是不够的，人们还发明了一种办法以确定某个文本是否符合规定（canonisation des textes）。那么，什么是“符合规定的文本”呢？“符合规定的文本”就是没有后续增补的文本，是再也不能增加什么内容，也不能减少什么内容的文本。开始时，这种说法指的不是对某个文本原封不动的传承，而是指在签署一项条约时，遵守条约中规定的，并通过宣誓而正式生效的义务。所谓符合教规，一定是指对文字的阐释。只有专家和专门负责解释的机构，才有权力对文本进行阐释。“规定”（canon）这个词首先是指建筑师用来衡量砌墙的石头是否平直，用来测量或者提供尺寸的直尺。因此，所谓“教规”，就是用来进行衡量的东西。

阿斯曼指出，在这一点上，埃及也是与众不同的。规定虽然有，但不是在藏书中找，而是要到寺庙的形式中找。的确，希腊罗马时期所有重要寺庙，都是具有所有规定特点的一本书在建筑上的表现。正因为如此，全世界都经历了希腊文化的断裂，埃及却躲过了这场劫难，但是，埃及与以色列、希腊不同，埃及并没有发展出注解古人思想的文化，不然埃及会维持一种稳定的文化意识。

从文化理论的角度来看，《申命记》（Deutéronome）提出了令人难以置信的要求，那就是要在圣地回忆在其他地方做出的承诺，因为真正具有根本性的记忆之地（埃及、西奈、沙漠）是在圣地之外的。所以，在以色列的土地上，只有能够想得起埃及的人，才会忠诚于耶路撒冷，哪怕他身处巴比伦。记忆既是基础，又能够起到“与现在相反”的因素的作用。

希腊则是一个悖论，是通过话语变成了一种文字的文化，在希腊文化当中，与以色列和埃及文化不同的是，文字在很长时间里占有次要地位。因为文本的办法只在亚历山大时期得以发展，并确定了古典文本的标准（从荷马到欧里庇得斯），与希伯来的规定不相上下。这种文字实践的另一个特点，是“继承”（hypolepse）的地位，所谓“继承”，就是指从上一个讲话人停下的地方继续讲下去。这种不断向前的批判运动，从一个文本向着另一个文本，向着越来越接近的真理而去，但是永远达不到真理，这不就是哲学的方法吗？

使文本成为规定的程式，“再也不能增加什么内容，也不能减少什么内容”的规定，首先是一种法律上的规定。要想理解中东的历史之初，正是应该从这一点出发。的确，我们可以称之的“记忆的责任”，深深地扎根于法律和正义之中。为什么需要回忆起通过条约规定的承诺（通过条约或者其他东西规定的承诺）呢？因为对这些承诺，人们大都是发过誓言的，而且是对神发誓，所以也就带有“错误”、“罪责”（如果不遵守这些承诺的话）和“惩罚”的概念。人们之所以关注过去，不是关注过去本身，也不是为了过去而关注过去，而是为了证明自己（严格地）遵守了做出的承诺，或者是为了找出是谁，在什么时候犯下了错误。公元前 1300 年时赫梯人编纂历史的推动力就是这样。一场瘟疫突然侵袭了国家，为什么会发生瘟疫？要想理解原因，就必须追溯既往，一直回溯到赫梯人和埃及人关系中的某个确切事件，当时犯下的某个错误。一旦找到这个错误之后，还要为错误赎罪，以使秩序得以恢复。就这样，历史是承载着意义的。

在第二个千年的后半部，对这种历史与外交实践直接相联系的“神学处理”方式，在整个近东盛行。人们对每个条约都要宣誓，而且万神庙起到了“国际法院的作用”。总而言之，历史成了错误的系谱。然而，任何国家都没有像以色列那样，把这种对历史的神学处理推向极致，以色列人与神结盟（这个神被宣称为唯一真正的神），走上了“上帝恩赐的历史”之路，在这样的历史之中，所发生的一切，其地位和意义都是根据对神圣同盟的忠诚或者不忠诚来确定的。正因为如此，圣职人员家庭出身的弗拉维奥·约瑟夫[1]可以把《圣经》的22卷书说成是以色列历史的最终之书，因为里面记载了“时间之全部”。[2]

一个概念走过的路：历史

从希罗多德的历史到古罗马人的历史，从在罗马当了17年人质的波里比阿的希腊“通”史，到主教该撒利亚的优西比乌的“宗教”史和奥古斯丁的“神圣”历史，同一个词所包含的，远远不是同一种类的东西。[3]似乎先是作为一种新的实践要求的“纯粹的历史”（historia），后来又变成了“带有形容的历史”（通史、宗教史等等）。首先，这个概念是如何形成的，最后，“历史”这个词是如何为人接受的呢？

伊托尔和行吟诗人

史诗中有一种人，名叫“伊托尔”（histôr）。这个人物究竟是见证人还是仲裁者呢？埃米尔·本维尼斯特[4]认为，伊托尔指的是“见证人”。从词源上说，“histôr”（比如“historein”和“historia”）指的都

1　弗拉维奥·约瑟夫（Flavius Josèphe，37或38—100），罗马历史学家，被认为是公元1世纪古希腊罗马最重要的历史学家之一。——译者注

2　弗拉维奥·约瑟夫：《答阿皮翁》（Flavius Josèphe, *Contre Apion*, 8, 38）。

3　详见芭芭拉·卡森主编的《哲学的欧洲词汇》中的一篇文章《历史》（“Histoire”, dans le *Vocabulaire européen des philosophies*, sous la direction de Barbara Cassin, Paris, Le Seuil-Dictionnaires Le Robert, 2004, p. 554-558）。

4　埃米尔·本维尼斯特（Emile Benveniste，1902—1976），法国语言学家，原籍叙利亚，1924年定居法国，尤以印欧语言的比较语法研究和普通语言学研究的成果而著称。——译者注

是“看见”（“idein”）的意思，甚至可以是“我知道”（“[w]oida”）的意思。“我看见”“我知道”，从一开始，“看见”和“知道”便交织在了一起。因此，“histôr”是见证的意思，“因为他知道，而且首先是因为他看见了”（本维尼斯特）。然而，在《伊利亚特》的两个场景当中，人们决定求助于histôr。显而易见的是，这个“见证人”有可能是因为看见了而知道的人。在为帕特洛克罗斯（Patrocle）举行葬礼时，针对是谁搬倒界石之后，在阿喀琉斯（Achille）组织的战车队中跑在最前边的问题，埃阿斯（Ajax）和伊多墨纽斯（Idoménée）发生了争执。埃阿斯提议以阿伽门农为见证人（histôr）。[1]不管阿伽门农扮演了什么样的角色，可以肯定的是，他根本没有看到当时的情景。关于赫淮斯托斯（Héphaistos）为阿喀琉斯打造的那个非同寻常的盾牌，有一个场景表现了两个人之间因意见不一而发生对立（为杀人而赎罪），并决定由见证人（histôr）来裁决。[2]这里的见证人指的显然不是谋杀的见证者。上述两种在出现“争执”（neikos）的情况下出面干预的“见证人”（histôr），并不是针对有冲突的不同说法而进行裁决并最终终止争议的人，而是对双方说定的事（为现在，但更多的是为将来）起担保人的作用。

通过“histôr”这个词最初的词义，我们可以从更加宽泛的意义上看到，史诗当中历史之“史前”的状况。的确，史诗话语的机制以及承载这一机制的知识结构是什么？古希腊的行吟诗人受宙斯和摩涅莫绪涅（Mémoire）的女儿缪斯的感召而产生灵感，他是一个通灵者；而缪斯之所以无所不知，正是因为她永远在场，她什么都看得见。伊利亚特的诗人说：“你们在场，所以你们什么都知道。”当尤利西斯以腓尼基人的名义对行吟诗人讲话时，他这样赞美他：“德摩多卡斯（Démodocos）啊，我要赞美你，在所有的凡人当中，/ 你的真正的主人，

1　《伊利亚特》（*Iliade*, 23, 482–487）。
2　同上，18，497–502。

是缪斯，她是宙斯的女儿，或者是阿波罗，因为你遵照他的指示，永远在歌颂亚该亚人的不幸，/ 他们做过的、遭受的一切，亚该亚人忍受的一切；/ 就好像你自己也亲身经历过一样（autos pareôn）或者听别人说过（akousas）一样。”[1] 这个场景具有象征的意义。的确，在尤利西斯的要求之下，行吟诗人唱的是什么呢？是攻陷特洛伊时的情景。这是第一次将这一事件写入故事，而尤利西斯的出现证明这一事件的确发生过。

总而言之，德摩多卡斯是第一个“历史学家”，而他的故事就是历史的出生证明。只是有一个区别，而这个区别改变了一切：他当时并不在场，而且什么也没有看到（他是个盲人）。而尤利西斯既是行为者，又是见证人。所以尤利西斯才提出令人吃惊的（伪）问题：你的故事太准确了，一定是听亲眼见过的人讲给你听的吧？有了这两句诗之后，人的观点（在文字之前是历史学家的观点，亲眼看见，或者从亲眼看见过的人那里得知）变成了神的观点的标准。似乎有人奇怪地在短时间之内将两个德摩多卡斯并排放在了一起：一个（仍然）是行吟诗人，而另一个（已经）是“历史学家”。从这一点上，仿佛一道闪电在瞬间照亮了另外一种可能的知识结构：最初的历史编纂学的结构，恰恰是两三个世纪之后，希罗多德使这种历史编纂学有了形式和名称：调查（historiê）。当然，这种结构并没有使“historiê”成为必然、或然之事，只是使其成为可能而已。

调查（名词与动词）

调查这个词的所有意义：调查（historiê）指的是一种精神状态，指某个人从事调查（historei）这种事，指的是一种类型的方式方法，而不是指特别从事这种事的某种领域。这个词属于思想历史的那个时刻（公元前 5 世纪前半叶），而且还是一个很时尚的词；它想表达什么意

1　《奥德赛》（*Odyssée*, 8, 486–491）。

思就是什么意思，每个人都可以按照自己的意思使用它。我们不能完全忘记“histôr”这个词在史诗中具有“仲裁”和“担保人”的意思，包含有好几层意义，其作用大概相当于一个十字路口。的确，这个词可以用来描述一个“探索者旅行家”所从事的活动，比如德谟克利特（Démocrite），一种司法类的调查（寻求得知某件事、调查、取证）。悲剧作家并非不知道这一点。比如俄狄浦斯（Œdipe）对他的女儿们说到自己时，说：“这个父亲什么也没有看到（horôn），什么也不知道（historôn），却在突然间得知你们是如何在肚子里产生的，而且他也是在肚子里形成的。”[1]

医生们也以此感到自豪，首先是他们宣誓的誓言，在誓言当中，他们以神为“见证”，也就是把神当作“担保”人：“我以医神阿波罗（Apollon）、埃斯科拉庇俄斯（Esculape）、海吉雅（Hygie）和帕那刻亚（Panacée）为证，以天地诸神为证发誓，愿以自身能力及判断力所及，遵守此约。”众神应邀听见（而不是看见）求取医生证书的人即将发出的誓言，并为其担保。这与史诗中的“histôr”是一样的。他们也用“hisrorion”一词，是“证据”的意思。很值得关注的是，“historein”是用来指几个人共同探讨同一个情况，而 historiê 则用来指经过调查而得到的知识。[2]

希罗多德借用了“historiê”这个词，或者说是把这个词当成是自己的，使这个词成了他的所有事业的关键词。“经过哈利卡纳苏斯的希罗多德的调查，其结果如下……”这种公式化的句子是开场白，表示的是一个人以自己的名义，向公众介绍其调查的结果。他是一个调查者（他从来不曾自称“历史学家”），只为知识讨要一个地位，然而，这件事在当时还是需要从零开始建立的。除了开头的句子之外，希罗多德用的是动词“historein”，用以指他所从事的工作类型。比如，

1 索福克勒斯：《俄狄浦斯王》（Sophocle, *Oedipe Roi*, 1484）。

2 分别见于《疾病 IV，56-7》（*Des maladies*, IV, 56, 2-7）；《箴言集》（*Préceptes*, 8, trad. Littré）（不管怎么说，这都是一份稍后出现的条约）；《古代医学论》（*De l'ancienne médecine*, 20, 2）。

当他致力于解决尼罗河的源头这一困难的问题时，他明确说："我一直到了象岛（Eléphantine），也亲眼看见了奥托普特（autoptês）；对于其他的，我进行了口头调查（akoêi historeôn）。"[1]"historein"一词多次用于这种上下文当中，表示口头调查的意思。但是尽管如此，旅行者还是首先去了现场。[2]他想知道谁是赫拉克勒斯，便明确说他去了腓尼基的推罗，在那里看到了为赫拉克勒斯建的神庙，而且问询了当地的祭司。[3]也正是在这时候，他称之为"调查"的，是一整套的办法（眼见和耳闻，剖析和口头信息）："我的调查清楚地表明……"从今以后，为了"看见"，他必须亲自出动（到那里去看），并从亲眼见过的人那里了解（收集见证，把各种不同的说法摆放在一起，将各种说法进行比较，根据从其他途径得知的情况，根据相似的程度进行分类）。

因此，以认识论的观点来看，"historiê"看起来就像是一套程序，起到了代替神的原始观点的作用（类似于一种代用品），使人达到一种有限的、永远不会是完美的观点。这里说的只是人，以及人所做的伟大的事（行吟诗人既歌颂人，也歌颂神），所处的时代也只是人的时代。时间会抹杀一切，但是历史学家与时间相反，他从事的是记忆的工作，而且不稳定性就是规则的基础，所以他只要以对等的方式，"部分地"记录大小城市的状态，就像一个公平的法官那样：他就是这些城市的担保人。

作为唯一宣示人的缪斯默不作声了，而且从今往后建立了一种具有双重结构的叙事模式：一方面是作为调查者和叙述者的"我"，我来来去去，我衡量，我判断；另一方面，是大量的各种言谈、述说，是各种人的言语（甚至包括匿名的人：有人说，据说），她将这些信息整理出来，提供给人们，而且两种模式相互之间总是需要一次次协

1　希罗多德，2，29（Hérodote, 2, 29）。
2　比如：同上，2，19，34，118。
3　同上，2，44。

商的，以商定一个“对话”的规则，并通过这种规则形成了历史故事的深层结构和存在理由。

对剖析的记录

修昔底德被公认为是历史的另一个创建者，甚至是真正的创建者。但是在修昔底德的思想当中，首先使我们感到吃惊的，是他想与希罗多德决裂。《伯罗奔尼撒战争史》在任何时刻都没有以历史（historia）作品的面目出现，这个词的名词和动词形式从来没有出现过。并不是因为修昔底德排斥调查，情况恰恰相反，但是，他认为他的工作在于用文字来记录（sungraphein）事物：“修昔底德用文字记录了伯罗奔尼撒人和雅典人之间的战争，记录了他们是如何打仗的。”动词的意思是“记录”“用文字记下某事”的意思，或者从更加技术的角度表示“书写一份法律草案，一份合同”的意思。后来，当历史作为一种体裁而存在之后，“sungraphein”和“sungrapheus”（也就是拉丁文的“scriptor”）常常用来指历史的文字和历史学家——是一个从事某种形式写作的作家。但是，修昔底德是记录现在的历史学家；对他来说，如果说他做的事是“sungraphie”，那就意味着他是在尽可能忠实地转述刚刚发生的事，现在仍然在发生着的事。他不是在写战争的历史，而是用文字记录“战争”，以永恒的方式，把这 30 年的冲突对立命名为“伯罗奔尼撒战争”。

为此，在历史学家优先重视的两种手段——眼睛和耳朵——当中，他坚定地选择了眼睛，只有眼睛才能使人得到“清楚和与众不同的”（saphôs eidenai）观点。也许“historiê”和“historein”这两个词与口头调查的形式关系太密切了，所以在修昔底德的认识论当中便没有了位置。耳朵已经不再可靠：人们乐于口耳相传，愿意互相说些闲言碎语，这是规律。那些道听途说散播的东西，一切属于记忆的东西都会失真，都会被人有意无意地改变了样貌。所以，只有现实的历史才是“科学”的历史。更何况即使是“眼睛”，即使是亲眼看到的东西，也要通过见证的批判进行筛选。书写历史，就是记录剖析的结果。所追求的目的应当是有益的。

作为一种文体的历史

“Historia”和“historein”都没有很快地再次出现。色诺芬[1]就从来没有使用过这两个词。他使用的词，是当时人们使用的词“Hellekika”(“希腊的事”)。在世界通史的道路上，波里比阿认为埃伏尔(Ephore)[2]是他唯一的先人。的确，埃伏尔在公元前4世纪就发表的《历史》(*Historiai*)一书，是一种与希罗多德的设想重新建立联系的方式。但是，到了波里比阿为他的《历史》写前言的时候，我们才可以明确地认为，历史已经成了一种完全的文体：“如果在我们之前有的人讲述一些事，说明忽视了对历史本身的赞美”，那我应当说，我和他们有着同样的观点，但是因为在我们之前并没有人这样做，我也就不必这样说了。随之而来的，是历史主题的一系列变化，作为教育的历史(paideia)，作为训练的历史(gumnasia)，作为老师以教给我们如何面对生活(didaskalos)的历史。一个世纪之后，西塞罗的名言“历史乃生活之师”(magistra vitae)只不过是对这一系列主题的重复和总结。[3]与奥古斯都同时代的赫利·卡尔拿塞[4]也有另一句名言，或者人们认为是出自赫利·卡尔拿塞的一句名言，认为历史是“以实例为基础的哲学”，这里说的，当然是道德哲学。但是这时候人们正是处在罗马，或者是处在希腊和罗马之间。从今以后，我们就有了“historia”，但是并没有historein。

在公元前4世纪和公元前2世纪之间，究竟发生了什么事呢，当

---

1 色诺芬(Xénophon，公元前430—公元前355)，古希腊哲学家、历史学家和军事领袖，曾当过雇佣兵。他写过一本《古希腊》，自称是修昔底德的《伯罗奔尼撒战争史》的续集。——译者注

2 埃伏尔出生于大约公元前400年，是伊索克拉底的弟子，是公元前4世纪时期希腊著名的演说家和历史学家。他的希腊通史写于约公元前340年。——译者注

3 西塞罗:《论演说家》(Cicéron, *De l'orateur*, 2, 36)。

4 赫利·卡尔拿塞(Denys d' Halicarnasse，约公元前60—约公元前8)，古希腊修辞学家和历史学家。——译者注

时不是有人写了大量的历史作品（几乎都已经完全地散失了）吗？好奇的、效法行吟诗人并与行吟诗人竞争的调查者又怎么样了呢？或者，还有一些人，他们有着另外的野心，想让自己的历史成为一门政治科学，向未来的人提供一种工具，让他们更好地理解他们的现实；这些人又怎么样了呢？他们都消失了，但是历史（historia）留了下来。不过，现代人认为，修辞学超越了历史，这时候出现了“伊索克拉底”（Isocrate）这个名字。“修辞学”成了表达颂扬的演说的一个分支。而亚里士多德则首先把修辞学归在“个别事物”的领域内。对雅典来说，败给斯巴达及其追随者的经验以持久的方式使局势发生了反转：为了面对现实的困难（或者对现实的困难视而不见），大多数人转而面向过去，对自己说，要模仿过去。正因为如此，作为能够提供例证的历史（paradeigmata，exempla）的主题，发生了飞跃性的发展，这一主题很快便成了历史体裁的传统主题（topos），而且保持了很长时间：历史成了“生活之师”。面对现实的危机时，人们也更加关心连续性的问题，也就是如何连续地讲述城市或者世界的历史，从起源一直到现在。在这样的条件之下，历史学家便更加需要其他的作品，于是便走向了图书馆。现场调查的部分减少了，编辑的部分相应增加了：历史学家变成了一个阅读者。大家都一致认为，事实是既定的，是明摆在那里的，重要的是如何把这些事实编辑成作品。问题不在于要“说什么”，而在于“如何说”。

在前进的道路上，历史学家（他现在还没有属于自己的名字）不久便遇到了两个重要的人物：演说家和哲学家。伊索克拉底把哲学定义成“为话语和行动”服务的学问。伊索克拉底从来没有直接从事过历史学的工作，也从来没有规定历史的叙述应当遵循什么标准。然而，他被认为是历史的大师（是对历史有害的大师），他破坏了历史的发展。比如在19世纪，德国历史学家古斯塔夫·德罗伊森[1]便认

1 古斯塔夫·德罗伊森（Gustav Droysen，1808—1884），德国历史学家。——译者注

为，伊索克拉底“使历史走上了一条道路，波里比阿后来试图把历史从这条道路上拉出来，却未果”。今天，莫米利亚诺把美国历史学家海登·怀特[1]的立场与伊索克拉底的立场进行了比较：“当我们听到说历史是修辞学的一种形式时，这根本不是一种新颖的说法……我们当中还有人记得，公元前4世纪，在伊索克拉底的学校里，历史和修辞之间就已经存在这种有问题的关系；那么，和今天一样，对历史来说，问题就是要避免被修辞吸收，但是要考虑到两个学科在哪些问题上会发生联系。”[2]

伊索克拉底虽然没有直接针对历史发表过意见，但是在如何表达、如何运用过去的现实的问题上，他认为一切都在于逻格斯（logos）。“因为从话语的性质上来说，同样的事实可以用很多方式表达，可以把伟大表现得低微，让渺小显得宏大，用新的方式讲述旧的事，也可以用古老的方式讲述刚刚发生的事，不应当回避其他人以前已经讲过的话，而是恰恰相反，应当试图比他们讲得更好。因为过去的行为好比是留给我们所有人的一份共同财产（koinai），但是，恰当地使用它们（kairôi），对过去的每一种行为都进行适当的思考，用文字很好地将它们排列起来，这是以良好的方式思考的人所应该做的。”[3]在哲学家一边，亚里士多德的立场是众所周知的。他是一个坚定地实践调查的人（historiai）——《动物志》（Histoire des animaux）是他在这方面最有名的论文—— 但是，他从来没有使用过动词“historein”。他认为历史是对已经发生的事件的叙述，首先是属于个别事物的领域，并认为历史不能进入普遍事物的范围，因此历史不是科学（epistêmê）。[4]就这样，历史学家处在演说家和哲学家之间，没有自己特有的“地盘”，所以

1　海登·怀特（Hayden White，1928—2018），文学批评史学家，曾在斯坦福大学任比较文学教授，后任加利福尼亚大学名誉教授。——译者注

2　莫米利亚诺：《意识形态时代的历史》（A. Momigliano, “L’histoire à l’âge des idéologies”, trad. française, *Le Débats*, 83, 1983, p. 131）。

3　伊索克拉底：《赞颂之辞》（Isocrate, *Panégyrique*, 8-9）。

4　亚里士多德：《诗学》（Aristote, *Poétique*, 9, 1451, a36-b11），亦请见于后文第60–63页。

没有别的选择，只好借用演说家和哲学家的名义，同时又声称，可以像波里比阿那样，满足大家的要求，但是实际上只能取悦于业余爱好者（对业余爱好者来说，乐趣代替了实用性和真理，而且历史也始终声称，实用性和真理是它追求的真正目的）。

作为故事的历史

萨莫萨特的吕西安[1]一字一句地提醒我们说，在公元2世纪，历史学家应当“以良好的方式将事实排列在一起，并尽可能以最为清楚的方式展示这些事实”。历史学家就像雕刻家菲狄亚斯[2]或者普拉克西特列斯[3]一样：你把原材料交给他，他就会加工原材料，使其成形。从今往后，风格的模式已经有了，人们将种种模式辑录在一起，在修辞学校里研究它们，学习它们，模仿它们。“历史”变成了一种文学的体裁，而且当西塞罗思考历史之初的时候，他讲述的是历史的文学史，是从《编年史》逐渐发展为越来越完善的，越来越意识到自己的叙述发展的过程。从今往后，用拉丁文来说，历史就是，或者只不过就是叙述（“narratio”）。

虽然历史对培养演说家是有用的，但是，正如昆体良（Quintilien）[4]强调的那样，历史的推动力和目的仍然只是集会广场上的口才而已。“历史还可以为演说者提供某种丰富的、令人感到愉悦的作料；但是，在阅读历史时，我们应当知道的是，它的大部分品质都是演说者应当避免的。的确，历史与诗非常相近，从某种意义上说，它就是散文诗，它生来就是为了让人叙述的（ad narrandum），而不是为了让人证明的（ad probandum）；更何况整个作品的组成不是为了完成一件事，也不

1　吕西安（Lucien，约120—180），安那托利亚修辞学家和讽刺作家。——译者注

2　菲狄亚斯（Phidias，约公元前490—公元前430），希腊最初的古典雕刻家。——译者注

3　普拉克西特列斯（Praxitèle，约公元前400—公元前326），古希腊最著名的雕刻家之一。——译者注

4　昆体良，公元1世纪的拉丁修辞学家和教育家，写过一本重要的修辞学课本，对演讲艺术产生的影响延续了多个世纪。——译者注

是为了立刻开始一场斗争，而是为了后人的记忆和天才的名声。”[1]

历史是对往事所做的叙述，从更加个别的意义上说，是对罗马人民的英雄事迹的叙述：重提“世界最早的人民的英雄事迹”，这是李维的设想。罗马史成了“奥古斯都时刻关注”的罗马这座城市的过去[2]，奥古斯都也写过一本留给后人的不朽作品，书名恰恰就是《往事》（*Res Gestae*），他在书中回顾了他的行为和罗马帝国。

历史属于叙述文体，先是由修辞学教师负责，后来又由语法学家负责。教修辞学的老师和研究语法的人之所以负责历史，是出于划分类别和范畴的考虑。他们的目的根本不是为书写历史的方式制定规则，而是为了让人知道该把这种故事归在哪一类里；他们管的是历史的内容，而不是历史的制定。历史的认识论根本不是该他们考虑的事。比如《埃尔尼乌斯修辞学》（*Rhétorique à Herennius*）中便区分了三种叙述。其中第三种又分为两种，一种涉及人，另一种涉及行为：“描写行为的叙述包括三种形式：寓言、历史、虚构。寓言包含的内容既不是真实的事，也不是可信的事，不像悲剧中的内容那样。历史包含的是一些发生过的事件，但那些事件离我们的时代已经很遥远。虚构是杜撰故事，但是这样的故事本来是可以发生的，正好比喜剧的主题一样。”[3]“历史”和“虚构”这一对概念登场了。

穆尔勒亚的阿斯克勒彼亚得（Asklepiade）是语法学家，也写过一本比提尼亚（Bythinie）历史的书。他将语法分为三个部分：技术部分、历史部分和语法部分。“历史的部分又分为三个部分：真实的历史、虚假的历史以及被认为是真实的历史。只叙事不加评论的历史（praktikê）是真实的历史（alêthês）；神话的历史（peri muthous）是虚假的历史（pseudês）；被认为是真实的历史（hôs alêthês）是指喜剧或者滑稽剧之类虚构的历史（plasmata）。”往下还要再分：“真实的历史又分成三种，

1 昆体良：《演说术原理》（Quintilien, *Institution oratoire*, 10, 31）。
2 普罗布斯：《维吉尔传》（Probus, *Vie de Virgile*, 28）。
3 西塞罗：《埃尔尼乌斯修辞学》（Cicéron, *Rhétorique à Herennius*, I, 12）。

第一种是关于神、英雄和名人之类人物的历史；第二种是关于时间和地点的历史；第三种是关于行为的历史。关于虚假的历史，也就是神话的历史，他说只有一种，那就是谱系。”[1]

塞克斯都·恩披里柯最后（公元 2、3 世纪？）对历史提出了彻底的批判，不过他的批判发生在语法的框架之内，因为历史是语法的一部分。从总体上来看，历史是一种“未定形的材料”（amethodos hulê），不属于任何技术能力的范畴。[2] 在这一点上，他重复了三重的分类法。“属于历史范畴的，一部分是历史，另一部分是神话，第三部分是虚构。”从有限的意义上说，历史讲述的是“一些真实的、已经发生过的事，比如亚历山大死于巴比伦，是被阴谋家毒害而死的；虚构讲述的是一些不曾发生过的事，但是这些事是作为发生过的事讲述的，好比喜剧的剧情和滑稽剧一样；神话是没有发生过的、虚假的事，比如歌中唱的蜘蛛和毒蛇的种族产生于巨人（Titans）的血”。[3] 这样一来，一切就都清楚了：各有各的标签，或者各有各的地盘。但问题是标签不断地混淆，而且叙述也从各自的地盘里走出来，一说“仿佛”“好比”就可以不务正业了。吕西安就是第一个开始玩这种套路的，因为，他是《如何书写历史》（*Comment il faut écrire l'histoire*）一书的作者，但是他还写过《真实的历史》（*Histoires vraies*）一书，其基础就是明目张胆地将所有的类别完全混合在一起，其中有假也有真，有谎言也有实话，有虚构也有真实。[4]

我们看到，这些专门的争论并没有产生多大的影响，罗马人们照样写出了各种各样常见的历史。雄辩术和演说家逐渐不那么重要了，而且历史多少有点胆怯地照样声称自己是“生活之导师”。基督教徒成了传统的主题，但是主要的变化就在于，《圣经》被放在了“历

1　见于塞克斯都·恩披里柯（Sextus Empiricus）在《反数学家》引述穆尔勒亚的阿斯克勒彼亚得的话（Asklépiade de Myrleia cité par Sextus Empiricus, *Adversus mathematicos*, I, 252）。

2　塞克斯都·恩披里柯：《反数学家》，I，266。

3　同上，I，263–264。

4　详见后文第 67–73 页。

史”一边（其叙述的事被认为是真实的、已经发生过的事）。可以肯定的是，凡是与《圣经》不一致的，都是假的。由此我们又有了奥古斯丁的思想，使后世认为，历史分为圣史（historia divina）和异教史（historia gentium）。在读异教史时需要小心翼翼，它可以为我们提供一些例证，而圣史的文字则是神圣的，但是神圣文字的意义是需要破解的：通过预言的解说，神圣的文字是意义的载体。

罗马与耶路撒冷之间的通史：波里比阿与但以理

在开始探索通史时，我们只是感到吃惊：那些致力于注释波里比阿作品的人，对但以理的作品并不感兴趣。而以研究但以理的作品为业的人——这样的人有很多，却又不怎么看重波里比阿。[1] 最多用一条注释来提一下他的《历史》。然而，波里比阿和但以理是同时代的人，而且每个人都设想了各自的通史的形式。[2] 我们需要知道的是，波里比阿是吕克尔塔斯（Lycortas）之子，公元前 168 年参加了具有决定性意义的彼得那战役，后来又作为人质在罗马待了 17 年，其他详情可见于他的传记；至于但以理，我们只知道一本伪称他是作者的书，写于或者整理、完成于公元前 167 年到公元前 164 年之间。但是这两个历史学家是同时代的人，或者至少是承认这一点，还是最近的事。对古代编年学很有研究的艾萨克·牛顿也认为，但以理的预言具有表达其信仰的性质。[3] 首先，我们必须接受的是，“但以理”并没有生活于公元前 5 世纪巴比伦君王的宫中，而是生活在公元前 2 世纪。事实上，自

1　本文第一次用法语发表时的题目是《波里比阿与但以理：两种通史或者什么是同时代的人？》（“Polybe et Daniel: deux histoires universelles ou qu’est-ce qu’être contemporain?” *Asdiwal, Revue genevoise d’anthropologie et d’histoire des religions*, n° 6, 2011, p. 81–90）。

2　我们可以把范围扩大，将中国第一个历史学家司马迁也考虑在内。不言而喻的是，对司马迁来说，帝国只有一个，中国和世界是统一的。详见罗贝尔·博诺的《战胜时间：希腊人波里比阿和中国人司马迁的比较研究》（Robert Bonnaud, *Victoires sur le temps. Essais comparatistes Polybe le Grec et Sima Qian le Chinois*, Paris, La ligne d’ombres, 2007）。作者在书中并没有提到但以理。

3　牛顿：《对但以理预言的观察》（Isaac Newton, *Observations on the Prophecies of Daniel*, 1732）。

从新柏拉图派的哲学家波菲利（Porphyre）公元3世纪在《反基督教徒》（*Contre les chrétiens*）第12卷提供了令人信服的证明之后，我们就知道，或者本来应该知道，但以理是公元前2世纪的人。但是，这一论断根本就是犹太人和基督徒都不能接受的，因为他们始终把但以理的作品看作教规性的作品，虽然犹太人把他的文章归在《圣经》之内，而基督徒认为他是预言家（也就是把他归在预言基督到来的那些人之列）。至于波菲利亵渎宗教的作品，用奥古斯丁的话说，具有"渎圣的奇特之处"，基督教的皇帝们把他的书销毁了，只有哲罗姆（Jérôme）和其他一些人的引文保留下了波菲利只言片语。

显而易见的是，波里比阿与希罗多德和修昔底德的分量是不一样的，但是波里比阿仍然是希腊史学中第三个伟大的人物，而且在不同的时刻，启发了西方世界一些关于政治、军事的思考，甚至也包括关于历史学的一些思考。他关于罗马形成的第6卷书已经失传，曾有无数笔墨论及这本书。因为他认为，通过一系列逐渐建立起来的影响和反影响，罗马的体制比希腊城邦更有优势，甚至比吕库古治下的斯巴达优势更大。所以罗马的体制变成了"我们这个时代最好的政治制度"。[1]

我们在开始思考时感到的惊奇成了一个机会，让我们思考"同时代"意味着什么。只是处在同一时代，并不意味着就是同时代的人。两部作品，如果不是源于同一个世界，如果讲的不是同一个世界的事，那么它们讲述的就不是相同的"历史"，它们相互之间显然是无视对方的，这很好地说明了历史学家莱因哈特·科泽勒克提出的"非同时代的同时代人"这一概念。[2]我们知道，古时候的断代学非常喜欢同时发生的事，最早从事基督教断代研究的人把同时性作为一种系统性的工具使用，断代学也就由此而发展了起来。建立同时性，也就相当于

1　弗朗索瓦·阿赫托戈：《历史的显现》（F. Hartog, *Évidence de l'histoire*, Paris, Gallimard, "Folio", 2007, p. 135）。

2　详见前文所引莱因哈特·科泽勒克《过去的未来》，第279–280页。

建立桥梁，在各自的历史之间建立联系，将不同的宗教节日和时代联系起来。把波里比阿和但以理看成同时代的人，我们可以得到的，除了这一简单的事实之外，还可以有其他的东西吗？比如说在公元前168年前后，发生了对两个人来说都非常重要的事，也就是马其顿败给了罗马人，安提奥克斯·埃比法内（Antiochos Épiphane）对犹太人实施了迫害。尤其应当考虑到他们的作品对后世的影响，考虑到他们各自都提出了"通史"的概念。让我们也像古人那样，做一下对比性的思考，不是为了在两个人的作品当中去寻找本来就没有的相似性，而是让它们互为对方的镜子，以更好地衬托出每个人的特别之处，更好地理解他们的思想所基于的各自的假设。

但以理和波里比阿的作品表现出的政治背景

如果一个人先读了波里比阿的作品，再读但以理的作品，那他会有出其不意的感觉。从某种意义上说，东方并没有罗马人的存在！占据了整个画面的，（仍然）是希腊人。但以理是如何介绍安提奥克斯的呢？在但以理看来，安提奥克斯是第4头牲畜的第11只角。他是个"卑鄙的家伙"，"使用诡计获得了权力"。[1]事实上，他无权取得王位，他在罗马当人质回来之后，使用阴谋诡计想夺取权力。在但以理的作品当中，只有一个简短的注释解释了一下为什么在入侵埃及之后，他的军队又撤了回来："基提的战船会来攻击他，他就丧胆而回。"[2]这是想表达什么意思呢？只要我们知道，他说的"基提"，指的就是罗马人，那么一切就迎刃而解了。《圣经》里用的这个名称开始时是指塞

1　《但以理书》，11，21。我使用的版本是安德烈·拉科克翻译的《但以理书》（André Lacocque, *Le Livre de Daniel*, Neuchâtel, Paris, Delachaux et liestlé, 1976）。论述但以理的书很多，详见约翰·科兰斯的《但以理：关于其作品的述评》（*Daniel. A Commentary on the Book of Daniel*, par John J.Collins, Minneaplolis, Fortress Press, 1993），约翰·科兰斯和皮特·弗林特主编的《但以理的作品、组成及接受》（*The Book of Daniel, Composition and Reception*, par John J. Collins et Peter W. Flint [dir.], Leiden, Boston, Löln, Bille, 2001）。（文中凡《圣经》的中文译文，均来自灵修版在线《圣经》：http://bible.jdj.cc/。以下不再一一注明。——译者注）

2　《但以理书》，11，30。

浦路斯，引申义是指西部民族，因此也就是罗马人。这不是历史，而是预言（是回顾性的预言，因此也就是书写历史的一种方式）。波里比阿是非常清楚的。公元前 168 年受到波皮里乌斯·莱奈斯（Popilius Laenas）支持的一个元老院元老命令安提奥克斯停止与托勒密的战事，并从埃及撤退。波里比阿写道："正因为如此，正当托勒密的王国处在崩溃的边缘时，罗马人挽救了他，"他甚至还补充说："若不是安提奥克斯肯定珀耳修斯已经战败，我想他不会服从罗马人的命令。"[1] 而波里比阿是将这两个地盘联系在一起的人。

关于安提奥克斯的死，波里比阿是非常清楚的。安提奥克斯于公元前 164 年末死在波斯的坦贝（Tabae）。因为他需要钱，便决定抢劫一座阿耳忒弥斯神庙，但是因为有民众坐在神庙四周，他的企图未能得逞，便半路返回。据某些人说："由于这次渎神的企图，他受到神灵的惩罚，疯了。"[2] 虽然波里比阿对这种传说做出了回应，但是并没有全盘接受，这个最终结果与安提奥克斯的行为并非不一致，波里比阿也给他起了个绰号，叫"Epimanès"（疯子），而不是"Epiphanès"（显赫者）。[3] 在但以理的作品当中，安提奥克斯的死亡背景是完全不一样的，君王之死属于末日预言的范围，与《以西结书》(Ezéchiel) 和《以赛亚书》(Isaïe) 中的说法是直接对应的。它会来到"最终的时间"：安提奥克斯"将来到美妙的国度"（巴勒斯坦），而且只有以色列传统上的对头才能幸免于难，他将劫掠埃及，"然而到了他的结局，必无人能帮助他"。[4] 波菲利恰当地由此推断《但以理书》是在安提奥克斯真正的死亡之前写完的，然而实际情况说明，他的预言并不准确。不管怎么说，对注述但以理作品的人而言，波里比阿是一块检验其作品是否真实的试金石，但以理在引述他时，是与第 4 头牲畜消失的故事相

1　波里比阿：《历史》，29，27，7。
2　波里比阿，31，9。亦请参见《马卡比传》（上），《马卡比传》（下）（1 *Macc.* 6, 1–4, 2 *Macc.* 9, 1–2）。
3　波里比阿，26，1a。
4　《但以理书》，11，40–45。

对照的。但以理说："那时我见那兽因小角说夸大话的声音被杀，身体损坏，扔在火中焚烧。其余的兽，权柄都被夺去，生命却仍存留，直到所定的时候和日期。"[1]

波里比阿的问题是什么？

波里比阿在《历史》的前言中，是用第一人称的方式写作的。但以理并非不知道"我"是谁，但是"我"只是到了书的第二部分才出现：从第 7 章开始。书的第一部分只用第三人称。罗马是如何在不到 53 年的时间里征服了世界？这是历史学家进行探索的推动力，他想理解和解释刚刚发生的事。首先是向希腊人解释，但是也要向罗马的精英们解释。他要向希腊人解释的是，他们为什么失败；他要向罗马人解释的是，他们为什么胜利，并让双方思考各自都应当怎么做。用什么样的思想工具来理解呢？要想真正理解世界的新状态，必须有一种新的历史。随着罗马的征服，"历史开始像一个有机的整体一样形成"，而且事件在被感知的时候，仿佛是在命运的推动之下，"相互交织"在了一起，命运"迫使人间所有的事都朝着唯一的、相同的目的而去"。因此，历史学家应当让读者能够一眼就看到"命运之神在各处施加的推动力，以最终产生所有这些效果"。[2] 通过这个稍微有些复杂的句子，波里比阿想表达的意思是，"剖析"（autopsie）对一般的历史学家来说是必要的，但是对新的历史学家来说就不够了，新的历史学家必须做到"纵观"（sunopsis），这是从哲学借来的一个概念，意思是要从整体上来理解。他必须让自己达到这种整体的观点，这种与命运之神的观点对应的、对事物总体上的看法。他必须像命运之神一样看待事物，采纳命运之神的观点，尽可能忠实地向读者复原这种观点，以便让读者看到这种已经具有普遍性的历史，他称这种历史为

1　《但以理书》，7，11。
2　波里比阿，1，4，1–2。

“普遍的”历史。“纵观”的意义是双重的：它具有认识论上的意义，还有一种叙述的意义。更加准确地说，它是想让认知和叙述相遇。但是虽然从“剖析”一直上升到了“纵观”，希腊的历史学家仍然停留在看见的领域，仍然面对是否看得见的问题。但是，但以理的出发点是不同的：“历史”来自看不见的事物，是通过梦想和幻象而来的，而且是通过预言的模式才让人看见的。

波里比阿是谁呢？他是一个被战胜了的人。他经历了彼得那战役的失败。从社会的角度讲，他是个著名的人物；从政治上看，他是反对民主的。被战胜的人努力想搞明白究竟发生了什么，有哪些事在他看来是本不应该发生的。如果有人提出一个问题：是谁成就了历史？也就是说，为什么是罗马？波里比阿的回答是双重的。发生的事是命运之神导致的（Tuchê），而罗马的力量在于其“政体”（politeia），在于其结构，波里比阿强调，这一结构是长期发展的结果。他为什么突然开始写，突然开始研究历史了呢？因为他成了罗马的人质，再也无法从事任何政治活动。我们可以认为，历史成了政治的替代品，但是也带来了一种附加的东西。如果历史为人所充分理解，便可以产生一种整体上的观点，只是行为是没有办法建立起这种观点的。因此，他是站在了历史的实用性一边，认为历史可以具有教育作用。历史是“导师”，“通过重提别人的不幸”，“能让我们以傲然的心态忍受命运的无常”。[1] 也许，他之所以迎合历史开始时所具有的赞美作用，是因为他本来就想说服自己相信这种作用？

就在彼得那战役之后，取得了胜利的罗马将军保罗–埃米尔（Paul-Emile）用希腊语对成为阶下囚的国王珀耳修斯说了一番话，鼓励他在面对不幸时，莫失风度。波里比阿补充说，命运之神随心所欲地给予和收回。他不断地想起法勒鲁姆的德米特里（Démétrios de Phalère，公元前 4 世纪末雅典思想家）在受逍遥学派影响的论著《关于命运之神》

1　波里比阿，1，1，2。

（*Sur la Fortune*）中说的一句话。在这部论著中，法勒鲁姆的德米特里强调命运之神的反复无常。波斯人败给了以前从来没有听说过的马其顿人，马其顿人战无不胜，但是命运之神刚刚给予他们的东西，说不定哪一天又会收回去。波里比阿又补充说，即将发生的事，不是在150年之前就已经宣布了吗？[1]这只不过是再一次重复了人间凡事皆无常（asphaleia）的古老主题而已，希罗多德已经认为这是他的故事的推动力，但他用的名称是“命运”（Tuchê），波里比阿赋予了这个词斯多葛派的意义，使它显得更具有当代的色彩。

的确，波里比阿是在哪里写作的呢？在罗马，而且他在罗马设想和开始了他的伟大计划。正是在罗马，他“凭直觉”认为，新的世界必须有新的历史。的确，如何理解他称之为的“令人惊奇之事”（thaumasion）、“本质”（idion）和时机的“悖论”（paradoxon）呢？如果他回到大都市生活，甚至于在雅典生活，并常去图书馆，他如何得知地中海地区其他地方刚刚发生的事呢？他必须在罗马，并从罗马见证世界。但是，他是在希腊的思想传统中寻找从事这种思想活动的工具的。当然，他对修昔底德有所借鉴，修昔底德是他在历史学上重要的参考，但是修昔底德已经不够了。虽然修昔底德致力于介绍他称之为伯罗奔尼撒战争的战事，认为这场战争一步步动摇了整个世界，但是他的历史仍然是波里比阿说的“分别的”或者“支离破碎的”历史。的确，公元前4世纪的历史学家埃伏尔被尊为唯一真正的先驱，但是命运之神还远没有“将一切都倾向于指向同一个方向”。

令人吃惊的是，波里比阿在设想自己的新的历史——通史——时，不是以历史学家作为支撑，而是以批判历史的哲学家来当作关键性支撑的。的确，他借用了亚里士多德在《诗学》（*Poétique*）第9章所做的关于悲剧诗和历史的思考。但是，他将亚里士多德的思考颠倒了过来。他利用了亚里士多德的思考，只是反其道而行之，提出了还

1　波里比阿，29，20–21。

没有任何人撰述过的“新历史”的概念框架。然而，自从罗马在地中海为人所接受之后，历史采取的新进程使他满怀信心地肯定了历史对悲剧的优势。像真正的悲剧一样的历史是具有优势的。[1] 亚里士多德把“秘索思”（Muthos）定义为“事实的系统”；这个定义正适合历史。历史形成一个整体，历史有开始，也有结束，而且倾向于一个唯一的结束。历史并不会封闭在个别事物当中，它会达到普遍的事物。必须理解一切，理解从220年以来的历史所形成的整体，以提纲挈领的眼光来看待这一整体。普遍的历史与部分的历史（kata meros）相对立，而且最终以螺旋的方向被理解，好比“天主教的历史”（historia katholikê）一样。[2]

但以理的问题是什么？

公元前168年12月，安提奥克斯·埃比法内禁止人们信仰上帝，并在神殿为奥林匹斯山的宙斯神像祝圣。亵渎圣地的时代由此开始了。人民分裂。暴动开始了。开始时领导暴动的是玛他提亚（Mattathias），后来是他儿子，绰号叫马加比的犹大·马卡比（Juda Maccabée）。公元前164年末，神殿被再次征服，罪恶被涤除，宗教信仰再一次恢复。但以理作品中的话是对不幸中的犹太人说的。犹太人遭受着罪犯的欺凌和安提奥克斯·埃比法内的迫害。但是有的人与希腊的敌人串通一气，也有的人选择了武装起义。用波里比阿的话说，那不是以“以傲然的心态忍受命运的无常”，而是虔诚地忍受。造反是没有用的，而且一般来说，行动的意义也不大。预言家总是在危机或者危险时刻站起身来，但是最为重要的，还是要承认自己犯下了罪孽，忘记神圣的同盟，要把自己交付给上帝。在但以理的思想中，从希腊的“主题”（topos）来看，没有任何一点类似于作为生活之师的历史：显而易见的

---

1 波里比阿，2，56，11–12。

2 详见前文所引弗朗索瓦·阿赫托戈的《历史的显现》，第130页。

是，他的思想中没有任何这类体裁的空间。

因为，问题不在于知道并了解正在发生什么事，而是要理解正在发生的事的真正意义。安提奥克斯并不是凭空产生的，事实上，他出身于一个恶毒的门第，亚历山大是这个家族的鼻祖，而安提奥克斯只不过是这个家族最残忍的末代子孙，是狂傲的第 11 只角。但是，从今往后，第 4 头畜生马上就要出现了，这是最凶残的一只，末日即将来临。要将尼布甲尼撒之梦（rêve de Nabuchodonosor）的雕像化为齑粉的巨石已经开始滚动。巨石将首先把雕像的脚压碎，那是用铁和黏土混合在一起做成的。牲畜的暴卒标志着第五王国的开始，那是一个“永不败坏的王国”。[1] 这就是但以理所要传达的信息，但以理是释梦者，是上帝选择的预言家。这就是尼布甲尼撒国王的梦的意义，就是他看到从海里出来的 4 头牲畜的意义。就这样，书中宣告末日的第 2 章和第 7 章互相回应，互相补充。

但以理是谁呢？一个令人尊敬的名字，意思是“上帝做出了裁决”，而且到现在，这个名字仍然是一个常用名[2]；而一些伟大的预言家就不能像他一样，而且再也未能做出过其他新的预言。以但以理之名，流传着各种不同的故事，书的第一部分讲的很多事就证明了这一点。[3] 别人都知道他是预言者，他有先见之明，有释梦的天才，比所有迦勒底人都强。对于非常看重他的弗拉维奥·约瑟夫来说，但以理“不仅预言了很多未来的事件，也确定了这些事件完成的时刻”。他揭示了事件发生的日期和时间。《但以理书》的最后揭示说，“毁坏可憎之物”的持续时间将达 1335 天。[4]

为了完成任务，他可以使用什么样的工具呢？他做了一些梦，接受了一些异象和启示，而这些异象和启示每一件都是对他的肉体的考

1　《但以理书》，2，44。

2　现在音译成“达尼埃尔”。——译者注

3　伊莱亚斯·比克曼：《圣经中四篇奇怪的文章》（Elias Bickerman, *Four Strange Books of the Bible*, New York, Shocken Books, 1967, p. 92–100）。

4　《但以理书》，12，12。实际上，但以理给出了三个不同的持续时间，1335 天是最后一个。

验。[1] 他致力于苦修，以苦修为神对他的启示做好准备，以苦修伴随着神的启示。虽然在神的帮助之下，他解说了国王的梦境，但却无法“理解”自己看到的异象。他必须通过天使做中介，才可以从“看见”过渡到“明白”，这个天使可以是大天使加布里埃尔（Gabriel），也可以是另外一个。同样，当他拿起《耶利米书》，思考流亡归来和重建神殿之前应当实现的70年的预言时，是加布里埃尔为他指明了方向：应当理解为70个7年，也就是490年。他只是得到了异象，异象不是由他建立的（这离波里比阿的“纵观”差远了），即使是对异象的解读，也需要有一个非人类的中间人的干预，只有这个非人类的第三者才能够提供预言的意义（可这预言又明明是回顾性的）。《但以理书》的整个结构都是由异象确立的，整整一个章节都是在说异象，事实上说的却是中东从公元前4世纪到公元前2世纪的历史，只不过实际上是以耶路撒冷的角度来看待的。这段用未来时撰述的历史是以预言的方式提出的。

从官方的说法来看，但以理生活在巴比伦。他和波里比阿一样，也是人质，被选中进王宫受教。在王宫里，他曾多次有机会展示自己的知识。但是，《但以理书》是在耶路撒冷宗派主义的环境中写成的。有人说他是苦行派信徒（Esséniens），是虔敬派信徒（Assidéens），是卑微人（Anawim），是库姆兰（Qoumrân）的隐修士（reclus）。[2] 书中说马斯基尔（maskilim）是智慧人，是负责教导众人的。[3] 很清楚的是，不管怎么说，《但以理书》是完全根据既定的预言资料撰写的，是在这些资料的框架之内撰写的。在撰述该书的书写环境中，是要反复阅读、反复思考并反复撰写的。波里比阿从罗马看待世界，而且他想让希腊人、罗马人看到他们出于不同原因，还不能或者还不愿意看到的

1 《但以理书》，2，19。希腊文译本（La Septante et Théodotion）将所有与幻觉有关的东西都译成“orama”“enuption”“orasis”“theôrein”。

2 详见前文所引安德烈·拉科克的《但以理书》，第20–21页。

3 《但以理书》，11，35；12，3，10。

东西。他将事物的中心进行了转换：他向希腊人展示的是已经被罗马人控制的地中海；而对罗马人，从某种意义上说，他提议让他们从外部，以第三人称的方式来看待自己。虽然但以理声称是从巴比伦看到未来的历史，但实际上一切都是从耶路撒冷感知的，与此同时发生的还有安提奥克斯的迫害——他的观点是以时间为中心的。

但以理的叙事开始于尼布甲尼撒对耶路撒冷的围困，结束于安提奥克斯对巴勒斯坦的入侵，以及对神殿的亵渎，这一不幸宣告了时代的结束。当时颁布了居鲁士法令（édit de Cyrus），神殿在重建之后回归巴比伦，耶利米（Jérémie）预言的末世并没有出现。所以事后来看，从流亡到安提奥克斯这一时期似乎只是单独的一个时期。亵渎是一种新的破坏，甚至是破坏的重复或者继续。因此，我们需要再一次探询预言家的归来，需要思考耶利米的话。我们已经看到，从这种受到启发的思考（pesher）当中，可以知道 70 年的完整意义指的当然是 70 年（切实回到耶路撒冷），但也是 70 个 7 年（490 年）。由此而开始了没完没了的调整工作，基督徒们怀着无比的热情做着这种工作，因为对他们来说，但以理预言的，只能是基督的到来。

我们可以提出的问题是，为什么我们要（以假定的方式）回到公元前 6 世纪来谈论现实呢？为什么要如此预设日期呢？这种迂回和假面具是出于何种必要性？为什么要张冠李戴呢？写书的人十分小心地在每一章节的开头处记录了表面上的年代，有时候还标着但以理为之效劳的国王：从尼布甲尼撒到米提亚人达留斯（Darius le Mède），以及波斯人居鲁士。这种办法也使书的两个部分联系在一起（从第 1 章到第 6 章，从第 7 章到第 12 章），并将叙述巴比伦流亡和现实迫害的各种故事形成一个连续的故事。但是重要的一点是，建立观点，表达这一观点，并对现在的局势产生影响的方式，是通过与预言、异象保持距离来实现的。也许只有通过这种方式，提出的话语才能为人所接受，因为话语的时代和地点都是真实的。这是权威性的条件。要对但以理进行剖析（对于只有他自己才能够感知到的异象，即使他与别人在一起的时候），上帝是唯一的担保人。另外，这些话语是要封死在心中的，一直到末日到来，这是对但以理反复说过的。而封条恰恰现在被撕破了，使得证明更有说服力，所以显而易见的是，末日将要来临。

继承的问题

但以理与帝国继承的理论联系在一起，这种理论是组织欧洲历史的重要纲领之一。这一纲领是希腊的、波斯的还是其他国家的呢？我不敢肯定回答只有一种，而我的目的也不是要在这里开展一场争论，我只是对波里比阿和但以理提出几点思考。[1] 在波里比阿的历史观当中，帝国的继承问题起到了某种作用吗？当他在前言中列举他所认为的罗马之前的各个强国时，他并没有勾画出权力的系谱。他打算把最著名的强国（dunasteiai）与罗马进行比较（paraballein，sugkrinein），但总体来看，罗马是无与伦比的。因为从来不曾出现过如此强大的王国。[2] 他认为，唯一值得进行比较和对照的有波斯、拉栖第梦（Lakedaimon）和马其顿。但是，随着罗马的征服，规模变了。在罗马之后，那些强国都成了地区性的强国。波斯人未能走出亚洲，拉栖第梦人的斗争只是为了统治希腊，而马其顿人并没有做出任何向西方突破的努力。这些统治是相继发生的，但是波里比阿并没有关注这一点，他首先关注的是比较，也就是罗马的无可比拟的特点，罗马为自己建立了当时最好的政治体系，一些强国相继存在过，但是相互之间并没有传承关系，并没有权力的传承，也不是权力的传承。

在但以理的书中又如何呢？《但以理书》中始终提到帝国继承的

1 莫米利亚诺：《但以理和希腊的帝国继承理论》，载《对犹太教历史的贡献》（Arnaldo Momigliano, “Daniel et la théorie grecque de la succession des empires”, *Contributions à l’histoires du judaïsme*, trad. Française, Paris, L’Éclat, 2002, p. 65–71）。大卫·弗鲁塞：《第四女巫和但以理书中的四个帝国》，载《以色列东方研究》（David Flusser, “The four empires in the fourth Sibyl and in the Book of Daniel”, *Israel Oriental Studies*, 2, 1972, p. 148–175）。

2 波里比阿，1，2，7。

主题，一直到现代。即使是让·博丹（Jean Bodin）在16世纪充满嘲讽意味地提出的四个君主国理论所造成的破坏，也没有彻底消除这种说法。[1] 但以理也是一样，最为重要的并不是继承本身，并不是从一个国王到另一个国王的权力转移。他的重点并没有放在权力的传承上。应当更多关注的，是一个权力结束了，另一个权力开始了，因为“上帝改变时令、日期、废王、立王”。[2] 这种说法不是要人思考权力本身及其传承，而是要人们承认神的无所不能。上帝永远是历史的主人，不管时局如何变化。

安提奥克斯所代表的恰恰是相反的例证吗？他不是也想到过要“改变时节和废王、立王”吗？也就是说，他不是想掌握只有上帝才有的权力吗？[3] 梦中的雕像的情景所表达的，既是继承，又是同时代。从头到脚，从金子到铁与黏土的混合物，因此也就是继承，但是被石头压得粉碎的，从岩石上脱落下来的，是整个雕像。“当那列王在位的时候，天上的神必另立一国，永不败坏，也不归别国的人，却要打碎灭绝那一切国，这国必存到永远。”[4] 而对所有其他的国人，重要的是第五王国，那个没有终结的王国。同时，4头牲畜也被人看见一起从海里出来，而且，根据但以理所做的解释，“那是4个国王，他们从地上起来”。[5] 异象相继发生，国王也是一样，但是从另一种意义上说，他们都是同时代的人，一直到永不被像人的儿子一样的人败坏的王国建立。

关于通史，波里比阿的建议没有产生任何直接的结果。倒是西西里的迪奥多尔（Diodore de Sicile）的定义为人所接受了，正如他的《历史图书馆》（*Bibliothèque historique*）所表明的那样。这个定义既简单，又坚实：一本由其他的书组成的独一无二的书，也是一段连续的历史，

1　让·博丹：《历史的方法》（Jean Bodin, *La Méthode de l'histoire*, trad. P. Mesnard, Paris, Les Belles Lettres, 1941, ch. 7, p. 287–299）。
2　《但以理书》2，21。
3　同上，10，14。
4　《但以理书》，2，45。
5　同上，2，17。

仿佛只是一个城邦的历史，从最为遥远的古代开始，一直延续到作者的现在为止。相反，但以理认为，通史会不停地受到激励。是在两个方向上受到激励：一个是启示录的，计算末日的方向；一个是帝国继承的方向。继承，拉丁文的名称就是“translatio”。

古代历史的领地

历史立足的地盘是什么样的？历史学家要求得到的地位又是什么样的呢？用一段时间里非常知名的话来说就是，哪里是“历史学家的领地”呢？[1]我只选择几点进行深入思考，尤其关注对历史的地位具有结构性的，或者对历史的范围具有规定性的作用，对历史学家的形象具有长期意义的一些问题。除了对古代世界的关注之外，我们考虑的是产生的作用像亚里士多德的影响那样的事件。[2]这些事件首先涉及的，是一些专有名词。

创始者

我们要关注的第一个问题，使我们再一次回到我多次关注过的漫长时刻，最开始的颠倒就发生在那一时刻，也就是发生在荷马和希罗

1　这是埃纽埃尔·勒华拉杜里一本文集的标题：《历史学家的领地》（Emmanuel Le Roy Ladurie, *Le Territoire de l'historien*, Paris, Gallimard, 1973），作者在 20 世纪 70 年代探索了专业的历史学家都出自哪些不同的“省份”，尤其是计算机的到来所产生的影响。

2　在《相信历史》（*Croire en l'histoire*, Paris, Gallimard, 1973）当中，我试图理解对历史的信仰是如何在 19 世纪建立起来，尤其是，这种信仰是如何在 20 世纪被败坏了的。在题为《令人不安的怪事》的文章当中，我从两个同时代的作者出发，探索历史的地位及其撰述；这两位作者一个是哲学家，一个历史学家，两个人都读过亚里士多德的书。一个作者是保罗·利科；在他对叙述所做的翔实的思考当中，诗意（Poétique）具有重要的地位。另外一个作者是卡洛·金兹伯格（Carlo Ginzburg），他用亚里士多德的《修辞学》（*Rhétorique*）来反对海登·怀特和怀疑论者。就这样，亚里士多德，或者说双面的亚里士多德再一次被放到了冲突的中心，将古代的思考和当代的关键问题联系在了一起。语言的、诗学的、修辞的转折都是一个个的标签，而在不久之前，这些标签都还挺时兴。比如从 1981 年开始，莫米利亚诺便认为海登·怀特是伊索克拉底再世（redivivus）。我在此不再重走这些有并行的、有交叉的旧路，而是对一个更加宽泛的问题进行思考，其中包括并超越了对“亚里士多德和历史”的研究，这也形成了有关章节的背景。

多德之间的颠倒。一方面，是一种话语机制和传达高尚的英雄事迹的叙事形式——史诗——的消失。另一方面，出现了一种故事，负责表达“由于人而发生的事”。史诗话语的机制是基于诗神及其传达者行吟诗人所形成的两人对偶。正是在史诗解体，在人们丧失了对这种神启话语的信仰的背景之下，最终才出现了希罗多德的主张，要找到表达自己的词语，找到展示自己的一种形式。[1]

从希罗多德的第一句话开始，便一切都在不言中，他的一字一句都被仔仔细细地探索、评论。一个名称，也是一种方法的声明：调查（historiê）。一个专用的名字（他的名字：希罗多德）；一个目的——延迟遗忘，因为遗忘会将一切消除掉，讲述人的伟大事迹，包括希腊人和蛮族人的事迹；一个明确的主题——他们的战争，而且尤其是他们为什么要争战（理由、原因和责任）。就这样，希罗多德以自己的名义，最先站出来讲话，回应了当时提出的好几个问题：“要具备什么样的条件才能够用‘我’来叙述？”“进行调查的人应当站在哪里？”因为不能再用诗神那种无所不知的观点，他只能采用调查（historiê）的方法，只能按照调查的程序来做，调查是他从事历史学工作的第一个时刻。调查首先是起到一种替代物的作用，最终却变成了类似于诗神的观点一样的东西。诗神什么都知道，因为诗神始终在场。作为叙述者的历史学家，只能准许自己从总体上看待事物，要“在故事中前进，同时对人的大小城邦具有同样的记忆”。

如果说调查提到行吟诗人的知识，同时又与行吟诗人决裂，那么还有另外一种开始的姿态，从而出现了预言者的形象，召唤来预言的视野。希罗多德是在调查（historei），也是在做意义的工作（sêmainei）：他在指称事实，揭示事物，表达意义。比如，第一个主动对希腊人采取冒犯行为的人，是吕底亚的国王克雷伊斯（Crésus）。通过这样的研究和对责任的判定，希罗多德不是以预言者的面目出现，

1　详见前文第 33–35 页。

也不像预言者那样叙述。而是根据自己的知识，重新拾起类似于神启的权威风格。有了这样的内容，“调查”和“赋予意义”（Historein et sêmainein）就像两个交叉的动词一样，旧的知识和新的知识来到十字路口，并在这里交叉而过。新旧知识是两种能让我们“看清楚”的因素，能够让我们在时间和空间上看得更远，而不仅仅是在可见的范围之内，这也是两种姿态，使第一个历史学家的实践有了风格，并划定了其可能的领地。他不是行吟诗人，也不是预言者，但是他处在行吟诗人和预言者之间。[1]

几十年之后，修昔底德如何指称他所做的事呢？他小心翼翼地避开“historiê”“historein”这些词，也避免使用“sêmainein”，直接使用一个表示行动的动词，一个几乎带有技术意味的词来表示他的干预模式：“sungraphein”。[2]“雅典的修昔底德用文字记录了战争……他们是如何争战的”（sungraphei ton polemos, hôs epolemesan）。我们不要忘记的是，“sungraphein”和“sungrapheus”后来变成了常用词，用来指历史和历史学家的撰述。从那以后，有两条道路为历史而敞开，一条是作为调查者的历史学家的道路，一条是作为编辑者的历史学家的道路。在后来的几个世纪，“historia”这个词（希腊文和拉丁文）得以普及，同时这个词所表示的“调查”的意思越来越少，表示“撰述”的意思越来越多。

“historein”指的是一种方法，一种态势（一直回溯到“histôr”的古义和荷马史诗中的意义），与这个词不同的是，“sungraphein”只与历史学活动的最后一个步骤有关，只与“整理成文”有关，丝毫没有提到方法。因此，修昔底德在后面一些章节里解释说，他不是在做关于方法的演讲，他是以不同寻常的方式，用行为来证明他的方法。的

1　详见前文所引弗朗索瓦·阿赫托戈的《历史的显现》，第 72–73 页，以及前文第 31 页及以后部分。

2　“sungraphein”：记录，用文字记录下来，撰写法律草案、合同。这个词的前缀“sun-”也表示用文字记录整场战争，将与战争有关的事件收集在一起，以形成用单数来表示的一个整体：“la guerre”（战争）。

确，在寻找希腊的过去有哪些东西可以肯定的同时，他提出了历史知识的局限性，历史知识的试金石就是剖析，不过若想让剖析是有效的，就要对见证进行严格的批判。这样做产生的结果，就是将历史的真理局限在现实的小圈子里。对以前的时代，必须致力于“找到”事实。怎样找呢？通过收集迹象（semeia）和证明的元素（tekmeria），收集蛛丝马迹，像过筛子一样细细分析，以便达成一种认识的形式，而这种认识是不会超越审判者（pistis）的范围的。也就是说，这种知识的形式类似于审判官在诉讼结束时形成的一种内心深处的信念。

修昔底德的历史学家远没有行吟诗人和预言者的成分，他对历史学家的活动要求很高，是介于医生的眼睛（“剖析”，也就是“解剖”）和审判官的实践之间的。他之所以这样做，是想与所有他用贬义称之为“logographoi”的人决裂，也就是与“写故事的人”决裂，首先是与希罗多德（他没有指名道姓）决裂。希罗多德是想吸引听他讲话的人，让听他讲话的人处在一时的快乐之中，沉迷于华丽的口才，而修昔底德所追求的只是实用。虽然修昔底德明确承认“用文字记录”（sungraphie）出自他的手笔，但他却很少使用第一人称的“我”。

相反，修昔底德与希罗多德都要求两边有所担当：一边是希腊人和蛮族人，另一边是雅典人和拉栖第梦人。这种要求直接来自荷马史诗。的确，宙斯在高高的奥林匹斯山上，既看得见伯罗奔尼撒人，也看得见特洛伊人。当人们已经不再享有神的这种俯瞰一切的视角时，又该如何转达这种要求呢？为了叙述希腊人和蛮族人完成的一切伟大事件，希罗多德可以使用调查的方法，具体来说，就是他的旅行，他经历的流亡，他不是以“城邦人”的身份（apolis）体验生活的，而是在两个城邦（古希腊的哈利卡纳苏斯和图里伊）之间流浪生活。修昔底德明确声称，正是他 20 年的流亡生活，使他见证了两边的事物。[1]

这就是公元前 5 世纪末各方的立场。紧随其后的色诺芬并不能让

1　修昔底德，5，26。

我们明白更多的东西，恰恰相反。他的参与说明了某些标志的丧失，说明局面变得更加混乱。人们注意到，他的《希腊史》(*Helléniques*)是继修昔底德的希腊史之后的作品，开始和结尾都是一句极其简洁的话："在此之后……"(meta de tauta)开头的这句话是与《伯罗奔尼撒战争史》的最后一句话直接联系在一起的，而结尾时的话则是邀请可能的后来者接着将历史写下去。在这两句话之间，说的是一个人在公元前403年之后离开雅典，并写下了这一堆乱七八糟的东西。既没有前言，也没有结论，没有介绍方法，没有任何专用名词来解释他的设想，确定他的抱负的范围，或者说明他的期待。我们是否应当由此得出结论：读者从一开始就知道该如何去读他的书呢？文体是否足以让人看出他的意图呢？色诺芬步了修昔底德的后尘，他只要步修昔底德的后尘就足够了吗？我们还可以说，在《万人远征记》(*Anabase*)当中，当讲到他自己的行动时，色诺芬用的是第三人称，他甚至说这部作品是某个叫锡拉库萨的塞米斯托吉思(Thémistogène de Syracuse)写的。他为什么要用匿名呢？普鲁塔克怀疑是为了能够更好地夸奖自己！普鲁塔克通过表达这一意见，证明了一个问题，这个问题后来变得十分重要，那就是如何区别夸奖和历史这种纠缠不休的问题。波里比阿已经遇到过这样的问题，伊索克拉底吹嘘说，他是赞颂辞的鼻祖；当色诺芬写作时，这种状况还只是处在开始阶段。在采用这种方法的同时，不管怎么说，色诺芬保持了历史学家外在于事件的立场，历史学家不可能成为所叙述的事件的直接参与者，但是，他把这种立场推向极致，以至抹杀了叙述者：叙述者并不在场，或者叙述者是另外一个人。我们会再一次看到其他人试图这样做。

第一个局外人

亚里士多德写的关于历史的作品不多，但是都产生了巨大影响，几乎是在不由自主的情况之下肩负了清理门户的工作。首先他对历史学家的意图提出质疑，由此，历史学家的领地缩小了，变得支离破碎了。在我称之为“历史的局外人”（outsiders）的名单当中，亚里士多德是最值得关注的一个。保罗·利科和卡洛·金兹伯格最近又通过亚里士多德来思考历史在今天的地位问题，这就更加证明了亚里士多德对历史的重要作用；可是有一点我们忘记得太快了，那就是，历史从来就不是亚里士多德思考的主要问题。另外，如果我们把观察的范围扩大一些，我们会看到这个悖论在后世不断重复：很多对历史是什么，不是什么，或者应当是什么发表过重要意见的人，都是“局外人”。一切都开始于史诗的消失所产生的空白和吁求：那还是在历史出现之前，荷马从其立场来说，是个局外人，但是他对历史的出现还是起到了决定意义的作用。然后是亚里士多德的“乌卡斯”（oukase，亚里士多德其实是在与柏拉图争论诗的地位时用到这个词的），再然后是西塞罗（西塞罗在很长时间里动过写历史的主意，首先是他自己的历史），而后又是2世纪萨莫萨特的吕西安，可以说这个吕西安什么都是，就是不能说他是历史学家。

我们不要忘记的是，亚里士多德认为，历史不属于“诗”（poiesis），不能使用“模仿”（mimesis），也不能说历史具有“认知”功能（epistemê）。另外，在“修辞学”区别的三种话语体裁当中（只有三种），也没有历史的地位。这三种体裁是：审议体、裁判体和论证体。历史学家的任务只是“说出发生了什么事”（ta genomena legein），而不是可能或者应该发生什么事。因此，历史与悲剧诗不同，历史不能采用必然性、相似性和可能性的写法。虽然亚里士多德指出了历史不是什么，但是他并没有想到以更有组织、更系统的方式说一下历史是什么，或者可以是什么。

因此，我们只能找到一些散乱的、间接的说明。作为叙述，历史所涉及的，主要是个别性的领域。当我们过渡到议会审议的时候，它可以对政治决策起到帮助的作用，但是“historia”在这里的意思，指的是例证文集和信息汇编一类的东西。它对经验性的东西（empeiria）是补充或者完善。“historia”的地位像女仆一样，它提供的东西是为了论证，更准确地说是为了提出经过审查的前提，以产生修辞学所特有的三段论，也就是省略三段论（enthymème）。从这种有限的意义上说，在编制及列出清单的时候，我们会遇到以后所称的“古代事物研究”，莫米利亚诺认为这种说法的始作俑者是诡辩派的希庇亚斯（Hippias）。亚里士多德认为，这种历史（historia），从有限的意义上说，不属于修辞学的范围，不过它是“政治事务”[1]，它所关注的并不是真正的过去，而是眼下的实用性。最后，我们需要记住的是，亚里士多德在《诗学》中用“historikos”来指从事“historia”的人。

历史学家的反驳

在阅读波里比阿的作品最初几页的时候，我们得到的印象是，那是一种非常自信的历史，出自一个对自己的角色颇有信心的历史学家的笔下。事实上，他是为一个新的世界提出了一种新的历史。新的世界是指从罗马人的统治中出现的世界。作为生活在罗马的人质，他“看到了”世界的或者全球的历史，而且明白，罗马是这个新世界的缔造者。他的具有结构性作用的概念是“交织”（sumplokê）。公元前220年之前，世界上发生的事具有“分散”的特点，因为“既没有设想和执行的统一，也没有地点的统一”。相反，在此之后，第二次布匿战争开始时，在命运之神的推动下，历史“开始像一个有机的整体一样形成，事件也像一块用棉线编织而成的布一般，棉线相互之间交织在了一起，命运之神迫使所有人类事务都朝着一个方向，都向着同一个目的而发展”。[2] 因此，对新的历史学家来说，只是“剖析”已经不够了，必须采用一种从哲学借来的概念，“sunopsis”，这个概念指的是“从整体上理解”。历史学家自己也在达到从总体上观察事物的高度，以普遍的眼光看待事物。这种角度和眼光是与命运之神的角度和眼光

1 亚里士多德：《修辞学》（Aristote, *Rhétorique*, I, 1360 a37）。
2 波里比阿，I，3，3–4。

相对应的。他必须像命运之神一样看待事物，必须采取命运之神的观点，尽可能地为读者恢复这一观点，以便让读者看到这种已经具有世界规模的历史，他称之为“普遍的”历史。“sunopsis”的意义是双重的：它有认知的意义，也有叙述的意义。

波里比阿是在哪里写作的呢？在罗马，并以罗马作为出发点。但是，他是按照希腊的思想传统，找到了能够完成这种思想任务的工具。他把亚里士多德对悲剧诗和对历史的思考作为自己的思考，只是他把亚里士多德的思考颠倒了过来。他用亚里士多德的思考，又反其道而行之，提出了还没有任何人撰述过的“新历史”的概念框架。然而，自从罗马把自己的权力强加给地中海地区以来，历史采取的新进程使他可以信心十足地肯定了历史对悲剧的优势：历史就是真实的悲剧。[1] 亚里士多德对“Muthos”的定义是“事实的体系”；这个定义适合历史。历史形成一个整体，它有开始、中间、结尾。历史并不局限于个别事物，也能触及普遍的事物。但是，波里比阿的“普遍事物”与亚里士多德说的并不一样。波里比阿所说的“普遍事物”是指整体性，是自从公元前220年以来所形成的历史的全部，而且是以提纲挈领的方式从整体上去领会的历史。普遍的历史是与部分的历史（kata meros）对立的，而且最终需要从空间的意义上理解，比如天主教史（historia katholikê）。

对于波里比阿来说，历史学家的位置不是在图书馆，而是在现场。重要的是“在行动和考验中获得的经验”。正因为如此，对于他来说，尤利西斯代表了历史学家的理想，因为尤利西斯出过海，见过世面，忍受过痛苦。这里说的考验，指的是在调查的过程中所承受的痛苦，所冒的风险，要去亲眼看看，向见证者问询，但是也要经历流亡。对此，波里比阿是有发言权的，他在罗马度过了17年时间。为了向人们宣传历史学家的作用，他毫不犹豫地引述柏拉图的话。正如同只有国

---

1 波里比阿，II，56，11–12。

王像哲学家，或者哲学家当了国王，社会才会健康发展一样，只有当国家领导人认为撰述历史是最好的、最为必要的任务，或者当未来的历史学家明白，政治教育是必不可少的教育的时候，历史才能够很好地发展。波里比阿之所以投身于历史，是因为他不能够再行动，可是他热切地希望人们不要把创造历史和撰述历史分别开来。不过，这些美好的宣言大概并没有给人们留下过于深刻的印象，因为在与哲学竞争的过程中，历史已经败下阵来，而且在罗马，历史没有被认为是严肃的事务。

第二个局外人

从波里比阿到西塞罗，我们仍然是在罗马，但是一系列重大的影响开始出现了。因为问题的关键是由谁来控制历史的领地。这块领地是否具有某种自主性，或者只是修辞学领地下的一个“省份”？更加准确地说，随着西塞罗的出现，形成了一种注定会在未来长久存在的悖论。悖论就在于以下两个命题：历史不属于修辞学的范围，但是撰述历史的应当是演说家，而不是别人。如果说历史学家不是演说家，但是演说家从其所处的地位来说，又是最好的历史学家，那么在这样的条件之下，哪里才是历史的领地呢?

如果我们打开西塞罗的主要演讲录，我们注意到，亚里士多德说的三种体裁仍然都在。是三种，而且只有三种，但是实际上是二加一。因为主要的分界线是政治活动（negotium）和休闲（otium）之间的分别。“negotium”[1]就是集会场，是司法、审议或者政治事务的空间，因此也就是修辞学的领域，主要的人物是演说家，好比西塞罗所体现的演说家那样。所有其他的，也就是所有其他的话语都属于休闲的范围，因此也就是第三种体裁，是论证性的话语。历史是属于“其他”之列的，因此毫无争议地具有论证的性质。而且，我们感到十分吃惊地注

---

1 法文原文这里是 *otium*，疑为原书误。——译者注

意到，当西塞罗在《论演说家》中论述论证文体时，他讲到的完全是历史。当然，他并非不知道希罗多德、修昔底德、波里比阿，但是，这些希腊的思想家，不管他们具有多么超群的聪明才智，人们之所以读他们的作品，完全是为了放松自己，是为了寻找乐趣（delectationis causa）。历史不属于严肃的活动。修昔底德曾想把历史从为了乐趣而阅读的范畴中拉出来，但是这样一来，它又回到了乐趣的范畴当中。如果我们循着西塞罗的思路走下去，历史被从"集会场"驱逐出来，成了"休闲"范围内的东西，所以它的作用首先是，仅仅是，为人们提供风格之乐趣。

那么至少，它能够从脱离了修辞学这一事实当中得到好处吗？不能，这就是第三个命题。因为论证是雄辩术的"摇篮"（*mutrix*）——伊索克拉底的伟大演说就证明了这一点——因为证论体也属于修辞学的范围（用亚里士多德的话说，论证体属于修辞学的第三种文体），演说家也想证实自己对论证体的掌握，所以最终也就是对历史的掌握。对演说家来说，在掌握演说技巧的过程中，论证体有可能起到的作用，好比角斗场对于准备上场角斗的人一样。然而，随着共和政体的结束，随着元首制的建立，集会场上的角斗不会失去其本质，论证体也会变得越来越重要，甚至到后来变成了"文学"诞生的环境。论证体小心翼翼地与历史接触，使历史成为一种经过或多或少加工的赞颂话语；面对影响越来越大的论证文体，历史学家却在不断地寻求保持距离，寻求建立一些屏障，强调自己的活动所具有的特殊性和困难，以及结果的实用性。

一个世纪之后，当昆体良接受韦斯巴芗皇帝（Vespasien）授予的修辞学首席教职的时候，他再一次重申了集会场文体（forum）和其他文体的区别。后来，因为他的主旨是培养演说家，所以他强调从阅读历史学家的作品中可以获得什么样的好处。"历史（也可以像诗一样）为演说家提供丰富的、令人愉悦的养分；但是，阅读历史……的方式是，我们知道它的大部分优点是演说家应当避免的。的确，历史与诗歌很相近，从某种意义上说，可以被看作散文诗（carmen solutum），而且之所以写历史，是为了讲述给人听（ad narrandum），而不是为了证明（ad probandum），况且，整个历史作品的组成不是为了完成一件事，或者为了一场眼前的斗争，而是为了提醒后世不要忘记一些事实，为了让天才人物（历史学家）名传千古。”[1] 这些话其实并没有什么新颖之处，除了其强调的方式。因为历史不参与角斗，所以既不用证明（probare），也不用去感动人（movere）。因此，的确，客观的证明与历史无关，在辩护的过程中，客观证明是在“证实”（confirmatio）或者“反驳”（refutatio）时才使用的；主观的证明也与历史无关，主观的证明是指涉及感情和偏见的证据，是在结论里提出的证明（peroratio）。我们可以看得出来，与亚里士多德的《诗学》相比，差距是多么巨大，昆体良连眉头也不皱，便把历史说成是一种散文诗，而亚里士多德则认为，即使把希罗多德的作品用诗写出来，也仍然是历史。从今往后，诗只是格律和意象的问题了，亚里士多德的诗学离我们已经很远很远，远到亚里士多德只能是“个案”（hapax）。其他的还有文体之间的划分问题，但是历史的地位问题还是提了出来，虽然人们从来没有承认历史是一种完全独立的文体——至少直到现代之前，直到历史的现代概念出现之前是这样。

第三个局外人

可以说，就其类型来看，吕西安也是一个“个案”。他的《如何书写历史》是我们如今能够看到的古代唯一论述历史的作品。[2] 这当然不是一本历史学家的作品，作者是个文人，而且以精神犀利著称，他

---

1 昆体良：《演说术原理》（Quintilien, *Institution oratoire*, 10, 31, trad. M. Casevitz）。在稍后些的地方（10，34），他又补充说：“从历史中还可以得到另外一个好处——的确也是最主要的好处，但是与此处的问题无关——也就是关于事实的知识和例证，演说者是必须知道这些的。”亚里士多德也是这么说的，把历史比作女仆，所表述的也是同样的意思。

2 吕西安：《如何书写历史》（Lucien de Samosate, *Comment écrire l'histoire*, introduction, traduction et notes par André Hurst, Paris, Les Belles Lettres, 2010）。

的批判十分尖刻，他的文笔带有滑稽模仿的特点，这是人文主义者非常喜欢的，首先伊拉斯谟[1]就非常喜欢。吕西安祖籍叙利亚，但从文化上，他是希腊人，在雅典生活过，在康茂德[2]治下当过行政官员。他是个无可争议的历史的“局外人”，但是却被人当成了“局内人”，因为他的论文（写于 166 年）后来受到《古代艺术史》（*Artes historicae*）的追捧，从文艺复兴到 19 世纪期间产生了巨大的影响。

他很好地吸收了从西塞罗到昆体良的思想，从中得出结论认为，历史地位就是一种悖论，既在修辞学的范围之外，又属修辞学的管辖范围；总而言之，历史既有又没有自己的领地。他很清楚地知道，从今往后，历史的撰述是不会不受到君王的检查的。他写论文的借口，恰恰就是要叙述刚刚发生的帕提亚战争，这场战争在理论上是由卢基乌斯·维鲁斯[3]指挥的，这位罗马皇帝还借此机会给自己加上了一个“最伟大的”（Maximus）名号。但是同时，自相矛盾的是，吕西安把历史学家说成是“复活的”修昔底德。吕西安规定了如何撰述历史，把历史完全看成娱乐和论证的文体；另一方面，他有力地重申历史的效用性，因此，历史即真相，也就是说，历史必然外在于论证体，必然与诗有距离，比如他在文章中就反复说过，在历史和论证文之间，有一堵真正的“墙”。[4]混淆的主要风险也确实正在于此。

除了这些鼓励之外，他一再想恢复叙述文和演说辞之间的区别，至少他自以为是在这样做。这种区别是修昔底德提出的。演说的目的是让人们获得一时的快乐，而他说的叙述的目的只有一个，那就是效用，所以是一种永远的成果。但是，自从修昔底德提出这种区别以来，7 个世纪已经过去了，人们撰述了成千上万的历史！历史应当是什么，

1　伊拉斯谟（Erasme，1467—1536），拉丁哲学家和作家，勃艮第统治尼德兰时代的人文学者和神学家，被认为是欧洲文化的先驱者之一。——译者注

2　康茂德（Commode，161—192），公元 2 世纪末的罗马帝国皇帝，180 年到 192 年在位，后被刺身亡，之后罗马帝国便陷入了一连串混乱的内战之中。——译者注

3　卢基乌斯·维鲁斯（Lucius Verus，130—169），161 年到 169 年间的罗马皇帝。——译者注

4　《如何书写历史》，第 7 章。

不应当是什么，历史学家应当做什么，不应当做什么，对于诸如此类的问题，如果在读过《如何书写历史》之后，我们发现面对的确实是一种不可能的状况，一种让人无法立足的地位。因为历史学家"在自己的书中应当是局外人"，他不能为同时代人写作，总而言之，他应当是一个"非城邦人"(apolis)。[1] 这岂不是要让历史学家做到完全的忘我，一直到否定自己：他谁也不是，他不来自任何地方。就像色诺芬一样，只不过色诺芬是为眼前的事撰述历史的。人们会说，对这些说法，不能只从字面上理解，尤其是当这些话出自吕西安之口的时候。

然而问题仍然存在，按照这样的方式撰写的历史是可笑的历史，按照应当撰述的方式写出的历史是荒唐的历史。之所以说是可笑的，首先是因为吕西安谴责叙述帕提亚战争的历史学家，但是，他在论文一开始洋洋自得地展示的帕提亚战争史是可笑的。他痛斥那些历史学家过度的自我膨胀，动不动就把自己当作希罗多德、修昔底德，甚至把自己当成荷马。他一一剖析他们的论述，指出他们根本就没有亲眼见证过他们讲述的事。这一点败坏了他们的可信度。这些历史学家自称在做调查，可是他们从来就不曾走出过自己的家门。他们窃取了一种地位，他们嘲弄了作为历史叙述组成部分的契约。

我们可以仅仅局限于这种契约，但是吕西安还没有给历史下最后的结论。他还写过另外一本书《真正的历史》(*Histoires vraies*)，而且也和《如何书写历史》一样，拥有很多读者。在《真正的历史》当中，他似乎的确让历史和历史学家的奢望破灭了。在这本书当中，吕西安描绘了一个用"我"来叙事的人，这人名叫吕西安，他既是作者，又是人物。这种情形与色诺芬完全相反！明确的阅读契约是这样的："因为我没有经历过任何值得关注的事物，我决定撰述我既没有见过也没有体会过，也没有听别人说过的东西，而且是没有以任何方式存在过，也绝对不可能存在的东西。"所以，你们不应当相信我。后面就

1 《如何书写历史》，41。

是一些奇遇记，是对一些知名作者夸大的滑稽描写，首先是荷马、希罗多德、克泰西亚斯[1]、伊安部洛斯（Iamboulos）[2]以及很多其他的作者。这样一来，“我在说谎”就完全是由很多别人的谎言组成的了，只不过我明确说我是在说谎，而他们却声称自己是在讲真话。游记和历史都说自己讲的是真话；通过这种话语的机制，吕西安挫败了它们的一切矫饰。在这些作者和可笑的帕提亚战争的“历史学家”之间，实际上是没有区别的，因为这些历史学家也是模仿者。从开始到结束，无一处不是各种文本之间的互相参照，似乎我们无法从中走出来。

与这场针对一切的彻底批判的同时，吕西安捍卫了一种立场，一种与捍卫历史的立场完全相反的立场。这里说的“历史”，就是他认为代表了法律和预言家的人所体现的历史，是修昔底德的历史。是修昔底德为之代言的，以真理为目的的历史。由此说来，历史是可能的，因为曾经有人至少有一次创造过这样的历史。修昔底德就是证明。但是，真理是完全以历史学家的可信性为基础的（这是学不会的，也是规则保证不了的）：历史学家是唯一的保证。因此，多亏了修昔底德，吕西安挽回了真理和实用性，也就是说，这样一来，历史话语可以毫不费力地与赞颂辞区别开来，处在诗歌的边缘，以尽可能忠实地讲述“事情是如何发生的”，最后成为一种不是修辞学的修辞学。

然而，修昔底德想要干什么呢？“用文字记录战争”，也就是说，记录“他们是如何打仗的，或者说”，记录战争的实际情况（sungraphei ton polemon, hôs epolemesan）。这是他最初说的话。或者略微有些区别的说法是，“在事后按照顺序”用文字记录“每一件事实在夏天和冬天是如何发生的，发生的实际情景是什么”（gegraptai hexês hôs ekasta egigneto kata theros kai cheimôna, 2, 1）；或者还有，“在事后记录每个事实是如何发生的，发生的情景是什么”（graphein hexês

---

1　克泰西亚斯是公元前5世纪的人，是研究波斯和印度的历史学家。——译者注

2　伊安部洛斯是古希腊商人，写过一些关于理想国的小说，类似于《太阳岛》。已经失传，只在西西里的迪奥多尔的《历史图书馆》中见到引述的片段。——译者注

hôs ekasta egeneto, 5, 26）。吕西安就是要完全地接过修昔底德说过的必须要做的事。但是，在亚里士多德、西塞罗、昆体良之后，实际的条件发生了改变。大家都认为，“事实”是明摆着的，历史学家用不着再去“寻找”事实。与演说家不同的是，历史学家用不着去寻找要说“什么”，因为他要说的是已经发生过的事，所以他只要考虑“如何”说就行了（不是“hôs”，而是“hopôs”）。[1] 吕西安又明确说（用亚里士多德的话说），历史学家不是“诗人”，而是一个“指给人们看某样东西的人”，是一个事实的“揭示者”，或者还可以说，他应当致力于当一面明亮而清澈的镜子。这个“是如何发生的”（hopôs）划定了作为记录者的历史学家活动范围的界限，而且只有在这个界限之内，吕西安的规定才是有效的。

仍然是在修昔底德的启发之下，吕西安强调，历史学家应当回避现实，只为后人写作。这是另外一种在赞颂辞和历史之间具有区别的必然标志；这样可以避免奉承，但是也避免了不赞美有权势的人会遇到的危险（而且是实实在在的危险）。他还指出了一种放弃或者苦修的形式：历史学家必须闭口不谈现实。但是一个人总不能由后世供养。另外，他以修昔底德为基础再次提出的历史观掩盖了一种差别、一种值得关注的误解。或者也可以说，如果忠实得过了头，也会导致不忠。修昔底德认为，他的分析之所以有价值，完全是因为他的分析过程是严谨的，也就是说，他是在尽可能真实地理解现实的局势（“事情发生的情景”）。正是由于他的分析是严谨的，如果类似的危机再次发生，或者在类似的危机再次发生的时候，他的材料才能够再次使用。换句话说，问题不是要回避现实，恰恰相反，正是因为伯罗奔尼撒战争史是最贴近现实的历史，对于将来才会最有用处。对于并没有把自己称为历史学家的人来说，这抱负很是不小。在“撰述战争”的同时，他想打造一种政治科学，甚至是真正的政治科学。打造一个永远在世的

---

1 《如何书写历史》，51。

伯里克利。总而言之，吕西安在论文中想把两种本质不同的历史命题融合在一起（一种是前亚里士多德的命题，另一种是后亚里士多德的命题）。虽然他做出了很多努力，但是他没有办法弥补这一缺陷，而这一缺陷会在很长时间里影响历史，会在不同的时刻与修昔底德一起，扮演求情者的角色。

比如，尽管过去了 17 个世纪，著名的奥托·兰克理论（“只是简单地说出 / 指出事情是如何发生的”）当中，我们仍然能够听出吕西安的声音。兰克的对头已经不再是赞美的话语，而是历史小说。当然，我们显然不能说兰克的思想直接来自吕西安，而且只是对吕西安的作品做一些评论；我们只是提示，在很长时间里，论证体的影响不断扩大，而历史所注重的大事，就是摆正自己相对于论证体这种文体的地位而已：历史既外在于，又内在于这种文体，追求一种不是修辞学的修辞学，以便表达“事情是如何发生的”（hôs eprachthe）。[1] 总而言之，也就是一种作为拒绝而出现的修辞学。兰克所不接受的，是做出评判的历史，也是自以为提供教训的历史。

因此，古代唯一一份关于历史的论文让我们面对的，只是一种两难的选择：那只是把超级修昔底德的认识论和赞颂辞温和的修辞规则摆放在了一起。总体来看，从希腊罗马时期的这些作者当中，我们可以得出的结论就是，古代的历史学家并没有明确的属于自己的领地。根据时局的不同，历史在知识当中的地位，历史学家在公共空间的地位，一直处在不断的争议当中。历史学家不得不用顺手拿到的武器武装自己。但是他们得到的结果远没有成为既定的事实，也没有得到不断的发展。希罗多德发现了一个新的国度，开始时令人欢欣鼓舞，但继之而来的又是修昔底德的严酷。修昔底德梦想建立他的“sungraphie”（如果可能的话，让它成为“永远”的成果），为它制定了方法，但是也为它划定了明确的界限。只是，这种自信的、具有征服力的科学无

1　《如何书写历史》，39。

法阻挡雅典的失败。色诺芬从两个方面做了见证：一方面是前景的暗淡，另一方面是哲学地位的上升。政治科学不是历史学家的事，而是哲学家的事。

历史学家不愿意只做历史的叙事者，不愿意接受只为决策者提供实例的辅助性的地位，他不得不致力于说服人们相信，历史是真正的“生活的导师”，而且可以起到实际上的道德哲学的作用。但是，它还有另外一个弱点。人们从来不承认历史是一种完全独立的体裁，所以它不得不时时刻刻斗争，以便不落入论证文体的大杂烩，不落入修辞学的范畴。它是真的斗争了，还是自认为进行了斗争呢？这是又一个处在模糊之中的问题。但是至少，没有人认为历史学是个严肃的行当。

第三章

蛮族人的耐力

蛮族人的睿智

莫米利亚诺的《外族的智慧：希腊化的局限》（*Sagesses barbares, les limites de l'hellénisation*）[1]提出了一个问题，那就是希腊人、罗马人、凯尔特人、犹太人和伊朗人之间反复建立和不断改变的关系问题，总之是希腊人和其他人之间的关系问题。从一开始便了解他们，跟踪他们的变化，用他们相互之间的关系来评价他们，这样做就是在勾画出希腊文明发展的历史。只有具备了这个伟大学者的知识和天才，才能够像他那样，以灵活的步伐走过所有这些文化的空间。

为什么在这时候提出这样的问题呢？至少有两个原因：希腊人是在这时候发现了罗马人、凯尔特人、犹太人（而且他们对伊朗人的态度发生了变化）；也正是在这个时候，罗马人逐渐征服了希腊人、凯尔特人、犹太人（而且也遭遇了伊朗人这个障碍）。其次，希腊文明做出对希腊–罗马–犹太（Grèce-Rome-Judée）三角关系有利的选择，至今仍然影响着我们看待世界的方式。虽然“18 世纪完成了一项伟大的行动，以挽救被遗忘的文明”，然而，“波斯、美索不达米亚和埃及仍然程度不同地停留在当时希腊博物学研究到达的程度”。

1　英文原文的题目是 *Alien Wisdom*。玛丽–克洛德 · 鲁塞尔（Marie-Claude Roussel）的法语翻译版本非常好。该文本最早发表于《年鉴》（*Annales Esc*），1980 年，第 5 卷，第 932–934 页。

这是希腊化的第一个局限，也是希腊人犯的第一个“错误”[1]，因为希腊人是划分这些文化疆域和排斥某些成分的始作俑者。第二个局限，或者第二个“错误”，是希腊人一向只讲希腊语：知识分子倒是愿意承认蛮族人有智慧，但条件是他们要讲希腊语，否则，蛮族人就只是在对自己人讲话。希腊化的这些局限难道不首先是希腊文化的局限吗？

希腊人把罗马人当成例外了吗？没有，我们注意到，希腊人只是到了很晚的时候，才开始关注罗马人，是在皮洛斯（Pyrrhus）之后，不管怎么说，他们没有学拉丁语。是罗马人对希腊人发生了兴趣，并学习了希腊语——法比亚人（Fabii）从公元前 4 世纪末开始学习希腊语，费边·皮克托（Fabius Pictor）的历史作品就是用希腊语写的，罗马的贵族可以轻松地阅读古希腊语的作品。希腊语——尤其通过修辞学教师教育贵族人家的孩子学习后，很快就成了“实际上支持罗马帝国必不可少”的语言。但是，“学习希腊的语言，希腊的生活方式和信仰，与建立一种民族的文学是密不可分的，而这种民族文学的方式很多是从外国借用来的，但是立刻就表现得独特、自信而咄咄逼人”，这也是希腊和罗马关系当中第一个特殊之处。

第二个特殊之处表现在希腊被征服之后，希腊人谈论罗马的方式。希腊人是人种志的发明者，可他们从来没有以人种志的眼光看待罗马。波里比阿当了人质之后，生活在罗马的贵族当中，他对任何事都没有感到惊奇，尤其是，他从来没有对罗马统治的合法性以及罗马帝国主义的根源提出任何问题。非常著名的混合法律的公布推行，成了一个方便的幌子，可以提供对问题的解答，同时又避免让人提出真正的问题，也可以说这是波里比阿视角的一个盲点。

最后，希腊人不满足于仅仅成为罗马的历史学家，还为罗马的扩

1　莫米利亚诺：《希腊人的错误》，载《代达罗斯》（A. Momigliano, “The Fault of the Greeks”, *Daedalus*, Printemps, 1975, p. 9–19）。

张充当代理人。波里比阿在西班牙就是这样做的，波西多尼奥斯[1]在高卢也是这样做的，他们把希腊的人种志和地理学用来为罗马人效劳。然而，说到底，他们的作用非同小可，因为，正是在打败凯尔特人的同时，罗马人才打造了一个伟大的强国，而且罗马化在高卢最为成功，也就是说，罗马人在高卢把凯尔特的文明扫荡殆尽。

从另一个原因说，凯尔特人的案例在希腊人对其他人的态度上具有示范的作用：的确，希腊人等到罗马人来了，才对凯尔特人发生了兴趣，为罗马人完成了凯尔特人的人种志，可他们此前并没有为自己做过这种研究；然而，马赛却是由弗凯亚人（Phocéens）在公元前600年建立的。

在与犹太人的关系当中，我们也可以发现同样的特点，只不过更加突出、更加复杂。首先是无视：在希腊化之前的时代，古希腊人（在他们的文本当中）根本就无视犹太人的存在，希罗多德只用几句话谈到过凯尔特人，但是一个字也没有提过犹太人。当庞贝来到叙利亚和犹太国的时候，他一定读过波西多尼奥斯（又是这个波西多尼奥斯）写的关于犹太人的一些文字，也许还知道亚历山大·波里希斯托[2]的作品，亚历山大·波里希斯托被苏拉[3]释放后，在罗马工作了很长时间。在两者之间，在托勒密的统治和塞琉古的统治之间，我们只考察上述几点。希腊的知识分子在发现了犹太人之后，立刻产生了对他们的崇敬之情，并把他们描绘成一个圣贤和祭司的种姓集团，而东方是经常会产生这样的种姓集团的。当然，他们没有想到学习希伯来语，不过他们也没有想到阅读犹太人学会希腊文之后，很快用希腊文发表的作品：由70名译者翻译的《圣经》中使用的希腊文太蹩脚了！至于马加比人反对塞琉古国的起义，则以独立战争的形式，表现出对希腊文

1 波西多尼奥斯（Posidonios，约公元前135—公元前51），古希腊斯多葛派的哲学家，也是地理学家和历史学家。——译者注

2 亚历山大·波里希斯托（Alexandre Polyhistor），公元前1世纪的罗马历史学家，其作品传世的只有一些残篇。——译者注

3 苏拉（Sylla，公元前138—公元前78），古罗马独裁者。——译者注

化的强烈排斥；的确，这场战争若是没有罗马的帮助，是不可能打下去的。这次起义标志着宽容的结束和迫害的开始，因此也就是一个新时代的开始。

最后是与伊朗人的关系。这种关系可以回溯到公元前 6 世纪，其特点是早于罗马人的任何干预。然而这种关系不会让人感到吃惊：米提亚战争之后出现了大量关于波斯人及其失败的文献，但是从公元前 4 世纪开始，这些探索便被对居鲁士和琐罗亚斯德（Zoroastre）的臆想所代替。从更加普遍的意义上说，希腊的知识分子开始制造一些伪作品（伪称是琐罗亚斯德或者其他人所撰述的作品）以自欺。相反，当罗马人采取了密特拉（Mithra）崇拜[1]时，他们也实实在在地把这种崇拜当成自己的宗教信仰，作为对国家忠诚的基础。说到底，这就意味着，希腊文化只不过是蛮族智慧暗淡的反光而已。人们会问："柏拉图是什么，还不就是雅典化了的摩西？"就这样转了一圈，但是希腊人仍然没有走出他们自己的局限。

这本书的材料是一系列报告的讲稿，具有口语的特色，既不想自称是从总体上对希腊人种志的研究，更不是对希腊人和其他人所做的综合性思考。它只是虚心地希望"引起人们讨论"。但是在此之前，首先我们要让讨论成为可能。

为什么希腊人从来没有想到过学习外国语言？按照莫米利亚诺的分析，为什么这个问题根本就连提也不曾被提出过呢？因为他们对蛮族人不感兴趣吗？不是，因为恰恰相反，他们关注过其他的人，甚至在公元前 6 世纪末建立过人种志，罗马人觉得很好，还毫不犹豫地使用了。那是一种什么样的人种志，什么样的人种志学家呢？是由于他们意识到自己的优势地位了吗？然而，在希腊化的时代，有些希腊人对自己的文化很是不屑，甚至打造了一些蛮族文化的幌子，对这些蛮

1　密特拉崇拜最早是公元前 2 世纪出现于波斯的一种密教崇拜，后来在整个罗马帝国传播开来，到公元 3 世纪达到鼎盛，尤在罗马士兵中盛行。——译者注

族人的文化，我们甚至不知道他们相信的程度有多高。另外，罗马人和犹太人都以各自的方式说服人们相信他们的优势地位，可是他们还是学习了希腊语。不过，对罗马人和犹太人来说，他们借道希腊的文化，事实上起到了加强自己的民族身份的作用。希腊人却不是这样，希腊人从来没能形成一个民族，因此，外国语言的问题只能以其他的方式提出。还有，当我们谈到“一些”希腊人、“一些”罗马人、“一些”犹太人时，我们所谈到的，难道不正是一些类似的、事实上具有不同身份的实体吗？

蛮族人：从旧世界到新世界

蒙田写道：“当皮洛斯王得知罗马人给他送来战表，当皮洛斯来到意大利的时候，他说：‘我不知道这些人是什么样的蛮族人（因为希腊人把所有的外国人都称为蛮族人），但是从这支军队的阵势来看，他们可一点也不野蛮。’”[1]罗马人不是希腊人，所以只能是蛮族人。但是，至少自从希罗多德以来，使蛮族人有别于常人的特点，从这些人身上根本看不出来。那么，他们是什么样的蛮族人呢？蛮族人不懂排兵布阵。因此蛮族人是不会打仗的。

蒙田非常有名的《论食人部落》就是以上面几句话开始的，伊庇鲁斯国王皮洛斯第一次见到拉维努斯（Laevinus）的罗马军队，感到困惑；并由此展开自己对蛮族人、文明人的思考，从希腊人的“旧世界”过渡到罗马人的“新世界”，再到“在我们这个世纪发现的另外一个世界”。[2]由此，他得出第一条规则：在做出判断之前，必须先从一般的观念当中超脱出来，因为事实是每个人一开始都把“不符合自己的习惯的事物”称为“野蛮”。而后，在这一章当中，他指出这两个词

1　蒙田：《论食人部落》，载《随笔录》（Montaigne, “Des Cannibales” , *Essais*, Paris, Garnier, 1962, I, XXXI, p. 230）。

2　同上，第231页。

的不稳定状态，遇有机会，最“文明”的人也会表现出最“野蛮”的行为；蒙田用众所周知的那句略带不耐烦的嘲讽：“可是那又怎么样呢，他们（野蛮人）又不穿短裤！”结束了论述，我们后面会再谈到这一点的。

从前的时光

在希腊历史学家们的心目中，有那么一段时光，人们还不时兴将希腊人和蛮族人区分开来。修昔底德在《考古学》(*Archéologie*)中恰如其分地指出，在荷马描述生活在伯罗奔尼撒半岛的人和特洛伊人斗争的史诗当中，实际上还没有这样的划分：“他（荷马）也没有提到过蛮族人，因为我认为，希腊人还没有用一个与自己对立的唯一的名称来指这些人，并与之分别开来。”[1] 可以说，荷马用到的唯一的“蛮族人”是指卡里亚人（Cariens），说他们是“野蛮的人”(barbarophones)。[2] 这里使用的这个形容词显然不是褒义的，卡里亚人虽然“讲蛮人话”(parler barbare)，但他们显然不是蛮人（Barbares），他们并没有野蛮人的性质。

修昔底德说，没有希腊人，就没有蛮族人，但是没有蛮族人，也就没有希腊人。这是一个逻辑的假设。然而，还是有过一段时光，开始时的一段时光，希腊人，或者更准确地说是未来的希腊人，是属于蛮族人的势力范围的。首先是雅典人。的确，雅典人开始时属于裴拉斯哥（Pélasges）民族。但是，希罗多德“推测”说，裴拉斯哥族人是“蛮族人”，讲“蛮人话”。[3] 以至于，“雅典人在变成（metabolê）

1 修昔底德，I，3，3。

2 《伊利亚特》，II，867。先是斯特拉波（Strabon）和一些评注者注意到这种说法，后来现代人也注意到这一点。这些“野蛮的”卡里亚人就是“蛮族人”吗？卡里亚人讲蛮人话，还是只不过就是“说起话来有点蛮”呢？从词源来看，“蛮（族）人”（barbare）一词是两个音节的重复（barbar），是象声词，本来是指有表达困难的人、有发音困难的人、口吃的人、讲话不流畅的人。

3 希罗多德，I，57。

希腊人的同时，不得不学习一种新的语言”。赫卡泰奥斯[1]认为，其实事情还要更加清楚：伯罗奔尼撒半岛，实际上是整个希腊，从前都是蛮族人生活的地盘。[2]因此，希腊文化是人们通过学习后天习得的，至少在开始时是这样，当时在民族、空间和习俗之间的分别，从某种意义上说，还处在萌芽的状态。当时的文化还有很大的弹性，还处在十分不稳定的状态。那是互相借用、迁徙、来往的时代。这种从历史的角度来看待雅典的观念，与其他更具有神话色彩的观念不相兼容，但至少表明我们可以采用“希腊人”和“蛮族人”这两个范畴（当时这些范畴还没有被物化）来解释某些事物。我们可以把两个范畴设想成先后产生的：先是“蛮族人”，然后是希腊人。伯罗奔尼撒同样也提供了例证，说明是时间因素导致变化、进行干预的。根据希罗多德的分析，居住在伯罗奔尼撒半岛的七个民族当中，有两个民族是土著：阿卡迪亚人（Arcadiens）和西努利亚人（Cynuriens）。然而，西努利亚人具有双重特点：他们大概是唯一的土著爱奥尼亚人（Ioniehs），但是，“他们是因为阿戈斯人（Argiens）的统治和时间的因素而变成了多利安人（Doriens）的”。[3]

自信的希腊人

但是，这些时代似乎已经成为过去，尤其是蛮族人已经不可能再变成希腊人。希腊人变成了希腊人，经历了重要的成长过程，而仍然停留在野蛮状态的蛮族人“却从来没有显著地长大”。[4]修昔底德再一次快刀斩乱麻般地解决了这个问题。他以多种迹象为基础——比如从事海盗行为以及佩带武器，他得出结论：“古代希腊世界的生活方式

1　赫卡泰奥斯（Hécatée de Milet，约公元前 550—公元前 480），希腊历史和地理作家，与阿那克西曼德一起被认为是最早用地图表示希腊人心目中的世界的人。——译者注

2　赫卡泰奥斯：《希腊历史学家残篇》（Hécatée de Milet, *Fragments des historiens grecs*, éd. F. Jacoby, F. 119）。

3　希罗多德，VIII，73。

4　希罗多德，I，58。

与今天蛮族世界是类似的（homoiotropa）。”[1] 其生活方式是蛮族人的方式。后来希腊人，首先是雅典人，变成了完全的希腊人，而蛮族人却仍然是野蛮人。在这一点上，时间起到了分离、鉴别的作用。希腊文化从“野蛮”的背景中提升出来，似乎两种时间性，两种与时间的不同关系在某一个时刻接合在了一起，远在列维-斯特劳斯提出“热社会”和“冷社会”的范式之前，便对这种范式起到了验证的作用。“希腊人”本来是蛮族人，但是他们变成了希腊人。蛮族人（某些蛮族人）本来就是蛮族人，他们仍然停留在了蛮族人的状态。他们停留在了“冷”社会的状态，而希腊人则“变热了”，通过这种成长的能力而表现出希腊的特点。

当希罗多德开始写《历史》时，蛮族人的概念的确还在，与“希腊人”形成一对反义词：“图利伊的希罗多德（Hérodote de Thourioi）在这本书里阐述了自己的研究成果，以避免相隔时间长了，人们所做的事会从世人的记忆当中被抹掉；以避免蛮族人和希腊人所完成的、所实现的伟大而美好的英雄事迹被湮没；特别是希腊人和蛮族人争战的原因。”[2] 一方面是希腊人，另一方面是蛮族人，他们是在互相对立中定义自己的：他们似乎不用再向对方做更多的解释，每一方都知道，每一方都理解。但是，我们需要立即指出的是，他们双方都需要历史学家来记录下他们所完成的伟大事业，让人们记住这些事。他们是交战的双方，但是他们共同创造了人的历史。

公元前6世纪和公元前5世纪之间，“蛮族人”表示的是非希腊人的意思，与“希腊人”一起，形成了一个意义相反的、不对称的概念，将一个专用的词“希腊人”（Hellènes）和一个普遍词“蛮族人”（Barbaroi）联系在一起。显而易见的是，米提亚战争起到了催化剂的作用。围绕这种新的对立关系，相异性的状态在很长时间里得到了重

1　修昔底德，I，6，6。
2　希罗多德，I。

新安排和确定。一方面是希腊人，希腊人与其他的人面对面，与"所有"其他的人面对面，而所有其他的人只是由于不是希腊人，便被聚集在了一起。不言而喻的是，这种二元的，极其不对称的分类是由希腊人设想的，也是为了希腊人而设想的，只能由希腊人来操纵，而且只对他们才有实际的意义。等这种说法变成一个现成的概念之后，罗马人便很难从中找到自己的位置；但是在此之前，毫无疑问的是，米提亚战争使这种分类有了明确的意义，使反义词有了明确的所指对象，那就是波斯人。蛮族人指的就是波斯的国王，骄傲自大的专制者的化身。比如薛西斯[1]在失去理智的时候，便以为能够在赫勒斯滂海峡[2]安置障碍。[3]

另外，与波斯人的战争也使蛮族人有了领地：亚洲是其势力范围，蛮族人自称是这样，或者据说这是蛮族人自称的。欧洲和亚洲的对立形象地表现为两个互相敌视的姐妹，几乎完全与希腊人和蛮族人的对立叠加在一起。人们至少是以追述既往的方式，用这种新的观点来看待特洛伊战争的，让特洛伊人看起来像是亚洲人和蛮族人。[4]这也从另一个方面再次说明，在荷马的作品当中，这种状况（还）不存在。这种观点将持续很长时间，因为黑格尔仍然认为，希腊人的胜利"挽救了文明，使亚洲的原则失去了力量"！

"波斯人认为亚洲和居住在亚洲的民众都属于他们；他们认为欧洲和希腊的世界是另外一个国度（kechôristai）。"这句话不是波斯人说的，而是出自希罗多德的笔下，为的是让希腊的读者明白波斯人是如何看待世界的（根据希腊人和蛮族人之间的划分，希罗多德自认为这就是波斯人的世界观，或者这就应该是他们的世界观）；这句话很能

1　薛西斯，波斯国王，公元前 485—公元前 465 年在位。——译者注

2　赫勒斯滂海峡，也就是现在的恰纳卡莱海峡，又称达达尼尔海峡（Dardannelles Strait），连接马尔马拉海和爱琴海，属土耳其内海，也是亚洲和欧洲的分界线之一，是著名的土耳其海峡的一部分。——译者注

3　埃斯库罗斯：《波斯人》（Eschyle, *Les Perses*, 745–748）。这部悲剧于公元前 472 年上演，标志着蛮族人形象建立过程中一个重要阶段。

4　同上，180。

够说明问题。[1]在多年之后，我们在约翰·斯图亚特·穆勒[2]的作品当中，仍然可以看到对米提亚战争所代表的“重大事件”（Great Event）的回应，这是令人吃惊的，也是值得关注的。穆勒写道：“马拉松战役，即使作为英国的一个历史事件来看，也比哈斯丁战役更加重要。如果那天的结果不同，布列塔尼人（Bretons）和撒克逊人（Saxons）还会在树林中游荡呢！”[3]

米提亚战争，以及见证这场战争的不朽著作，也就是希罗多德的《历史》，划定了蛮族人的领地，提到“蛮族人”，指的其实就是最普通的波斯人，这一概念尤其表现出了一种政治的观点，将希腊人和蛮族人分别了开来。从希罗多德的作品中，我们可以明显地看出，“蛮族人”首先并不是，或者不一定是“野蛮人”（残酷的、没有人性的、放纵的人）的意思，而是说这种分别从根本上是“政治上”的划分：一边是了解什么是“城邦”（polis）的人，另一边则是不知道什么是“城邦”的人，他们生活在国王的统治之下——他们只能生活在国王的统治之下。希腊人是“政治人”，也就是自由人，而蛮族人则是“顺从国王”的人，是服从一个主子（despotes）的人。蛮族人脱离不了王权，或者不会长时间地脱离王权。比如，在说到埃及人时，说他们回归自由一段时间之后，最为急迫的事莫过于重新打造一些国王，因为“没有国王，他们一会儿也活不下去”。虽然埃及人在其他人中是最为古老的，学识最高，但是也被归在蛮族人之列。亚洲其他的民族也是这样，他们为反对亚述人的统治而斗争，震撼了“奴役”制度，而且“获得了自由”。他们在一段时间里是“自治”的，但是不久便为自己找了个新的“主子”，那就是迪奥克斯（Déiokès），原来是法官的迪奥克斯当了国王。

---

1 希罗多德，I，4。

2 约翰·斯图亚特·穆勒（John Stuart Mill，1806—1873），英国著名哲学家和经济学家，19世纪影响力很大的古典自由主义思想家。——译者注

3 约翰·斯图亚特·穆勒：《讨论与论述》（J. S. Mill, *Discussions and Dissertations*, II, 1859, p. 283）。

在蛮族人的世界和城邦之间，在国王和公民议会之间，还有僭主。僭主是希腊的权力象征，具有古代末期的特点，政治权利平等的城邦之所以建立起来，正是为了反对希腊的僭主。希罗多德的故事在国王和僭主之间编织出很多联系：独裁的权力，或者蛮族权力正是在这两种形象的交叉当中（两种形象当中都有互相借用的成分）表现出来的。国王是野蛮的，僭主就是国王，因此僭主就是"野蛮人"，或者是与蛮族人站在一边的。面对这个别处的世界，同时也是过去的世界，也是为了反对这个世界，政治权利平等的城邦矗立了起来。《历史》教导我们说，从今往后，在希腊人和其他人之间，新的界限首先是政治上的界限。但是，这一界限不仅把亚洲和欧洲分别开来，也穿过希腊，将希腊一分为二，从而让我们理解僭主统治时期的状况，理解政治权利平等的城邦是如何出现的。从今往后，城邦里已经没有僭主和国王的位置，公共空间也将他们排斥在外，他们成了从本义上所说的"非城邦人"（apolis），从某种意义上说，他们已经成了蛮族人，或者从更多的成分上倒向了"野蛮人"一边。

公元前479年，斯巴达的长老担心雅典人与波斯人达成协议。雅典人回答他们说，这是不可能的，当时提出的根据就是他们共同的希腊文化特点（grécité, to Hellênikon），他们把这种文化特点定义为"血缘相同，语言相同，神殿和祭品相同（koina），以及风俗相似（homotropa）"。[1] 这显然指的不是地域上的希腊，而是希腊的一系列文化特点，是拥有共同的城邦生活的希腊人的文化特点。

怀疑的时刻：概念的文化和去政治化的特点

伯罗奔尼撒战争（公元前431—公元前404）开启了一个危机和质疑的时代，也开启了一个封锁的时代。战争导致的苦难（科西拉内战的故事在这方面起到了象征性的作用）让人们意识到，城邦也是一场

1 希罗多德，VIII，144。

终究会散去的宴席。

公元前4世纪和公元前3世纪，虽然“希腊人”和“蛮族人”这一对反义词仍然用来对人进行分类，用来区别不同的人，但是这一对词的定义却在演变，政治意味在减弱，文化意味越来越强。希腊文化的特点明确地成为教育的事务（paideusis），有了专门的教师。正如伊索克拉底在公元前380年发表的对雅典的盛大颂歌中说的那样：“我们的城邦从思想和话语方面远远超过了其他人，这里的学生都变成了其他人的老师，人们提到希腊人的名称时所指的，不是人种（genos），而是人的智慧（dianoia），人们称之为‘希腊人’的，是那些能够受到和我们一样的教育的人，而不是具有和我们一样的体质（phusis）的人。”[1] 至少自从修昔底德以来，雅典便被人们说成是“希腊的学校”，而伊索克拉底则自认为是教师的祖师爷！所以这里的教师很多，他们的使命就是比别人更加“是希腊人”。但是，这样的话语所表明的，仍然是希腊化时代文化领域里的事务。希腊人和蛮族人之间的对立是僵化的，被人们当作政治口号来宣扬（征服蛮族的亚洲），只不过已经从内部变得衰败。更何况城邦对自己产生了怀疑，所以更多地倾向于面向过去，只是为了古代的价值而厚古。

当人们发现，当人们再一次发现或者注意到希腊的“智慧”（sophia）比其他的智慧更加年轻，或者希腊的智慧借鉴了其他更加古老的智慧时，人们会发现什么样的事情呢？莫米利亚诺一本书的书名“Alien Wisdom”法语的翻译很好，译成了“蛮族人的智慧”；从更加广泛的意义上说，希腊的知识分子阐述了“蛮族人的智慧”这一主题。希罗多德将南方和北方对立起来看，南方将古老和知识联系在一起（埃及），而北方则将年轻和无知联系在一起——斯基泰人阿那卡尔西斯是个杰出的例外。这种对立的体系很可能要被另一种体系所代替，而这另一种体系毫无例外地重视边远地区而不重视中心，重视原

1 伊索克拉底：《赞颂之辞》（Isocrate, *Panégyrique*, 50）。

始的生活方式而不重视“文明”。这就是犬儒学派对价值观进行的颠覆。第欧根尼提出了一个口号：“让生活回归野蛮”，其实他的意思是要驱逐隐藏在城邦中心的真正的蛮族人。他让人们不要重视音乐、几何学或者天文学，他觉得吃人肉也不是什么了不起的事。安提西尼[1]认为智者不应该学习读书识字。[2]

从智慧来说，从今往后，“中心”“中央”“现实”这些概念已经失去了其价值，而让位给古老的“简朴”和偏远地区的“纯洁”。古希腊的“七贤人”也许是知识的巡游者，不过他们来自“中心”。我们在与时间的关系当中，还观察到一种现象，那就是现实在贬值，神话时期（过去的或者未来的黄金时代）却在升值，善良的蛮族人或者古老的智者要么保留了这样的神话时代，要么知道如何重新找回这样的时代。希腊人对文明的怀疑当然不是在一天里产生的，而且对时间和空间的颠倒既不是突然之间发生的，也不是具有普遍性的事。这是一种大规模的、长期的文化运动。

因此，由于对背景的思考而得到的一些想法，与环境联系在一起的观察可以为我们提供另外一些论据。将奴隶制与亚洲联系在一起，亚里士多德重复思考了一个“主题”（topos），并且也遇到了与亚历山大同时代的人才有的忧虑。顺着同样的思路，人们顺理成章地认为是他向他的学生提供了一个建议，要把希腊人当朋友，把蛮族人当敌人：这与混合的政治完全相反，后来的普鲁塔克便因此而赞美过亚历山大。相反，公元前 3 世纪亚历山大的伟大学者埃拉托色尼[3]拒绝接受这种把人做二元划分的思想。他认为，应当保留的标准是“道德”（aretê）和“恶意”（kakia），因为，很多希腊人都是有“恶意”的，很多蛮族人也都是“文明”的（asteioi），他还尤其援引印度人、罗马人或者迦太

1　安提西尼（Antisthène，约公元前 444—公元前 365），希腊哲学家，被认为是犬儒派的鼻祖。——译者注

2　第欧根尼，VI，73，103（Diogène Laërce, VI, 73, 103）。

3　埃拉托色尼（Ératosthène，约公元前 276—公元前 194），公元前 3 世纪古希腊的星相学家、地理学家、哲学家和数学家。——译者注

基人为例证。[1]

希罗多德在将希腊人和蛮族人分成两边的同时，又重新定义了什么样的人才是“希腊人”（to Hellênikon）（相同的血统，相同的语言，共同的神庙和祭祀，类似的风俗习惯和服装），也就为希腊人提供了一种危机时代的身份。然后，确认希腊人比蛮族人更加优越，是为了证实希腊人在亚洲是被接受的，并且不会甘愿委身于“伟大国王”的统治，尤其是在伊索克拉底的心目当中。[2]后来，到了希腊化时期的君主政体时代，亚历山大又提出“成为希腊人”（to Hellênikon）的说法，说那是人所共有的文化遗产。

阿那卡尔西斯的案例

斯基泰人阿那卡尔西斯的运气在于，他被人认为是一个“双料”的圣贤：从古人的意义上说的圣贤（是个像“七圣贤”那样的人，这使他一下子便与古圣贤站在了一起，虽然他的“民族”是斯基泰），也是从新的意义上说的圣贤，恰恰因为他是斯基泰人，是边远疆域的人，他代表了简朴的、自然的生活。这种圣贤之智不是来自学问，完全与书籍无关，可以来自北方。犬儒学派的人刻画并传播了这个善良的蛮族人阿那卡尔西斯的形象。在这一形象当中，斯基泰人被说成是自然而然地实行犬儒派的生活方式的人，他们的服饰、饮食简朴，行为和语言自由。阿那卡尔西斯向雅典人“写信”说，斯基泰人在表达事物时，不用迂回的句子。在与梭伦对话时，他批驳了希腊人比蛮族人更有“智慧”的观念。希腊人要转变，要“变成蛮族人”，而蛮族人则只要坚持他们自己的行为，便可以成为别人模仿的榜样。阿那卡尔西斯是得到准许的原始生活的代言人，自然而然地成了第欧根尼，只是不那么粗鲁，不那么具有挑衅的意味。第欧根尼需要变成第欧根

1 斯特拉波，I，4，9（Strabon, I, 4, 9）。
2 伊索克拉底：《致腓力书》（Isocrate, *Philippe*, 132）。

尼，而阿那卡尔西斯只要做他自己就行，一个要通过苦修来抛弃虚伪的文明，而另一个只要维持其局外人的眼光。但是，他是内部的局外人。很久以来，他便已经跨过了梭伦之宅的门槛，所以最适合扮演雅典的波斯人这个角色。“正如他认为我们的习俗奇怪一样，有时候，他也觉得我们的教条当中有一些东西很奇特，因为他不知道这些东西，他解释不清楚这些东西，对这些事物之间的联系，对于是什么样的链条将这些事物联结在一起，他毫无所知。”[1] 在后世漫长的传统当中，人们将模仿这种反向的异国情调产生的效果。

外国人，蛮族人，甚至于还不仅仅如此，当希腊的旅行者走近偏远的疆域，到了世界的边缘（oikoumène）的时候，他们不会不描述一些奇怪的民族，有令人赞佩的圣贤，也有可怕的、介于人与非人之间的野人，除此之外，还有一些奇怪的，简直像怪物一般的人。而这也只是简单列举了一下希腊人主要的“异源”范畴而已。而且这些范畴并不是一成不变的：应当把这些范畴看成一些重要的标志点（在这些标志点之间是有循环的），是一些思想的标志符号，有了这些标志符号，希腊人在说别人的时候，才可以思考自己、探询自己、确定自己，让自己承担美好的角色，占有最好的位置，甚至怀疑自己，但是这一切都是在自己的掌控之下进行的。

我们是如何定义自己的，更加准确地说，我们的“智慧”是什么？我们的“智慧”来自哪里？很久以来，智慧便是我们特有的东西，但是，我们却打造了无数故事，在故事里说智慧在别处。尤其是在埃及。我们所特有的东西怎么能是来自别处的呢？希腊人用希腊文写过很多话，说他们的“智慧”，尤其是他们的哲学来源自蛮族人；有时候是用纯粹肯定的语气，至少也是用疑问的口气说的；我们该如何理解这些话呢？基督教的卫道士后来也对这些说法做出了回应，用自己

1　孟德斯鸠：《波斯人书简》（Montesquieu, *Apologie des Lettres persanes*, in *Œuvres complètes, I*, Paris, Gallimard, “Bibliothèque de la Pléiade”, 1949, p. 374）。

的话表达了同样的想法。说“希腊人是小偷”的，表达的就是这个意思。比如，亚历山大的克莱门特[1]在文化上是希腊人，但是又“承担着蛮族人的使命”；他在公元2世纪中叶便声称，“蛮族人的哲学”具有优势，也就是说，希伯来人的智慧具有冠盖一切的优越性。他还提醒说，琐罗亚斯德“和毕达哥拉斯是竞争者”，说希腊人是后来才知道了哲学的，说阿那卡尔西斯虽然是斯基泰人，却被认为比很多希腊的哲学家更高明。[2]

以至于第欧根尼·拉尔修（Diogène Laërce）在公元3世纪初的《著名哲学家传记》（*Vies des philosophes illustres*）一开篇便提出了一个问题，又似乎在整部作品都对这个问题进行了批驳：“有些人说，哲学研究始于蛮族人。”接着列举了一系列可能的先驱者和公认的智慧圣地：波斯的祭司、巴比伦的迦勒底人（Chaldéens）、印度的修行僧侣、高卢的德洛伊教祭司……但是，作者又立刻以纯粹驳斥的方式，否定了这种说法：“他们忘记了，希腊人的功劳就在于，他们不仅是哲学的源头，也是整个人类的源头，只不过他们把这功劳归在了蛮族人身上。”因此，“哲学起源于希腊，单从‘哲学’这个词来看，也不能说它是一个蛮族人的名称”。[3]这是根本没有办法翻译的。极而言之，只有希腊文，正如后来的德文（因为德国人没有希腊文）才是哲学的语言！克莱门特用神学家的语言，也承认这一点，因为他写道，哲学赋予希腊人的，“就像是他们特有的联盟一样”，正好比法律赋予犹太人的一样（直到“耶稣再临人间”）！

罗马人的问题

我们该再次回到在开始时说过的话，也就是伊庇鲁斯（Épire）的

1　亚历山大的克莱门特（Clément d’Alexandrie，150—220），教会的神父，希腊基督教文人、哲学家，致力于协调希腊思想和基督教的思想。他的哲学作品不少，但流传下来的不多。——译者注

2　亚历山大的克莱门特：《名人传》（Clément d’Alexandrie, *Stromates*, I, 15, 69-70）。

3　第欧根尼·拉尔修，I，1，4。

国王面对罗马军团时感到的惊讶。这一场景是蒙田从普鲁塔克的书中直接引用的。“当皮洛斯看到罗马人的阵势，看到他们的哨所，看到他们井然的秩序以及军营的布置时，他感到佩服极了，向身边离他最近的一个朋友说：‘麦伽克莱斯（Mégaclès），你瞧，野蛮人的阵势可一点儿也不野蛮，不过咱们走着瞧吧。’”[1]的确，希腊人没有等多久便看到了结果！

罗马人引起的结果，也就是说，罗马人的军团取得的胜利带来的结果就是，用希腊人和蛮族人的划分来指称全体人类的做法再也站不住脚了。在与波斯人的战争之后，这种划分成了希腊身份的定义，世人也不得不接受了这种定义。随着罗马人的征服，人们不可避免地提出了问题，对这种划分提出了质疑。该把罗马人放在何种位置上？要在希腊人、蛮族人和作为第三者的罗马人之间进行区分吗？或者仍然保留对立的双方，而将罗马人“放到”希腊人一边呢？这最后一种办法得到了某些罗马知识分子的青睐——至少在一段时间里是这样——当然也受到了某些希腊人的欢迎。罗马人显然不是蛮族人，但是，作为“第三方”的罗马人也是不存在的，因为一开始，未来的罗马人事实上已经是希腊人。这是系谱的来龙去脉的问题。赫利·卡尔拿塞在《古罗马文化》（*Antiquités romaines*）中，把这一点作为一个重要论断。同时，维吉尔曾颂扬说，罗马的始祖是特洛伊人；但这与罗马人本来就是希腊人的说法有违，并从“一开始”便把罗马人视为第三者。更何况我们不能忘记的是，荷马认为，特洛伊人根本不是蛮族人，因为，正如修昔底德指出的那样，当时还没有希腊人和蛮族人之间的划分。罗马人虽然不算希腊人，但他们也不是蛮族人：他们来自以前的时代，是为原来被战胜的人复仇来的。

普鲁塔克为希腊人巧妙地重新提起“罗马人的问题”，同时将问题固化在一个强有力的形象当中，那就是希腊的君主皮洛斯和罗马军

1　普鲁塔克：《皮洛斯》（*Pyrrhus,* 16, 6-7），《弗拉米尼努斯》（*Flamininus*，5，6）。

团的相遇。对普鲁塔克的作品，蒙田是个用心的、有创造性的读者；他接过这一形象，又把这一形象放在新世界的舞台上，以让新世界思考关于蛮族人的问题。同时也挫败了偏见的力量。普鲁塔克的回答具有双重的意义：他无可辩驳地为希腊人的身份辩护，同时也将希腊人和罗马人系统地摆在并列的地位上。然而，事实是，将希腊人和罗马人摆在并列的地位上，也就意味着认为希腊人和罗马人之间的“问题”已经解决了。因为，在系统地将一个希腊的名人和一个罗马的名人并列在一起叙述他们的传记中，两个可以比拟的人，价值相同，性质相仿，服从相同的规律，这也就将从前的希腊人和缔造了罗马的光荣的人摆在了相同的层次上，放在了相同的阵营当中。再也不分希腊人、蛮族人和作为第三者的罗马人，而是只有希腊人和罗马人，他们也是人和公民，他们都是同一个帝国的公民，为今天的人们提供了一种值得模仿的行为模式，一种值得分享的伟大记忆（希腊罗马的记忆）。被战胜的人在战胜者的帝国中，也有他们的位置。

罗马的作用

罗马人的地位问题一旦得到解决之后，他们用一对新的概念——“罗马人”与“野蛮人”——代替了“希腊人”与“蛮族人”这一对概念吗？没有，首先，因为原来的划分依然存在（希腊文的整个文学都充斥着这种划分，而且也都浸润在这样的划分当中，我们刚刚也看到希腊和罗马的知识分子是如何致力于使这种观念进入“再循环”的）。尤其是，罗马人根据维吉尔的名言“罗马人，该你回来主持帝国了”（tu regere imperio populos memento），完全地掌控了蛮族人的范畴，用在他们自己的世界观当中。因为，如果说希罗多德认为，希腊人将对蛮族人的定义政治化了，那么罗马人使这一定义成了帝国的基础。一边是“罗马的民众”（populus romanus），他们是“自由”（libertas）的参与者，是“帝国”（imperium）的主持者，另一边是蛮族人。事实上，他们将在很长时间里，在西方将蛮族人的形象与帝国的概念联系在一起。蛮族人被排斥在帝国的边缘，对他们要进行监视，对他们的威胁要进行掌控，他们是必须击退的侵略者，最后，他们会危及罗马本应得到的永恒。蛮族人和边界（limes）形成了一个共同体，让后世越来越感到担忧。我们知道西哥特国王阿拉里克[1]于410年洗劫罗马的行为，让人们目瞪口呆。基督教徒被指责应对罗马的不幸承担责任，为了替他们辩护，奥古斯丁开始撰写《上帝之城》，并委托奥罗西撰写《与异教徒斗争的历史》（*Histoire contre les païens*）。

在《对罗马帝国在西方灭亡的一般性观察》当中，爱德华·吉本[2]仍然响应的一种观点是，帝国在灭亡之前已经由于内部的瓦解而衰落，最后因蛮族的入侵而沦陷。他在这部伟大的历史作品的最后一章总结道："我描写了蛮族和宗教的胜利。"[3]在此，宗教与我们无关，我们先把它放在一边，只关注"蛮族的行为"。吉本当时想到，"如果野蛮的征服者从鞑靼的荒漠中出来"，18世纪的欧洲会不会发生同样的事情？他认为不会。这是启蒙时代的人给予的回答，启蒙时期的人对文明的脆弱性是敏感的，但同时也相信欧洲实现的进步，根据"艺术、法律和习俗的体系"来看，欧洲的人们"已经达到了差不多相同的文化和完善程度"。"即使假设胜利的蛮族人将奴役和蹂躏一直推行到大西洋，1万条战船也会让劫后余生的文明社会免遭他们的破坏，欧洲也会在美洲获得再生并繁荣起来，欧洲通过在美洲建立的很多殖民地，已经把它的机制传了过去。"[4]

1　西哥特国王阿拉里克（Goths d'Alaric，395—410在位），西哥特人首领，曾在罗马帝国的军队中服役。一般认为他是西哥特王国的缔造者。他于397年占领亚得里亚海东岸的伊利里亚，迫使东罗马皇帝阿卡迪乌斯任命他为该地总督。此后曾五次攻入意大利。其中401年、403年两次进攻均为西罗马统帅斯提里科所败；408年、409年两次围攻罗马，取得赎金后退兵；410年第三次围攻罗马，在城内奴隶配合下于8月24日攻陷该城。在城内劫掠三天后率军南下，企图渡海前往西西里和北非，因遇风暴未成。回军途中病逝。——译者注

2　爱德华·吉本（Edward Gibbon，1737—1794），近代英国杰出的历史学家，影响深远的史学名著《罗马帝国衰亡史》一书的作者，18世纪欧洲启蒙时代史学的卓越代表。——译者注

3　爱德华·吉本：《罗马帝国衰亡史》（Edward Gibbon, *Histoire du déclin et de la chute de l'Empire romain*, trad. française, Paris, Bobert Laffont, 1983, II, LXXXI, p. 1162）。

4　爱德华·吉本：《对罗马帝国在西方灭亡的一般性观察》，载前文所引《罗马帝国衰亡史》，I，第1157、1159页。

我们已经注意到，吉本对野蛮（Sauvage）和蛮族（Barbare）是不做区别的，而启蒙时代的思考渐渐对两者做了区分，并在时间轴上进行了排列。先是野蛮人，然后是蛮族。进化论不久便将野蛮人当成原始人，而且认为原始人与长毛猛犸象是同时代的。当然，原始人是在时间之内的（不像自然人一样处在时间之外），不过原始人的时间对我们来说早就过时了。原始人是活着的过时的事物，或者是还在呼吸的老古董：它位于时间的某个时点上，被抛弃在远处，让我们知道我们的起源。比如爱德华·泰勒[1]就认为，在与最后的塔斯曼人（Tasmans）相遇之后，“旧石器时代的人便不再是哲学上的推论，而是变成了可以触摸的现实”。[2]的确，人种学的创始人制定了一个一般性的框架，并确定了人类在发展过程中的一些阶段：野蛮人，蛮族人，文明人。路易斯·摩尔根[3]在1877年发表的《古代社会》（*Ancient Society*）当中，将社会发展的阶段划分得更细。野蛮社会阶段又分成低级、中级和高级三个阶段；蛮族阶段也是一样；最后的文明状态分成古代文明和现代文明。18世纪中叶，1751年的《百科全书》（*Encyclopédie*）还在两种称呼之间犹豫不决。“野蛮人”（Sauvage）指的是“蛮族人，他们没有法律，没有警察，没有宗教”。但是，《百科全书》又补充说，“野蛮人”是“一些人数很少、分散居住的民族，他们不愿意集中在一起生活”，在这些人当中，“天然的自由和气候”占主导地位，而“蛮族人（Barbares）常常聚集在一起生活”。[4]这一定义几乎是原文照抄了16世纪流行的定义，当时之所以这样说，是为了形容新世界的野蛮人，

1　爱德华·泰勒（Edward Tylor，1832—1917），英国文化人类学的奠基人、古典进化论的主要代表人物。——译者注

2　见于斯托金在《维多利亚时代人类学》所引述爱德华·泰勒的话（Edward Tylor, cité par G. W. Stocking Jr in *Victorian Anthropology*, Londres, Free Press, 1987, p. 283）。

3　路易斯·摩尔根（Lewis Morgan，1818—1881）是美国著名的民族学家、人类学家，从家乡的易洛魁人开始，推而广之，深入研究了原始社会人类的社会制度、姻亲制度、氏族制度，认为氏族是原始社会的基本细胞，继而提出原始的母权制氏族是一切文明民族的父权制氏族以前的阶段。——译者注

4　弗朗索瓦·傅勒：《吉本的文明和蛮族》，载《历史研讨会论文集》（François Furet, “Civilisation et barbarie selon Gibbon”, *L’Atelier de l’histoire*, Paris, Flammarion, 1982, p. 191-192）。

为了说明让他们皈依、让他们成为奴隶的根据，因为他们“没有信仰，没有法律，没有国王”。古本的历史终结于1453年君士坦丁堡被攻陷，所以与这些新的问题没有关系。他可以是一个简单的罗马人，只从帝国和文明的角度思考。

野蛮人，蛮族人，文明人

在这一短暂回顾的最后，让我们再回到蒙田，看他是如何解读普鲁塔克的。我们要注意他是如何利用古代蛮族人的范畴，以便一方面拉近与野蛮人的关系，另一方面也对文明人进行探索的。生活在同时代的何塞·德·阿科斯塔也使用了这一范畴，但是，正如我们注意到的，他的用法具有很大的不同。[1]那是在1580年。野蛮社会最令人感到气愤的关键特点是同类相食；为了在不知不觉当中走近这种同类相食的时代，蒙田先从古人（Anciens）出发。在《食人者》一章当中，他先指出，希腊人带着极大的仁慈之心使用的“蛮族人”一词，指的其实并不是其本来意义上的东西：“大家都把与自己的习俗不一样的人称之为蛮族。”[2]然后，他轻而易举地摆脱了一个问题，也就是这个最近发现的世界算不算是一个新世界。应该算是新的，因为柏拉图说的亚特兰蒂斯（Atlantide），以及伪称是亚里士多德的作品中所说的大岛，都与“我们的新的土地”没有联系。[3]由此，他开始论述从自然的角度来看什么是野蛮（sauvagerie）。“野果”是天然的果实。所有人为蓄养或者种植的东西，都立刻被以否定的方式冠之以人工的、杂交的、符合我们的腐化口味的产品。以至于一些印第安民族之所以被称之为

1　详见前文第35页。

2　蒙田：《食人者》（Montaigne, “Des cannibales”, *op. cit.* p. 234），详见前文所引作品《论食人部落》，第234页。米歇尔·德·塞尔托：《另一个蒙田的意义：“食人者”》，载奥伦德尔主编的《种族主义的神话与科学》（M. De certeau, “Le lieu de l'autre Montaigne *Des cannibales*” in M. Olender [dir.], *Le Racisme mythes et science*, Bruxelle, Complexe, 1981, p. 187–200）。弗朗克·特兰岗勒：《胡格诺派和野蛮人》（Frank Lestringant, *Le Huguenot et le Sauvage*, Paris, Klincksieck, 1990, p. 133–143）。

3　皮埃尔·维达尔–纳凯：《亚特兰蒂斯》（Pierre Vidal-Naquet, *L'Atlantide*, Paris, Les Belles Lettres, 2005, p. 70–72）。

“蛮族”，是因为他们“仍然非常接近原始的天真”。[1] 况且——他再一次回看古人——非常遗憾的是，吕库古和柏拉图都不曾认识过这些人，也没有想象过如此简朴的天真会是何种情形，所以不管是吕库古的法律，还是柏拉图的共和，都离这种完美十分遥远。

紧接着，蒙田描述了他们的生活方式，那是一种简朴、友好、高尚的生活。蒙田甚至引述了一首爱情歌曲的前两句，认为那“就是安纳克里昂的风格”！最后发生了战争，战争是男人的主业，当然还有打猎。但是他们的战争永远不是征服的战争。占主导地位的，是英勇，在战斗中的英勇，以及战后的英勇——如果战士被俘的话。正因为如此，处死囚犯，食其肉、饮其血才有意义。场景是以中性的笔触描写的，强调了囚犯的勇敢，直到最后一刻。紧接着又进行了解释，说他们之所以这样做，并不纯粹是食物的问题，而是为了报复。[2] 蒙田并没有对这种“野蛮的荣誉感”提出异议，但对 16 世纪欧洲征服者的所作所为，甚至在我们这里，“更糟糕的是邻居和公民之间以怜悯和宗教的借口干的那些事”，他也不想让人们视而不见。他甚至有一回援引斯多葛派的创始人克吕西波（Chrysippe）和芝诺（Zénon）[3] 的话，以证明吃人肉也不是什么罪恶，包括在迫不得已的时候吃人肉。这时候可以得出结论了，不是这一章的结论，而是关于食人者的结论。我们的确可以称他们为蛮族人，但这是从理性的规则来看，而不是“从我们来看，我们的各种野蛮行径远远超过了他们”。[4]

这一关于蛮族和蛮族人的思考为最后的俏皮话做好了准备。“可是那又怎么样呢，他们又不穿短裤！”问题不再是他们吃人，而是野人的赤身裸体。蒙田是古人中的古人，在他的书架上，这些古人是他

---

1 蒙田：《食人者》（Montaigne, “Des cannibales”, *op. cit.* p. 235）。

2 同上，第 238 页。

3 克吕西波（约公元前 280—公元前 206），斯多葛派排名第二的创始人，公元前 206 年自己给自己讲了个笑话，大笑不止，因此气绝而亡。芝诺是斯多葛派排名第一的创始人，据说在世 72 年。——译者注

4 蒙田：《论食人部落》，第 240 页。亦可参见德尼·克鲁泽《关于 16 世纪蛮族人的概念》一文，载《15 世纪和 16 世纪欧洲的意识》（Denis Crouzet, “Sur le concept de barbarie au XVIe siècle”, *La Conscience européenne au XVe et au XVIe siècle*, Paris, Collection de l'École normale supérieure de jeunes filles, 22, 1982, p. 103–126）。

最亲近的人，在他的《随笔集》当中，每走一步，在每个句子当中，他都会召唤他们，都会求助于他们：他们是他日常时时刻刻面对的人。然而，他也知道如何在三个被禁止流通的词之间游刃有余，写出自己的文章。他借用古人（Ancien）一词走向野蛮人（Sauvage），由此得出的结果，不是将“野蛮人”系统地“化简”，而是承认古人有一个值得我们认识的共同特点。古人和野蛮人的“同盟”会让我们对我们自己提出质疑，而现代人和文明人的表现，则说明他们才是野蛮行径的专家，他们鼓吹自己通过武力取得胜利，但他们的胜利不是靠诚实取得的，而是靠欺骗。《食人者》这一章是一幅画卷，不是时代的画卷，而是道德的画卷，通过这一画卷，作者意在表明，最野蛮的人，其实并不是我们以为的那些人。

在《随笔集》第三卷的《旅行马车》一章当中，蒙田再一次回到这个新世界，并指出，谁也不能保证这就是最后一个新世界，因为在此之前，没有人知道这个世界的存在。这一次，新颖与童年联系在了一起：他“还是一个襁褓中的赤子”。[1]这种形象被殖民者用过，而且用滥了，殖民者也从理论上、从神学角度阐述过，但是这是第一种从时间上表达我们与野蛮人之间的距离的方式。他们与我们是同时代的人，不过我们与他们的关系就像成年人与儿童一样：各有各的地位。只要看到一个印第安人，不管他是老是少，我便可以肯定地认为，那是一个孩子。本来不是同时存在的事物，这样一来便同时存在了，而且事实上也否认了我和印第安人是同时代的人。

不过，蒙田不会贪图这种短视的立场以求一时的心安，而是抓住征服新世界这件事不放，并揭露其罪行。事实上，西班牙人的贪婪完全导致这个世界的“衰落和破败”。我们再也无法得知这个世界本来会变成什么样。就算那本来是一个“处在儿童时期的世界”，可是作为教育者，我们完全失败了。事实上，我们只是利用了他们的“无

1　蒙田：《旅行马车》，详见前文所引《随笔集》，第三卷第四部分第 341 页。

知”，利用了他们的“缺乏经验”，而各种事实都一致证明：“与我们相比，他们天生的聪明智慧毫不逊色，他们和我们一样知深浅、懂分寸。”[1] 儿童总是意味着与天性的相近。况且在教育方面，我们感到很遗憾的是，他们不是被亚历山大征服的，或者不是在“古希腊人或者古罗马人时期”被征服的，因为古希腊人或者古罗马人会让他们心灵当中最好的东西发挥出来，他们的心灵像一张白纸一样，他们渴望学习，他们当中的大多数人都有着如此美好的人之初。[2] 蒙田的目的当然不是了解 15 个或者 20 个世纪之前，这些印第安人的社会是什么样：他们被征服时什么样，亚历山大来到他们身边时会是什么样。正因为我们的存在，他们今天不会再是本应该是的样子了。蒙田做了一种双重的推理。当他看到那些处在童年时期的民族组成时——这组成是有远大前途的——他将组成颠倒过来，以突出儿童和自然的亲近。这样一来，他第一次制止了对野蛮人的时序划分。他从古人关于“蛮族人”的范畴出发，将野蛮人的概念做相对化的处理，反过来用野蛮人的范畴指那些自诩为文明的人。[3] 经过在旧世界和新世界之间的这第一次游历，“野蛮人”的概念变得更加丰富了，变得不一样了，可以在孕育变革的现代欧洲的知识和政治舞台上扮演新的角色。

1　蒙田：《论食人部落》，第 343 页。

2　同上，第 344 页。

3　详见前文第 35 页何塞·德·阿科斯塔对这个范畴的使用。从更加宽泛的意义上考虑，参见让-弗雷德里克·绍布的文章《我们这些野蛮人：欧洲的扩张以及内部弱点的发现》(Jean-Frédéric Schaub, “Nous les Barbares, Expansion européenne et découverte de la fragilité intérieure”)，载帕特里克·布舍龙编：《十五世纪世界史》,(*Histoire du monde au XV*^{e}, sous la direction de Patrick Boucheron, Paris, Fayard, 2009, p. 814–829)。

第四章

出发去希腊

从德国出发：保罗・利科论德国哲学

保罗・利科以其特有的清晰和犀利，为我们提供了一条线索，以引导我们厘清德国“受到康德教育”的思想家对古希腊哲学的记忆。古希腊的思想是以何种方式，以何种途径被接受的呢？因为这种记忆既“根本就是无法忘记的”，又是“令人感到掣肘的”。[1]

从他总体的论证当中，我想提出下面一点：他随意重述了尼采说的三种历史类型（古迹的历史、考古的历史和批判的历史），同时特别关注每种历史的时间观念。因为实际上，三种历史表明的是三种“与过去建立关系的模式”。他明确指出，更加准确地说，批判的历史“并不是对古迹的历史和考古的历史的补充，而是旨在发现这两种历史的动力”，也就是说，“以不同的方式面向未来的期待”规定了各种历史的结构。

古迹的历史基于对伟大的连续性的信仰，古典希腊就属于这样的历史。其中伴随着幻想的成分，这是不可避免的，因为“复兴（Wiederholung）是不自知的”。利科举了文艺复兴的例子，文艺复兴时人们以为这是再一次经历古典希腊，是重新思考——按照完全一样的方

1　保罗・利科：《走向古希腊：从怀念到哀悼》（“Vers la Grèce antique. De la nostalgie au deuil”）。这是保罗・利科未曾发表过的一个报告会讲稿，后来发表在《精神》杂志（*Esprit*）上（2013.11, p. 22–41）。本文是在报告会之后发表的（第 42 页至 50 页）。

式——古典希腊。相反，他提示说，考古的历史是将“崇敬的距离”放在我们与过去之间，也许是为了寻求“识破重复的秘密”。应用在希腊身上，这一变化可以让我们看到从古典移向古代的那一时刻，从苏格拉底移向前苏格拉底思想家的那一时刻。这是保罗·利科那场报告会的关键内容之一：向古代的回溯表现出一种与时间的不同关系。事实上，古代希腊的出现所标志的，不是对时间的在先性的征服，而是古典的观念被“拉下了神坛”。古代的事物让我们“脱离日常事物的框架”：利科还说，当我们面对一首巴门尼德的诗篇，或者是赫拉克利特的作品残篇时，古代的事物首先会对我们造成一种“冲击”。继而，通过脱离日常事物的框架，让我们产生一种第二位的熟悉感，堪比普鲁斯特穿越时间所引发的家常之感。

古代的事物使我们意识到，在从前和现在之间存在着一种以前没有发现的关系，因为“古典事物的效果及其稳固的持续时间”将我们和古代的事物分别了开来。正因为如此，希腊才进入了一种“时间之外的状态”（希腊并不是唯一因为寻找理想而受到触动的）。在这样的状态当中，古代的遗迹已经不再是我们想赶超的东西，只是一些我们需要破解、需要思考的蛛丝马迹。我们必须恢复与古希腊最早的思想家之间的对话。说到这里，利科又增加了这种恰当的说法。从今往后，古代思想家之所以值得我们崇敬，“不是因为逻各斯还太年幼而弱小，而是因为高度成熟的逻各斯还保留着对‘秘索思’的记忆”。在尼采之后，厚古的狂热信徒们坚称，一定要让人们理解这一点，以对抗现代化思想对人的控制，现代化的思想只想看到“逻各斯”和“秘索思”之间的关系完全断裂，哪怕在最好的情况下，也只是把“秘索思”看成童年时期的思想。如果说古典希腊回应了现实的某种要求，那也只是通过古迹（从最广泛的意义上说的古代遗迹）向人们提供了某种稳定的教育。利科说，对古代希腊的选择和对现实的意识是同时发生的，而现实的特点是：我们都知道现实是不稳定的，我们都知道理解是有限的。

论述的第二个重点是与希腊的关系，利科用他称之为的两种“声调”或者说两种“情绪”，阐释了这一关系，划出了这一关系的范围；这两种声调或者情绪是“怀念”和“哀悼”。这两种情绪都是出现在“古迹的历史和考古的历史的转折点上，当希腊的伟大开始失去其连续性，而古代的事物还没有出现的时候”。从“怀念”到“哀悼”的艰难之路（从弗洛伊德提出的意义上来说），就是从德国的理想主义萌生，到黑格尔走过的路。创始人，也就是开辟这条道路的人，事实上是温克尔曼，他不断地想去希腊，却永远无法超越罗马。[1] 温克尔曼来自北方的威尼斯——德累斯顿；对他来说，“怀念”的情绪充满心中，而“哀悼”的情绪则完全是荒唐的。从“怀念”转向“哀悼”是随着黑格尔的出现才完成的，他与希腊告别（同时“赋予希腊一种高尚的，但在西方的意识中是附属的地位”），不过，这个希腊“仍然是，永远是”古典的希腊。因此，利科认为，由此才出现了对古典希腊的最终思考，古代的事物才得以再一次大量涌现。为了开辟走向古代希腊的道路，必须“将怀念升华为哀悼”。对古典希腊的哀悼是前提，这种哀悼使得另一个希腊的出现成为可能，这另一个希腊既近又远，是“失而复得的古代希腊”。人们本不应该忘记的古代希腊，我们必须与这个希腊重新建立联系。

通过随意地重述尼采对历史的分类，利科恰到好处地关注了与时间的关系；如果我们把他的关注略微向前推动一下，我们可以认为，“古典希腊”完全属于“历史是生活之师”的伟大模式，也就是古代历史性体制的模式，按照这种模式，智慧来自过去。人们的行为遵循的是楷模的行为模式，人们所建立的，是并行的模式，各种关系是通过模仿来规范的。普鲁塔克是这种行为模式的第一个创建者，一直到现代很晚的时候，他仍然是这种行为模式的一个重要标志。但是，从 18 世纪末期到 19 世纪中叶之间，当“历史是生活之师”的宗旨瓦

1　详见前文所引弗朗索瓦·阿赫托戈的《古代人，现代人，野蛮人》，第 97 页到 124 页。

解之后，当未来成为主流的范畴，现代历史性的体制初露端倪时，古典希腊并没有因此而消失在地平线上，尤其是在德国并没有消失。但是，人们认为“怀念”，后又认为“哀悼”可以成为一种方式，可以与这种生死攸关的面对面重新联系起来，而且必须重新定义什么叫“模仿”（mimesis）。古人做过的事，我们不能再做，但是我们必须学习“像他们那样”做事。实际上，这种运动与思考和希腊人的关系是相同的，也是除了哲学之外，在德国摆在首位的王牌学科语文学所走的路。

1777 年 4 月里的一天，弗雷德里希·奥古斯特·沃尔夫作为“语文学学生”被录取；从这一天开始，一直到乌尔里希·冯·维拉莫维茨提出对语文学和 19 世纪末期学校的思考意见，德国在这一个多世纪的时间里，在研究与古人的关系的过程中，是一个特别重要的时期。在这场运动的一些伟大创始者（温克尔曼、伍尔夫、洪堡）的作品当中，我们注意到有一种明显的复兴的姿态，但是不无偏颇之处。虽然这种姿态有论战的成分，但是主要还是针对法国的。的确，法国文化从根本上被认为是古罗马文化，是对拉丁文化的模仿，是对帝国的继承。要想把模仿的过程重走一遍，我们需要提醒的是，罗马人模仿了古希腊的文化，而且是在模仿希腊人的同时，才成为真正的罗马人的，这样一来，我们就可以更好地理解，为什么温克尔曼向同胞提出要“直接”模仿古希腊人。只有直接到希腊艺术的源泉去“汲取”，他们才能打断模仿和翻译研究的循环，避免成为只会模仿的猴子（les singes d’Arlequins），想办法成为完全的自己，也就是说，成为希腊人或者真正的德国人。

根本的问题，是如何“教化”的问题；洪堡通过“人文学科中学”，热情推动了这场教化的运动。在这个问题上，拉丁语和希腊语具有重要地位，是培养完善之人的工具，是通向自主的道路。然而，温克尔曼原本认为，希腊只是“美好的志趣”开始养成（bilden）的地方；但是现在，对希腊人的模仿便被说成是“成为伟大民族，而且如果可能的话，成为别人无法模仿的民族之唯一途径”。这是一把利刃，能让我们与过去决裂，也是一个标志，指出了德国人可以走的“道路”（Sonderweg）。模仿成了一场为取得身份而进行的战斗，而且事实上也是成为与众不同的民族的真正选择。[1]模仿正在变成一场全民族的运动，而且语文学可以成为德国的科学。

无论是古代的变革形式，还是采用相似的方法，都无法达到作为目标的希腊。希腊不是从本来意义上说的模特，而是一个理想的希腊（是希腊已经丢失了的部分，是希腊永远也不会再有的部分），是怀念的对象，但还不是哀悼的对象。从今往后，模仿不再意味着重新做希腊人已经做过的事。在一封 1840 年洪堡在罗马写给歌德的信中，洪堡说得很明确：“若想变成雅典或者罗马的公民，那是幻想。古代的事物只能带着距离感，只能以分别的方式，只能作为已经过时的、过去的事物出现在我们面前。”[2]与希腊的关系被理想化，同时也被历史化了。“哀悼”出现了。但是要想最终成为自己，成为德国人，创造性的模仿仍然是一条捷径，正如温克尔曼已经说过的那样，而且，这也是成为最好的现代人、成为真正的现代人的捷径。

然而，1870 年之后，拉丁语和希腊语在教育当中的地位太高了，人们开始意识到这种教育越来越成了走向现代化的阻碍。科学学科要求得到更多的地位。语文学在开始时是旗帜鲜明的成败之关键，这时的棱角也略有些磨蚀；不过，这并没有阻碍语文学继续其体制化的步伐，继续其成为压倒性学科的发展过程，恰恰相反。语文学放弃了成为普遍科学（cognitio cogniti）的野心，却加强了其技术的特点，声称是古代学的一门完全的科学（Altertumswissenschaft），提出这种要求的，主要是维拉莫维茨。当时大学里的各个学科正在划分的过程中，语文学负责被称之为古典学的古代研究。也正是在这个时候，尼采对

1　详见前文所引弗朗索瓦·阿赫托戈的《古代人，现代人，野蛮人》，第 108 页至 110 页。
2　详见前文所引弗朗索瓦·阿赫托戈的《尤利西斯的记忆：古希腊的边界叙事》，第 210 页。

古典中学提出了尖锐的批评，说这样的中学未能将学生引导向“希腊祖国”，却让他们变成了“今天的奴隶”。但是，正如我们根据利科的分析所能看到的那样，这种对希腊的回归，也是与古典希腊告别，是现代人的尖锐批判，同时也是对苏格拉底、柏拉图和亚里士多德之前的希腊的开放，悲剧是属于这样的希腊的。尼采在《悲剧的诞生》（*La Naissance de la tragédie*）中声称：“苏格拉底之人的时代已经过去了。”

除了纯粹的“北方思想家”之外，情况又如何呢？通过怀念和哀悼，一条道路一直通向古代的希腊，而同时又建立了语文学这架了不起的大机器；我们从整体上来看待这条道路的方式，是提醒大家注意其论战的意义，也就是为了对抗法国的文化主导。但是对法国人来说，在与古人的关系上的得失是完全不同的，18 世纪已经是这样，在大革命时期之后更是这样，大革命时期与古人的关系便起过很大作用（尤其是与古罗马的关系）。的确，大革命的失败最终堵上了模仿古人的道路，对照的方法也无法再使用。[1] 作为现代人，必须与人们当时称之为的“古代共和国”决裂，也要求像邦雅曼·贡斯当 1819 年说的那样，不能混淆古人的自由和现代人的自由。怀念不能是一种可选项，哀悼也不是。

经过 1870 年的失败和巴黎公社之后，伊波利特·丹纳在《现代法国的起源》当中仍然认为，揭露古典精神的罪恶是十分重要的事情。[2] 这种立场与尼采的立场完全相反。学问当然是有用的，它的第一个作用（依然是政治上的作用）就是打破人们维持了太长时间的幻想，打破自从卢梭以来人们便维持的幻想，那就是斯巴达式的平等或者雅典公民的自由。这也是菲斯泰尔·德·库朗热 1862 年在斯特拉斯堡文学院授课时进行思考的出发点，他的思考后来变成了《古代城邦》。在

1 详见前文所引弗朗索瓦·阿赫托戈的《古代人，现代人，野蛮人》，第 263 页至 265 页。
2 详见伊波利特·丹纳：《现代法国的起源》，第 139 页至 152 页。

大革命和帝国之后，还剩下什么样的道路可以通向希腊呢？不管是古代的还是古典的，剩下可走的路只有培养志趣，发现没有被时间破坏的美好，学习推理和演说的艺术，总而言之，古典人文学在第三帝国修辞学的教室里达到了顶峰，也就是更倾向于古拉丁文化的古代学，而不是偏重古希腊文化的古代学，这种古代学既是一种工具，又是作为古董精心保存下来的东西。

我们不要忘记，“古典”一词的出现不早于 17 世纪末。[1] 古典作品是“在课堂上阅读”的作家的作品，“或者是在课堂上具有权威”的作品。菲勒蒂埃编辑的词典还指出，“古典”一词指的“尤其是那些生活在共和时代的作家，以及拉丁文化盛行的奥古斯都时代的作家”。除了这一词义之外，《百科全书》并不意外地补充说，古典是指“路易十四时代的作者以及这个时代”，而且到了 19 世纪，“浪漫派”成了“古典”的同义词。为什么布瓦洛是“古典的化身”呢？因为他的文字深深地扎根于古代，没有任何现代的奴性，不像现代人所要求的那样，是出于一时的动机而创作，这对国王来说就更加可敬，能够更好地为王国效劳；他的文字扎根于真和美的永恒的基础之上，只有与古代的古典作家具有直接的传承关系，才能够保证法国的创造具有这样的真和美。[2] 真和美的永恒基础：这就是一切。

在这样的条件之下，不管是知识上的还是政治上的，我们看不到还有怀念或者哀悼的空间，因此也就没有任何理由引导人们以德国的方式走向古代希腊。当然，这并不意味着没有对现代人质疑，没有对现代时期的保留和拒绝。但是当时作为目标的古代，或者是有人主张的古代，仍然就是帝国时代的罗马或者伯里克利时代的雅典。我们不要忘记莫拉斯[3]。在德国，在将古典学拉下神坛的姿态当中，有某种与

1　详见本书前文第 11 页至 13 页。

2　详见前文所引马可·福马罗利的《蜜蜂与蜘蛛》，第 153 页。

3　莫拉斯（Maurras，1868—1952），法国记者、杂文作家、政治家和诗人，也是彻底的民族主义理论家。——译者注

最初的人文学者的姿态类似的东西，唯一的差别是，与现在的关系变得完全不一样了。要想重新回归光荣的古人，有一个前提，那就是一定要跨越他们那时拒绝接受并将其称之为中世纪的时代。但是，对他们来说，向着古人而去，模仿他们，是让他们的现实变得伟大的最佳途径，或者也是成为现代人的最佳途径。那么，对发现古代希腊的人来说，正是他们对现实、对现代时代的怀疑促使他们跨过古典学，将古典学拉下神坛，以走向古代希腊的。

对人文学者来说，在他们建立的与古人的“面对面”当中，的确展示了“一种面向过去的希望的热情”，这是阿方斯·迪普龙的原话，但是阿方斯·迪普龙怀着满腔的愿望，想把现实提高到与重新开启的光荣的过去一样的高度。[1] 另外，其中还交织着一种强烈的论战和政治意义。德国人认为，要走上希腊之路，就必须与法国文化决裂；人文学者与德国人一样，首先需要切断与被歪曲的、遭到痛恨的中世纪相通的桥梁，全盘地否认“权力传承”（translatio imperii），以及研究的“传承”，目的是通过西塞罗的拉丁语，恢复（restituere）罗马，从本来意义上重建罗马。除了与“复活”的形象十分相近的“恢复”（restitutio，renovatio）之外，被采用的概念还有“模仿”“对照”以及由“古人”和“现代人”组成的一对概念。迪普龙清楚地提出了一个悖论，也就是“用古人的话语重新建立一个崭新的世界”[2]，人文主义便是围绕这一悖论组织起来的。复兴的胆识“需要有个榜样”，而这个榜样不可能是别的……只能是古代世界的整个现实，这个古代世界是通过文字被人们了解的，它充满了光荣，是在基督教产生之前一个能够自足的世界”。[3] 迪普龙的胆识就在于准确地选择了这一过去。

如果说在这样做的同时，遵循的确实是从过去走向现在，是“历

1　详见前文所引阿方斯·迪普龙的《现代的起源》，第 49 页。
2　详见前文所引弗朗西斯科·里科：《人文主义的梦想》，第 19 页。
3　详见前文所引阿方斯·迪普龙的《现代的起源》，第 49 页。

史乃生活之师”的模式，同时，由于打断了与后来人们称之为中世纪的时期之间的连续性，在这一中断产生的后果作用之下，古代的过去也可以让人作为一种“可供使用”的现实来理解，人们是处在这样的现实“之中”的。或者还可以说，那是“触手可及的一种永恒的方式”。这就是“变革”的意义，而这个“变革”正是人文主义的口号和旗帜：重提过去，重新开始，让过去复兴，而我们也随之而复兴。可以肯定的是，这种回归过去的哲学是时间的哲学，但条件是需要立刻补充一点，这一点还是迪普龙说的，那就是，这种哲学“是对时间的确信无疑，是对现实的充实”。[1]文艺复兴的人们还达不到现代进步哲学的高度，进步的哲学需要开放的时间，而文艺复兴的人则停留在自己身上，同时保持向耶稣再临人间的开放。那是古人的黄金时代，是古人和现代人之间建立起“面对面”的对话而产生充分影响的黄金时代，也就是古迹的历史的黄金时代。“面对面”的意思是说，古人是个杠杆，人们用这个杠杆可以撬起现在。

相反，重新回归对古代希腊的使用，表达的是一种对现代时代的不满足感（至少是这样），而这种不满足感可以发展成对历史的拒绝，正如莱因哈特·科泽勒克建立的“现代”概念所表达的那样。从尼采到海德格尔，也包括其间所有收集、翻译、评注前苏格拉底哲学家残篇的语言学家，这些人的作品当中有一些细致的分析当然是值得阐述的，但是我们可以认为，对历史性的现代体制提出质疑和古代希腊的可能性之间是有联系的，这一点无可怀疑。我们已经指出，在法国，由于大革命，与过去的关系在结构上是不一样的，所以古代希腊并不是一个可供人们使用的资源和退避之所。当古代学开辟了一条道路时，那将是一个起始点，是科学、理性、政治开始的地点。因此也就正好比是为希腊“奇迹”或者古典希腊做好准备的事物一样，使得希腊“奇迹”或者古典希腊成为可能。

1　详见前文所引阿方斯·迪普龙的《现代的起源》，第51页。

这一领域的先驱者是英国人。约翰·伯内特（John Burnet）的《早期希腊哲学家》（*Early Greek Philosophers*）出版于1908年，之后又再版过多次。作者在这本书中说，与最早的爱奥尼亚思想家一起来到这个世界上的，是"我们称之为'科学'的东西"。1979年，乔纳森·巴恩斯（Jonathan Barnes）在专门论述前苏格拉底哲学家的作品当中，还是把前苏格拉底哲学家说成是"理性思想最早的导师"。[1]法国二十世纪二三十年代的莱昂·拉班（Léon Robin）和阿贝尔·雷伊（Abel Rey）也持相同的立场。总而言之，持这一立场的人将苏格拉底之前的时期进行了断代研究。关注前苏格拉底时代并不要求先把古典学拉下神坛，也不要求质疑或者否认历史性的现代体制；古典学反而为关注前苏格拉底时代做了准备，是前苏格拉底时代研究萌生的环境。同样，路易·热尔内之所以关注他称之为的"前法律"，正是为了理解这样的"前法律"当中，都有哪些东西过渡到了法律之中。当让-皮埃尔·韦尔南在20世纪50年代开始研究"古代希腊实证思想的形成"时，他十分关注的是从神话到理性的过渡。显然，值得关注的，正是在过渡时究竟发生了什么。由此他强调了一个新的方面，也就是政治的意义，并得出结论："无论是从其创造还是从极限来看，希腊的理性确实都是城邦的产物。"[2]

---

1 最后请参见乔·麦科伊主编的《早期希腊哲学：前苏格拉底思想家以及理性的出现》（*Early Greek Philosophy, The Presocratics and the Emergence of Reason*, Joe McCoy [dir.], Washington, D.C., The Catholic University of America Press, 2013）。尽管如此，至少有一个人的声音是不和谐的，那就是弗朗西·康福德（Francis Cornford）的声音，他在1912年出版的《从宗教到哲学》（*From Religion to Philosophy*）当中，否认爱奥尼亚的物理学与我们称之为的"科学"有任何共同之处。

2 让-皮埃尔·韦尔南：《古代希腊实证思想的形成》，载《年鉴》，后收入《古希腊神话与悲剧》（"La formation de la pensée positive dans la Grèce archaïque", *Annales ESC*, 1957, repris dans *Mythe et pensée chez le Grecs*, Paris, Maspero, 1965, p. 314）。

从罗马尼亚出发：米尔恰·伊利亚德与希罗多德

丹·达纳（Dan Dana）对米尔恰·伊利亚德的案例做了严谨的研究[1]，其结果能为我们带来什么样的助益呢？尤其是米尔恰·伊利亚德于 1986 年去世后，他的研究和作品越来越明确地表明了他始终闭口不谈的东西：他于 1937 年和 1944 年间参加了罗马尼亚的极右组织——臭名昭著的“铁卫军”；该组织又名“米哈依尔天使军团”，是由绰号“上尉”的科尔内留·科尔德罗[2]建立的，是一个集好斗的民族主义和强烈的反犹太主义于一身的组织，自称与法西斯主义和纳粹主义不同，主张唯灵论哲学，声称希望“民族”复兴，创造新人——这一点就是一切，只不过是可以忽略不计的，因此，这是一个美好的、大家一致主张的事业，是不可改变的事业。那么，人们已经与伊利亚德决裂了吗？“伊利亚德事件”无疑已经成为过去，但是已经成为“伊利亚德案例”的人物并没有在人们的视线中消失。的确，出现了很多问题，这些问题都是向伊利亚德提出的——至少是通过他写的数千页文字提出的——但也是向我们提出的。

伊利亚德是个博物学家，精通多种语言，擅长用多种体裁写作，被公认为在 20 世纪后半叶一个了不起的学者，是宗教历史方面的权威，甚至是主要的权威。很多迹象证明人们对他的认可。1985 年，芝加哥大学还专门开设了关于伊利亚德的课，更早些时候，巴黎索邦大学授予他荣誉博士学位，他还获得了荣誉军团勋章，有人说他可以获得诺贝尔奖。当然，他做出了很多努力，但是，他之所以获得如此高的地位，难道仅仅是由于他的思想品质吗？或者，我们换一种方式说，1945 年之后，一个知识分子，有成就的作家，20 世纪 30 年代为了罗马尼亚的民族身份而狂热地参加社会活动的人，是如何“变化”

1　详见丹·达纳为《米尔恰·伊利亚德的变化》所写的前言（*Métamorphoses de Mircea Eliade*, Paris, Vrin-Editions de l'EHESS, 2013, p 11–17）。

2　科尔内留·科尔德罗（Corneliu Codreanu，1899—1938），罗马尼亚政治家。——译者注成——这是他的原话——或者“恢复”成全世界瞩目的宗教历史学家的？我想说的是，我们应当“复原”（restitutio）他的“变革”之路。

罗马尼亚的身份被历史所掩盖，但是却保留在了民俗和传说当中。在民族遭遇困难的时期，这种身份感能够成为灵感的力量吗？伊利亚德在1937年写道，虽然罗马尼亚人民不曾有过“光荣的中世纪”，也不曾有过“文艺复兴”，但是这个民族的“史前时期”远远胜过欧洲所有的民族，而且它的“民俗水平毫无疑问地远远高于所有其他的民族。今天，罗马尼亚的科学面临着独一无二的机会，将我们民族的精神和秘密的历史凸显出来”。

伊利亚德之所以成为一个“案例”，也是由于他的经历。从布加勒斯特到巴黎，再到芝加哥，从东方到西方，后来，当齐奥塞斯库推动的民族共产主义达到兴盛时期时，他又“回到”东方。[1]从1945年到1955年，他在巴黎居住过。巴黎成了他的一个安全门。在巴黎接待他的，主要是乔治·杜梅泽尔[2]；后来，这个罗马尼亚避难者，“多瑙河的农民”，成了宗教历史学家，热衷于范式和古代研究。他从罗马尼亚语和一种次要的文化过渡到法语，因为他这个“外乡人”想得到西方世界的承认。1956年，芝加哥大学的邀请终于来了，也证明他的战略取得了成功。在这个作为自由和科学的象征的大学里，他彻底完成了变身。

由此，我们应当关注广泛以比较的方式进行的文化历史研究。的确，从这个角度，我们可以更好地看到在时间上的错位，并理解那些发生了误会的地方。而这一切都是在互相不了解的情况下实现的：伊利亚德描述的东部欧洲的民俗，在很长时间里为西方所接受（他应当知道这一点），而他在西方获得的光环反过来又加强了他在东方的地位。他作为避难者，以共产主义的敌对者的身份，打开了西方的大门，

1 我们这里说的是他的作品，而不是他本人。伊利亚德后来再也没有重新回到罗马尼亚。

2 乔治·杜梅泽尔（Georges Dumézil，1898—1986），法国语言学家，他对印欧社会和宗教的比较研究为人文科学开辟了新的前景。——译者注

同时也抹掉了他有可能在 1945 年之前写过的东西或者做过的事。而在罗马尼亚，无疑是因为他在西方获得的新的知名度，当局才把他从炼狱中放了出来，并竭力拉拢他。不过，他在 1970 年写的一本书也起了很大的作用。这本书是关于撒莫尔克西斯神（Zalmoxis）的，题为《从撒莫尔克西斯神到成吉思汗》（*De Zalmoxis à Gengis Khan*）。杜梅泽尔不无道理地指出，这本书是伊利亚德"寻根的一次朝圣"。的确，在先锋派知识分子的"民族特异性"和一个国家体制的"民族共产主义"之间，有可能是相通的，对民族共产主义的体制来说，颂扬民族固有的事物，比达到自给自足要更加容易些。后来，到了 1989 年，他与时局再一次产生了共鸣：作为"名声最响亮的罗马尼亚人"，共产主义永远的反对派，他可以立刻被人们奉为神，从而使人们认为罗马尼亚终于回归"正常"状态了。

因此，他顺天应时，作为一个巧妙的玩家，知道如何从文化的错位中得利，将损失限制在最小，将收益保持在最大。在东方有损失，在西方却有所获益，在西方开始有损失时，又在东方得到收获了。但是可以说，这一次的风险是如何使其重新成为这个罗马尼亚人，只是这个罗马尼亚人，同时丧失了（永久性地丧失了）作为历史学家高高在上的地位；而这一地位是他从芝加哥大学的讲坛上，在他从巴黎开始的一系列变身当中建立起来的。这种在掩盖和伪装的背景之下进行的错位的循环和有选择的接受（我们这里用的仍然是他的原话），使得他这个"案例"变得更加丰富，我们要想从中理解点什么，就必须从空间和时间上将视角放大开来。今天，一些不协调的东西仍然存在，因为像达尼埃尔·迪比松（Daniel Dubuisson）这样的宗教历史专家还能够平静地写文章说，伊利亚德的作品完全是"欺骗"和"伪科学"[1] 时，在布加勒斯特，他的全集仍然在大张旗鼓地出版，一

1　达尼埃尔·迪比松：《米尔恰·伊利亚德的作品：欺骗和伪科学》（Daniel Dubuisson, *Impostures et pseudo-science. L'œuvre de Mircea Eliade*），伊萨克·希瓦为作品写了前言（Isac Chiva, Villeneuve-d'Ascq, Presses universitaires du Septentrion, 2005）。

个新成立的宗教历史研究所也以他的名字命名，而且对在共产主义倒台后成长起来的新一代年轻人来说，他无疑是宗教研究方面最重要的参照。

关于最后一点，丹・达纳在他书中一个注释里审慎地给出了证明，也为我们提供了一个有用的说明。1975 年出生的一个罗马尼亚年轻人，是如何从先前的痴迷发展到后来的冷静的？丹・达纳说，他先是对罗马尼亚的古代研究发生了兴趣，进入大学时，他读了很多关于达西亚人（Daces）、格特人（Gètes）和撒莫尔克西斯的书，并深信这些人具有独特的精神。后来到了 1989 年，伊利亚德的作品“大量出现”，而且伊利亚德显而易见地成了人们心中的“范式”。他贪婪地阅读了伊利亚德的作品，于是自己也成了宗教历史学家。在此之后，他又读了其他的书，又遇见过其他的人，也有机会在法国短期生活，读博士学位：“不久我便发现还有其他看待历史的方式，也包括宗教的历史，这些研究历史的方式是把对祖先的颂扬放在一旁，不以‘宗教人’的身份对世界进行普遍性的解释。”在巴黎，冷静变得越来越有批判精神。于是他对撒莫尔克西斯重新进行了全面的思考，这个人物，或者更准确地说这个“动机”，从始至终陪伴着伊利亚德的思想，包括他被流放之前和之后。伊利亚德在日记中说，他认为在罗马尼亚人的祖先信奉基督教之前，撒莫尔克西斯是他们的伟大神祇，有一些时期，他似乎被撒莫尔克西斯的神魂“附体”了。如果说伊利亚德是在巴黎成了宗教历史学家的，那么，丹・达纳也是在巴黎最终摆脱了伊利亚德的影响，在巴黎重新思考了伊利亚德的科学道路。

在他的论文当中（他的论文有幸于 2008 年在罗马尼亚出版），中心的人物就是撒莫尔克西斯，而不是伊利亚德。丹・达纳的论文是一篇严谨的考据学作品，也是对文化历史的研究成果。他将有关撒莫尔克西斯的文献以及从公元前 5 世纪到现在人们如何利用这些文献的相关资料收集在一起，将与此相关的关键事件标示出来。的确，他重新勾画了这个人物所走过的路（神、人或者恶魔），希罗多德的《历史》第 4 卷最早提到这个人物，从此这个人物便再也没有离开历史，一直到今天。二十世纪二三十年代的罗马尼亚在寻找“民族特性”，因此需要撒莫尔克西斯，并把他当成了本地人的光荣祖先。民族共产主义也是一样，顺理成章地也把他当成了英雄。从那以后，事情便越发不可收拾。然而，人们每次都发现，不管伊利亚德怎么说，其对撒莫尔克西斯的观点构筑得越来越完整，认为这个人物体现了本地人古代的“精神”。达纳的这个观点不是从希罗多德的作品中得来的，他读希罗多德的书并不多，而是根据 20 世纪 20 年代一些罗马尼亚作者书中的说法建立的。

令人感到奇怪的是，人们以这个人物为题写的作品不计其数，但是他留给我们的，只有希罗多德向我们讲述的一些事。因此，丹·达纳根据人们围绕这个名字而讲述的一些故事（与一般情况相反的是，这些故事不是希罗多德从希腊文“翻译”过来的，肯定是因为希腊文的资料当中没有这类故事），注意到各种故事当中，关于这个人物的叙事存在着很大的弹性；一来二去，丹·达纳又将其调查的范围向两个方向做了延伸。一方面，根据宗教历史处理撒莫尔克西斯的方式，这个人物曾先后是地狱之神和植物之神，后来又是一个神秘教派的创始人，一个传授奥义的宗教的萨满（巫师）。后一种论断是受到伊利亚德支持的，除此之外，这还是一个时隐时现的神，也就是说，有时候，他是被“遮掩”起来的。另一方面，丹·达纳也对现代各种追求身份的努力进行了分析，特别是罗马尼亚对身份的追求，但也不完全局限于罗马尼亚。

循着撒莫尔克西斯的线索进行调查，是进入伊利亚德的思想的一条独特而富有成果的道路。而且这条路有两个追寻方向，一个是从撒莫尔克西斯到伊利亚德，另一个是从伊利亚德到撒莫尔克西斯。走到路的尽头，结果十分清楚。我们不能像那些为伊利亚德辩护的人在今天所做的那样认为——当然——伊利亚德参与过政治，这是他年轻时犯的错误，让人感到遗憾；但是，这种错误丝毫不影响他的科学作品，其作品的有效性丝毫没有受到质疑。丹·达纳平静地、有条不紊地证明，实际情况并非如先前所想，而是恰恰相反，他的撒莫尔克西斯之所以受到人们的重视，完全是因为罗马尼亚对史前研究的重视，这是20世纪30年代的一个突出特点，当时伊利亚德和他的朋友们深信罗马尼亚受到了历史的“排斥”。

更有甚者，伊利亚德本人留下的多种迹象表明，事情还不仅仅是这样。在伊利亚德建立的撒莫尔克西斯神话，以及他在日记中称为的“个人的神话”之间（他认为，他个人的神话与他个人的“生活”，与他“真正的生活”是有区别的），他建立了一些程度明显不同的相似性。因为，就像撒莫尔克西斯一样，伊利亚德也不得不消失一段时间（他的流放），同时又继续发出一些信息（他写的文章和书），后来又再次出现。他的弟子库利亚努（Culianu）毫不犹豫地白纸黑字写道，他是“现代传授秘密祭礼的祭司”：“对罗马尼亚人来说，米尔恰·伊利亚德与撒莫尔克西斯是同一个人物。”因为，伊利亚德是“民族记忆的守护者”，有时候虽然他消失了，但他仍然继续发出信息；库利亚努甚至说：“这种记忆会与他一起消失。”伊利亚德写撒莫尔克西斯的书英文的标题是“The Vanishing God”（《消失的神》）。这也许并不是偶然的。

伊利亚德之所以成为一个“案例”，还因为他与历史的关系。在30年代，他选择了农民社会的传说和史前时期或者原始时期的风俗为主题进行文化研究。但是从1944年开始，他将自己变身为毫不含糊的历史的“死对头”。他在日记中说，他对历史越来越感到“厌恶”，他谴责“历史的恐怖”，或者“在历史中的堕落”。《永远回归的神话》（*Le Mythe de l'éternel retour*）致力于让这种思想成为一般化的思想，或者使之普遍化，同时将原始社会和在历史中没落的社会对立起来。这是他对巴黎变身的表达方法之一。不久之后，齐奥朗（Cioran）也写了一本书，成为《坠入时间》（*La Chute dans le temps*）

的前奏。[1]根据伊利亚德的结构，原始民族生活在“范式的天堂”中，实行的是定期再生，因此不会让时间“变成历史”。对成为历史的目标的民族来说，最不幸运的人是那些不由自主地走在了“历史之路”上的人。东欧的一些民族就是这样，他们与不断扩张的帝国为邻：因此他们才不断地遭受痛苦、恐怖和牺牲。历史就是这样。原始人与现代人不一样，原始人是生活在连续不断的现实中的。“每一年，他都完全可以消除自己的错误，消除他在历史中堕落的记忆，再一次尝试最终地从时间中走出来。”我们很难不认为，这句话也适用于，或者首先适用于伊利亚德本人，因为他急匆匆地“消除了他的错误”，而且很希望以种种方式消除时间。

伊利亚德作为“案例”还有另外一种意义，而且是一种很重要的意义，那就是文学的意义。伊利亚德不断地关注自己，不时地发表一些他的回忆录或者日记的片段，让我们了解他在关注什么。而且在他死后也是这样：2006 年他的《葡萄牙日记》(*Journal portugais*)出版，2018 年出版续集和战后日记。对编辑者来说，需要花几年的时间才能完成有关的工作；只有这些编辑者才能够在他不间断地记述自己的大量文字当中，对照不同的版本，评价他说了什么，没有说什么，暗示了什么，遗忘了或者完全改变了什么内容。伊利亚德是有意这样做的。他明明白白地导演了他的生活，而他的生活又是与他的“个人神话”不可分割地联系在一起的。比如有人问他的过去，他从始至终未给予回答，因此，奥伦德尔说得很对，伊利亚德跟很多沉默寡言的人没有什么两样，但有时候，他又表现得十分唠叨。

一个沉默寡言的唠叨者！如何理解这个矛盾的集合体呢？伊利亚德深信自己“不仅仅是一个学者”，他有“很多重要的事情要对世人说”。他不仅仅是一个学者，他还是一个作家，这是可以肯定的，但是，正如他在 1944 年 2 月的葡萄牙日记中所说的那样，他也想让自

1　齐奥朗：《坠入时间》(*La Chute dans le temps*, Paris, Gallimard, 1964)。

已成为“科学阵营中的一匹特洛伊木马”。因此，在外表上，他需要让人看起来像一个被索邦大学接受的学者，但是，他身负秘密的使命，那就是“用科学来批准古代生活具有形而上学的意义”，或者“理所应当地突出传统文化人……的价值”。“特洛伊木马”的说法大概在罗马尼亚小范围内流传开来，因为，在一封同样写于1944年2月的信中，尤奈斯库（Ionesco）也用这个词来自嘲。他在信中写道：“伊利亚德是历史的敌人，他赞成‘原历史’（protohistoire）……。我想大学里那些人不会那么傻，将‘永恒的史前’这匹特洛伊木马引入他们的都城里去。”特洛伊木马在索邦大学的投入完成之前，而且远远在他梦想跨过大西洋进入芝加哥神学院之前，人们对他的看法还是不错的，而伊利亚德变身为宗教历史学家的行为还远远没有完成。

那么为什么大学的人们，首先是大学的人们，但是不仅仅是他们，让尤奈斯库说了假话，为什么他们“那么傻”呢？我们暂时把伊利亚德的勤劳和聪明才智放在一旁，我认为还有一个主要的原因，或者说是深层次的原因。如果说他选择了歌德作为自己的模式，但他内心的敌人是黑格尔。《永远回归的神话》副标题就是“原型与重复”。然而，从前言的第三行开始，他便告诉读者说，若不是他怕露出太大的野心，他会为自己的书加上第二个副标题：“历史哲学入门”。[1]话再也不能说得更加清楚了：“原型与重复”是与“历史哲学”相对立的，黑格尔的历史哲学变成了“一种”历史哲学，而且“入门”（非常谦虚地）代替了“讲稿”。[2]这一切的根本性特点，就是彻底批判被认为是在时间中堕落的历史。伊利亚德将前景颠倒了过来，或者说他让黑格尔的双脚重新站在地面上，突出了渊源的价值，突出了回归渊源的重要性。总而言之，这个时期人们对历史的信念已经动摇，伊利亚德是从根本上反对我所称之为的“历史性的现代体制（régime

1 米尔恰·伊利亚德：《永远回归的神话，原型与重复》（Mircea Eliade, *Le Mythe de l'éternel retour. Archétypes et répétitions*, Paris, Gallimard, 1949, p. 11）。

2 黑格尔的作品当中有一部是《历史哲学讲稿》，故作此说。——译者注

moderne de l'historicité)"的。这样做的，绝不止他一个人，表达对欧洲社会的拒绝和怀疑的方式有很多种。伊利亚德曾试图走政治的道路，后来他选择了"科学"的道路。然而，起源、原型、重复、古代、原始、几乎停滞的时间或者结构，我们不能说20世纪50到70年代人们的议事日程上有这些词。当然，如果说这些词完全是作为历史的"对头"引进或者论述过的，那也是荒唐的，我们仅是指出，伊利亚德当时便在这个舞台上，带着他的武器、他的理论和他念念不忘的观念，就这样做好了准备。

那么，"唠叨的沉默者"又是什么意思呢？他一向是个唠叨的人，他用很多文字来丈量时间，所以他天天用文字记录自己的感受。但是，当人们开始提出一些问题，想了解他的过去时，他便成了沉默者。从前，他最多是一个安安静静的人，跟别人一样，或者几乎与别人一样。因此，从这个角度说，该怎么样时，他就怎么样。可是当第二次世界大战的历史开始倒向一边，简单说就是，当记忆的出现变得不可抗拒的时候，他有生以来第一次不再像从前那样。浪潮将他裹挟而去。

从剑桥出发：法国对摩西·芬利的接受

法国对摩西·芬利的作品接受范围广、速度快。[1]我们这一代人中最年长者是与他一起成长起来的。从1969年《尤利西斯的世界》（*Monde d'Ulysse*）翻译出版，他很快便成了人们熟悉的人物，可以说，他成了"韦尔南中心"（Centre Vernant）的圈内人，韦尔南中心当时还有一个名称是"古代社会比较研究中心"，后来才被称为"路易·热尔内中心"。摩西·芬利的历史作品有读者，也是学校使用的教科书，他是一个重要的历史学家，不久又成了权威，但是，还不仅仅局限于

1　这一段文字是在《远征》杂志发表的《摩西·芬利及其在法国的接受》（"Moses I. Finley [1912—1986] et sa réception en France", dans la revue *Anabases* [n° 19, 2014, p. 11–14]）一文的前言。

此，他还是一个平易近人的人，你如果给他寄一篇文章或者一部作品，他会非常及时地回复你，你也可以去拜访他。总而言之，他是剑桥大学里一位亲切的大叔。

最年轻的人在学校读书时还读过芬利的作品。当然，投身于荷马、奴隶制度或者经济学研究的人，或许也包括从事政治研究的人，也一定仔细读过他的书，不会不明白他写过什么，他是如何写出了这些东西的，而且如果可能的话，也会知道他为什么要写这些东西。他们必须知道当时发生过的一些争论的情形，并理解这些争论的胜败得失。从这种意义上说，人们对他的接受持续了一段时间，而且仍然在持续的过程中；当然，现在的问题不一样了，而且很可能关于他的盲点也不一样了。尽管如此，如果今天到巴黎、剑桥、伦敦或者芝加哥的书店里去逛一逛，我们会发现，他的书的影响已经不是特别大了。

2012 年 12 月在巴黎举行过一次关于他的研究日活动，使我们更加清楚地认识到，法国是如何接受他的思想的。同时也再一次说明，大凡是接受某人的思想，至少都会伴有部分的误解，这是一条铁律。芬利的作品是在另一个国家，用另一种语言写出来的，而且针对的读者大概也不同；这些作品在法国被接受的过程当中不可能没有误解。如果作者提出的观点和读者的期待之间差距太大，作者的思想就不会被人接受。如果是一本外国的作品，那情况就更简单，谁也不会想到去翻译它。然而，芬利的作品被翻译了。虽然《尤利西斯的世界》是在 15 年之后才在法国出版的，但是在此之后，其他作品的翻译都很快，一直到 1987 年他的最后一部作品问世。

但是，我们说的误解是指什么呢？指的是马歇尔・萨林斯说的“有建设性的误解”（working misunderstanding）：对各种文化有建设性的误解，能够动员起各种文化的资源，使某种立场变得合理，能够支持某种行动，产生意义。的确，在引进这种概念的同时，萨林斯试图尽可能清楚地反映英国人和波利尼西亚人在夏威夷发生的既真实又失败的交流。这段历史众所周知。当然，芬利不是库克[1]，而且我们也不是夏威夷人。我们从来没有把他当成罗诺神（dieu Lono），但是我们也没有把他吃掉！接受他的思想是一件更加简单的事，是发生在另一种背景之下的事，是学术界的事，是发生在一个学科里的事，这种事自有其话语产生和接受的规则，而且是发生在完全不同的时候，发生在 20 世纪 60 年代的法国。除此之外，“有建设性的误解”这一概念可以用来分析接受方式的详细情况，或者更加准确地说，是分析对芬利作品的接受过程。

这一过程是如何开始的呢？克洛德·莫塞回忆过她是如何第一次与芬利见面的。那是 1962 年在普罗旺斯的艾克斯召开经济史代表会议的时候。除了克洛德·莫塞的见证之外，还有路易·热尔内为芬利的第一本书——一本关于古希腊土地抵押的书——写的书评，以及芬利 1959 年在巴黎罗马法研究所做的一次报告，报告的题目是“古希腊非自由人的境遇”（La condition des non-libres dans La Grèce ancienne）。正如里卡尔多·迪·多纳托（Riccardo Di Donato）指出的那样，位于潘提翁神庙（Panthéon）的罗马法研究所法学家的小圈子在这个时候接待的还是最早期时的芬利，是在他被流放之前，罗马法研究所的所长当时是亨利·莱维-布鲁尔（Henri Lévy-Bruhl）。从芬利的第一本书到第二本书，法国人仍然是通过路易·热尔内的介绍才得以了解的。芬利的第二本书是《奥德修斯的世界》（*World of Odysseus*）（1954 年），路易·热尔内 1956 年在《社会学年》（*Année sociologique*）上写了一篇著名的书评，对这本书赞扬有加。我们可以顺便指出的是，热尔内认为书中写得最好的一章是最后一章《习俗与价值》，认为芬利由此

1　库克（Cook，1728—1779），英国航海家和探险家，是第一个到达澳大利亚和夏威夷的欧洲人。在第三次海上探险的过程中（1776—1779），他的船到达夏威夷，恰逢当地原住民庆祝和平之神罗诺（在夏威夷神话当中，罗诺神是司多产、农业、降雨、音乐等的神明），而库克也被认为是从天而降的神，受到款待。住了一段时间之后，库克乘船离开原住民，继续航行。但是不久他的船主桅断了，不得不再次返回夏威夷，而当时又恰逢原住民庆祝战神节，船员与当地人发生龃龉，库克戏剧性地死于一次冲突，传说尸体被当地原住民吃了。——译者注

“对历史心理学做出了宝贵的贡献”。

后来又到了 1965 年，这是一个重要而清楚的标志性年份，这一年皮埃尔·维达尔-纳凯发表了《摩西·芬利的作品：古希腊的经济和社会》(Économie et société en Grèce ancienne, l'œuvre de Moses I. Finley)。应当指出的是，这篇文章不是发表在古代历史或者一般历史杂志上，而是发表在《社会学档案》(*Archives européennes de sociologie*) 杂志上。为什么呢？因为杂志的主编埃里克·德·当皮埃尔（Éric de Dampierre）向他约稿，埃里克·德·当皮埃尔原来是社会学家，后来改行搞人种学，希望有人写一篇关于芬利和荷马的文章。因此，他一定是读过《奥德修斯的世界》，或者至少是读过维达尔-纳凯 1963 年发表于《年鉴》上的综合书评《荷马与迈锡尼的世界》(Homère et le monde mycénien)，所以才找维达尔-纳凯约稿的。维达尔-纳凯给了他一篇五十多页的文章，其中“尤利西斯的世界”只是其中的一段而已。前一年他也干过同样的事，写的一篇文章后来成了魏特夫（Karl Wittfogel）的书《东方专制主义》(*Despotisme Oriental*) 前言。后来维达尔-纳凯又故技重演。但是不管怎么说，未受古代艺术影响的读者发现了一个完整的芬利，那也是、已经是“维达尔-纳凯的”芬利，成了他和米歇尔·奥斯丁（Michel Austin）一起策划和写作的教材《古希腊的经济与社会》(*Économies et sociétés en Gnèce ancienne*) 中的重点内容。这本教材发表于 1972 年，众所周知，它为培养一代代历史学的大学生做出了贡献。

《尤利西斯的世界》的翻译出版得力于韦尔南的女儿克洛德·勃朗（Claude Blanc）。这本书出版之后，芬利的思想在法国达到了另一个高潮。法语译本是 1969 年在马斯佩罗出版社出版的，在马斯佩罗书店“阅读乐趣”排行榜上排名十分靠前。在当时，很多名著都是由这家出版社出版的。不管怎么说，在这个时候由这家出版社出版这本书，最终使芬利走出了古代文化研究的小圈子。人类学在当时正是最时兴的时候，人们没有把芬利的书看作对历史心理学的贡献，而是对影响越来越大的历史人类学的贡献。之后，古代文化的历史学家，而且还是剑桥大学的教授，与其他的历史学家对话时，那他们真正就是同行啊！1965 年，韦尔南在马斯佩罗出版社出版了《古希腊人的神话和思想》（*Mythe et pensée chez les Grecs*），1968 年又出版了热尔内的一本文集，题目足可以列入教科书名录——《古希腊人类学》（*Anthropologie de la Grèce antique*），而且他认为在 1968 年的法国，这本书“具有完全的现实意义”。维达尔-纳凯主编了一套古典历史丛书。芬利的作品刚刚提升了马斯佩罗出版社在古代历史学领域的信誉。对持异见者来说，芬利是重量级的援军。

最后一个创造性地使用芬利的例子，是 1976 年出版的法语版《古代民主与现代民主》（*Démocratie antique et démocratie moderne*）。维达尔-纳凯在《回忆录》（*Mémoires*）中写道：“芬利要求我为法国读者重新出版一本书，本来这本书从很大程度上是批判美国那些为冷漠的政治大唱赞歌的人的。”[1] 他把这个任务几乎看成一件苦差事，只用了几页的篇幅打发完事，想尽快来到他真正感兴趣的内容。“既然这里说的是民主，那就让我们回溯到现代西方第一次伟大的民主实验上来吧，让我们回溯到法国大革命，以及为法国大革命提供了准备的时期，也就是启蒙运动。”[2] 就是这样！这一次，在莫米利亚诺的帮助之下，让大有作为的古代领域开门迎客了。对每一本翻译的书，或者对芬利在法国的访问都可以做类似的分析。

为了具有充分的说服力，分析还应当考虑到英国，特别是美国的背景，以衡量差异，评价潜在的“建设性误解”。因为，在成为类似于“剑桥大叔”的人物之前，出生于纽约州雪城（Syracuse）的芬利先是在纽约开始了他作为知识分子的专业和政治生活，当时他的名字还

1　皮埃尔·维达尔-纳凯：《回忆录》（1995 年）（*Mémoires* [1995], Paris, Le Seuil-La Découverte, 2007, t. 2, p. 233）。

2　皮埃尔·维达尔-纳凯：《希腊民主的传统》，为摩西·芬利的《古代民主与现代民主》写的前言（“Tradition de la démocratie grecque”, préface à M. I. Finley, *Démocratie antique et démocratie moderne*, Paris, Payot, 1976, p. 15）。

不叫芬利，而是叫芬克尔斯坦（Finkelstein）。在17年的时间里，从1930年到1947年，他在生活中还不是一个普通的大学年轻教师、未来剑桥古代历史学教授。当然，他也教书，但是，在生活中，他是个全日制的激进主义分子，是与共产党从不同程度上有联系的社会活动家。1953年，在麦卡锡主义盛行期间，他被罗格斯大学开除。芬利这段时间的经历几乎不为人所知。丹尼尔·汤普金斯（Daniel Tompkins）曾致力于寻找这段时期的一些蛛丝马迹。[1] 以前（流放之前）的芬利，正如1946年转向希腊的韦尔南一样，于1947年转向了古代研究。他们所走过的路和他们的经验当然并不完全一样，但是那些参与社会活动的年头——从充分的意义上说的参与——是一样的，这使他们在古代文化研究领域有了特殊的立场。实际上，他们出发去希腊，或者再次出发去希腊的方式，他们为古代文化对象寻找某种“有用的意义”的方式，并非没有某种相似性。他们都拒绝法西斯主义，他们有共同的希望。因此，对我们来说，芬利完全可以成为剑桥的大叔。

从“雅典民主是否已经终结”这一问题出发：克洛德·莫塞

克洛德·莫塞一次次关注雅典民主的问题，从未间断过。[2] 在四十多年的时间里，她出版的很多书、教材，发表的众多文章、论文就说明了这一点。但是在她的思想当中，并没有任何以雅典为中心的原则，而只是像摩西·芬利一样，认为是雅典人首次发现了民主。[3] 如果说也

1　丹尼尔·汤普金斯：《从美国的资料看摩西·芬利的成长，1932—1955》（Daniel Tompkins, “La formation de Moses Finley d’après les documents américains, 1932–1955”, *Anabases*, 19, 2014, p. 111–129）。

2　克洛德·莫塞：《帝国主义和民主：一种危险的联系？》（Claude Mossé, “Impérialisme et démocratie. Une liaison dangereuse?”, *Métis, N. S.* 3, 2005, p. 365–373）；《雅典民主的终结》（*La Fin de la démocratie athénienne*, Paris, PUF, 1962）。本文发表于宝琳·施密特-潘戴尔和弗朗索瓦·德·波利尼亚克主编的《雅典与政治：追寻克洛德·莫塞的足迹》（Pauline Schmitt-Pantel et François de polignac [dir.], *Athènes et la politique. Dans le sillage de Claude Mossé*, Paris, Albin Michel, 2007, p. 311–329）。

3　克洛德·莫塞：《古代希腊的政治与社会》（Claude Mossé, *Politique et société en Grèce ancienne*, Paris, Aubier, 1995, p. 10）。而且这本书前边的题词也是向摩西·芬利致意的。

是在这些相同的年头，皮埃尔·莱韦克（Pierre Lévêque）和皮埃尔·维达尔-纳凯通过克里斯提尼的改革（réforme de Clisthène）[1]，开始研究雅典民主的起源的话，克洛德·莫塞这时开始研究的，则是其“终结”。[2]

让我们关注一下“雅典民主的终结”这种说法。人们是如何使用这种说法的，又是以什么样的方式来理解它的呢？所谓“终结”，首先指的是一个明确的日期：民主制度结束于公元前332年，当时在比雷埃夫斯港建立了马其顿的兵营，同时建立了人口盘查制度，这就意味着半数的公民，那些最贫穷的人，都被剥夺了政治权利。随着克里斯提尼的改革，这种状况开始于公元前508年，建立了10个部族，以代替原来的4个部族，同时民事空间也经过了重新规划。但是，这都是现代历史学家建立的一些界限，而且在很长时间里，梭伦都是这种状态的创始人，至少从伊索克拉底到乔治·格罗特[3]都是这样认为的。

另外，“终结”指的也是一个时期，具有这种意义时，“终结”与“没落”同义，不管是缓慢的没落还是快速的没落，是渐进式的没落还是突然之间发生的没落。难道这样就等于向后退了一步，问题就变成了终结的开始？都有哪些先兆，是何种重要的失衡导致并加快了终结的到来，最初的和最终的原因是什么？根据公元前4世纪很多作者的看法，在伯罗奔尼撒战争中输给斯巴达之后，雅典便进入了这样的一个时期。经过公元前5世纪的极盛之后，公元前4世纪开始没落，导致最终的失败，开始时是输给腓力，紧接着又败给了亚历山大。由此，除了作为实际终结日期的公元前322年之外，整个公元前4世纪从总体上也被理解成是没落的时期，是经济、社会和政治危机频发的

1　指公元前508年由克里斯提尼在古希腊开始的一场旨在避免专制的政治改革。——译者注

2　皮埃尔·莱韦克和皮埃尔·维达尔-纳凯：《雅典人克里斯提尼》（Pierre Lévêque et Pierre Vidal-Naquet, *Clisthène l'Athénien*, Paris, Les Belles Lettres, 1964）。另外，皮埃尔·维达尔-纳凯还写过一篇克洛德·莫塞的书评文章，发表在《年鉴》（*Annales ESC*, 1963, p. 346–351）。他为文章选择的题目《公元前四世纪的雅典：民主的终结还是城邦的危机？》（“Athène au IVe siècle: Fin d'une démocratie ou crise de la cité?”）表达了他的主要批评意见，但是他丝毫没有质疑“公元前4世纪是没落世纪”的看法。

3　乔治·格罗特（George Grote, 1794—1871），英国激进派的政治家和古典文化历史学家，最著名的作品是卷帙浩繁的《希腊史》（*History of Greece*）。——译者注

世纪。公元前430年，在战争第一年过去之后，伯里克利发表了著名的《葬礼演说》(*Oraison funèbre*)，标志着充满自信的、占主导地位的雅典民主已经成为无限好的夕阳。况且，所有人生来遵循伟大的生物模式，出生、成长、衰落，也都走过了这样的道路，也都在无言之中重复着这种模式。这种模式在雅典的民主发展过程中变得更加明显，但并不一定更加恰当。

“终结”还有第三种意义，而这种意义对我们来说更加值得关注。除了希腊本身和古代世界之外，雅典的民主问题变成了“欧洲如何使用这一民主”的问题：一直到什么时候，以何种方式，在什么地方，以及首先是从什么时候开始？如果说我们在这个问题上首先说的是政治哲学的范围，是从古人的文本出发的（修昔底德、柏拉图、亚里士多德），但是丝毫也不缺乏对政治行动的论述：美国革命和法国革命便以不同的方式对此给予了大量的证明。第一条线索（而且是一条标记得很清楚的线索）可以引导我们追踪“民主”这个词从古人到现代人之间的历史：从它的消失到复兴，再到飞跃。[1]

如果我们所说的事物（雅典体制本身）的确在很久之前便已经结束了，但是“民主”这个词却再一次出现，继而另外一种事物在18世纪末和21世纪初为人所接受，并最终取得胜利，那就是现代的民主，或者更准确地说，是形形色色的现代和当代民主。的确，事情的经过似乎是为了让人们最终接受，民主事先不得不与在此之前始终与之相伴的形容词——“古代的”或者“雅典的”——分离开来。通过宣称其必然的终结，人们最终不再把古代民主视为唯一的民主。人们抛弃了事物（古代的事物），同时却保留了词汇（使词汇可以使用，

1 约翰·邓恩：《让人民自由：民主的历史》(John Dunn, *Setting the People Free. The Story of Democracy*, London, Atlantic Books, 2005)。关于不同的路径，请参见卢西亚诺·坎弗拉的《民主：一种意识形态的历史》(Luciano Canfora, *La Démocratie. Histoire d'une idéologie*, trad. fr. Paris, Le Seuil, 2006)。作者在这本书中认为：“对于隐藏在政治制度这张树皮下面的现实，必须从阶级的角度去分析。”(19页)很多人把伯里克利的《葬礼演说》看作对民主的赞美，但是卢西亚诺·坎弗拉不同，他关注的尤其是修昔底德所提出的自由。

或者说可以再次使用）。这些能指和所指之间的游戏是在人类群体日常生活中常见的事。像这样的运作在表述行为的意义上属于普遍的运动，并最终导致“古人”和“现代人”这一对在很长时间里强有力的、活跃的概念分崩离析，也就是宣布了这一对概念在政治上的终结。[1]

我们可以天真地提出一个问题：找个新的词，至少是选择另一个词，不是更便捷吗？哪怕只是为了避免与希腊人的制度相混淆，因为人们认为，对充分参与历史的现代人来说，希腊人的民主已经不再适合。但是事情恰恰不是这样。因为人类在行动时，主要是靠使用历史遗留的语言能指（signifiant），这些能指对应的是不同的所指（signifié），所以人们的理解不同，甚至截然相反，总是有冲突，而且可以供人进行新的解释，因此又会引起新的不同认识。显而易见的是，民主也是这样。现代人（首先是法国的自由派人士）使旧的民主制度成了反面的典型，因为他们指责有的人太露骨地把民主当成他们现在的政治行动的托词，所以想与他们作对。除了表述行为的作用之外，宣布雅典体制的结束还有一层认知上的意义。提出对旧的民主进行分析，也就说明了现代的共和不应当是什么样子，也说明为了成为现代的共和，旧的民主不应当再是什么样子，现代的共和应当提防什么样的危险，尤其是，现代的共和应当如何组成以保卫个人的自由。克洛德·莫塞以及其他的学者，也研究了这个思想上的动员时期，这个将雅典作为参照对象而被否定的时期。[2]

除了革命的危机之外，这一时期还留下了整个 19 世纪重大政治斗争的深刻烙印，但这个时期也已经从很大程度上成为过去。因此，人们期待这个有着三种意义的词——“终结”（终结指的是一个日期、一段时期，也是指时期的变化）能够耗尽其资源，能够结束其变化的过程。不管是研究历史、思考民主还是从事政治，它已经不再是一件

---

1 详见前文所引弗朗索瓦·阿赫托戈的《古代人，现代人，野蛮人》。

2 克洛德·莫塞：《法国大革命中的古代》（Claude Mossé, *L'Antiquité dans la Révolution française*, Paris, Albin Michel, 1989）。

武器和一个运算符号，是的，雅典的民主的的确确地结束了，在公元前 332 年就结束了，公元前 4 世纪标志着它的没落，现代的民主再也不需要雅典，既不需要它当反衬，也不需要靠它来提高自己的身价：现代民主的问题是现代的问题。现代民主没有或者不再有旧的问题，旧的民主也没有或者不再有现代的问题。20 世纪后半叶正是民主扩张规模最大的时期（作为制度和价值观的民主扩张），然而，只要我们关注一下这个时期，我们就不得不注意到，我们的话要以不同的方式来说。有很多例子，尤其是其中的三个，可以不意外地告诉我们，我们应当更多思考的，是政治的历史和哲学，而不是现实的政治，虽然在这两个领域之间，并没有一堵完全隔离的墙。但是，我们知道，任何政治家在自己的行动计划当中都没有打算回归雅典的民主，也不会（彻底地）放弃民主。

首先，我们可以一起来分析三种思考方式，这三种思考方式的共同之处是都在探寻政治和共同生活的方式之间的关系。由于直接经历过“黑暗时期”（专制主义统治时期和第二次世界大战时期），也使这三种思考方式相互之间产生了关系。我说的是汉娜·阿伦特、让-皮埃尔·韦尔南以及柯奈留斯·卡斯托里亚蒂斯对希腊城邦进行的研究。[1]

阿伦特认为，随着希腊城邦的出现，同时出现了“政治”这个词的某种意义，专制主义在现代使得这种意义完全消失了。“城邦”（polis）恰恰是专制主义所否定的一切，也就是否定的肯定。这种“城邦”以亚里士多德的定义为基础，认为“政治”就是在某个空间把所有的话都摆在明面上，让平等的人们进行讨论，共同决定。人们经常提到和思考的参照文本就是伯里克利为纪念最早死于战争的人们而发表的《葬礼演说》。

卡斯托里亚蒂斯严厉地批判了苏联的体制。对于卡斯托里亚蒂斯来说，希腊的政治经验之所以具有特殊性，正是因为希腊政治具有

1 详见本书后文第 204 页及其以后的内容。

从“他律”向“自律”的过渡，而且这种过渡包括集体意义上的过渡，也包括个体意义上的过渡。从这种意义上说，城邦是向自己提出质疑的可能性，这种质疑不是一次性的，而是有规则的、反复的，也就是说，城邦恰恰就是成为民主的可能性。当然，对卡斯托里亚蒂斯来说，从公元前 8 世纪到公元前 5 世纪城邦的历史，根本不是立法者的历史，而是一个自律体制发展的历史。与阿伦特一样，他强调需要建立一个公共的、共同的空间：“‘民主’(dèmos)应当建立‘逻各斯’(logos)，作为受到所有人，包括受到自己检查和批评的话语，而且不能只依靠任何仅仅属于传统的权威。”[1] 这样一来，城邦必须面对的最为困难的问题，就成了“城邦如何自我限制”的问题：如何建立这种自我限制的条件呢？这恰恰是雅典没有做到的。卡斯托里亚蒂斯使用了一个希腊文的概念“狂妄”，“蔑视”(hubris)。卡斯托里亚蒂斯认为，雅典的民主显然是被自己的“狂妄”毁了。的确，雅典的民主既没有做到自我限制，也没有使自己成为普遍化的东西。因此，希腊在伯罗奔尼撒战争中的失败只是这种状况的表现而已。[2] 这就是他对待终结问题的方式。

在发表于 1962 年的《希腊思想的起源》(*Les Origines de la pensée grecque*)当中，韦尔南只不过面向了希腊的开端，只不过“出具了希腊理性的出生证明”，以及希腊哲学“出现”的证明，同时勾画出其成为可能的条件。对希腊的“这一新的研究”，建立了“城邦的基础”，但是，这一研究是在消除了王权的背景下进行的。[3] 君主制的权力基础，是国王关起门来，自己在宫中故弄玄虚；而韦尔南勾画出的城邦模式与这种做法完全相反；很多人后来都采用了“他的”模式(或者说，很多人都把他的这种模式当成了自己的)。城邦的标志是话语

---

1 柯奈留斯·卡斯托里亚蒂斯:《希腊的本质》(第一卷),《从荷马到希罗多德》(Cornelius Castoriadis, *Ce qui fait la Grèce, I. D'Homère à Hérodote*, Paris, Le Seuil, 2004, p. 284)。

2 同上，第 305 页。

3 让-皮埃尔·韦尔南:《希腊思想的起源》(*Les Origines de la pensée grecque*, Paris, PUF, 1962, p. 7, 8)。

优先，是立场相反的人在公共场合进行讨论的话语优先，所以城邦在很大程度上被描绘成一种循环的空间，在这个空间当中，相对于某个中心来说，所有有权利的人都是平等的，而这个中心是权力的空白之地，是权力无法据为己有的地方。在公共讨论的空间，每一个人都不能仅仅满足于用自己的权威把自己包裹起来，而是必须定期地向别人汇报自己的状况。我们现在已经可以看得出来，这样的模式与阿伦特的城邦相近，与卡斯托里亚蒂斯的城邦也相近，尤其是它们都强调大家共同享有一个公共的空间，都强调公共话语的价值。[1]

韦尔南的分析是想将城邦和理性联系起来，但是根据他今天的说明，他的目的还在于，要将“在共产党中占主导地位的教条主义和思想方式颠倒过来”，同时他也表明：“如果没有对证性的公共讨论，如果讨论不是完全自由和开放的，那在任何领域都不可能有真理。”[2]

这种投向古希腊的政治眼光是与“新的出发”概念联系在一起的，在这一眼光当中有着现实的目的。对卡斯托里亚蒂斯来说，民主的城邦被看成一种“萌芽”，而阿伦特使用的形象是（失去了的）“宝贝”。在这三个思想家当中，任何一个都没有想到要恢复古老的模仿：不能回归雅典，雅典也不能再回来，而是从专制主义出发，对一种将政治与政治事物融合在一起的古老经验进行思考，虽然我们与这种经验是有距离的。

第二个例子是摩西·芬利的一本小书《古代民主与现代民主》所产生的影响。那是在 1972 年，而且机会难得，也很不寻常，因为那是芬利应邀在罗格斯大学做一系列报告，而芬利恰恰是在麦卡锡主义盛行的时候被罗格斯大学开除的。芬利从 1954 年开始流放到剑桥，成了英国公民，又应“故乡”的邀请，以“对民主的思考”为题来做报告。

---

1 三种城邦是不一样的，但是我在这里的目的并不是研究它们之间的差别，以及各自强调的不同重点，尤其是阿伦特的城邦所具有的古罗马特点，而是强调基础，这在韦尔南和卡斯托里亚蒂斯的城邦当中是没有的。

2 让-皮埃尔·韦尔南：《跨越边境》（J. -P Vernant, *La Traversée des frontières*, Paris, Le Seuil, 2004, p. 24）。

在这次美国之行当中，这是一道非常重要的坎；对此，他只说了两句话，间接地影射了一下，一句话是泛泛而谈的："即使法西斯主义来到美国，那也是以反法西斯主义的名义来的。"另外一句带有结论的性质："民众对麦卡锡的支持所代表的，不是对美国民主理想有意识的抛弃，而是在捍卫这一理想的努力之中误入了歧途。"[1] 有了这两句话，其他的评论都是多余的了！

不过，这本书的宗旨并不在这里。芬利自称是以专业的古代史学家的身份在讲话，尽管如此，他还是想将古希腊的经验引入当代对民主理论的讨论当中。他指出，从前说过的这一类话语已经时过境迁。事实上，现代人将古人抛在了脑后，而且古人（至少他们的专家）无法与现代的政治学家进行讨论，或者不会想到要与现代的政治学家进行讨论。1984 年，在这本书第二版的前言中，芬利已经补充说："在西方世纪，今天每个人都是民主派。"芬利没有经历 1989 年及以后的事，直到最近美国在反对专制和恐怖主义的战争中推行短视的民主政策——至少是在布什当政的年代是这样。

他通过将两种民主的模式进行反复对照，从而探寻精英主义理论所认为的显而易见的"民主"的定义。的确，根据精英主义的理论，"只有在由专业政治家和官僚事实上形成的寡头政治集团的统治之下，民主才是可行的；民众对民主的参与应只限于选举的时候；换句话说，民众的漠不关心是好事，说明社会处在健康的状况"。[2] 1942 年，约瑟夫·熊彼特[3] 在他的作品《资本主义、社会主义与民主》（*Capitalisme, socialisme et démocratie*）当中，便已经让人们相信了这种理论。与此相反，芬利提出的问题是，今天我们是不是需要在古代雅典时兴的思

1　摩西·芬利：《古代民主与现代民主》，第 56 页（Moses I. Finley, *Démocratie antique et démocratie moderne*, *op. cit.*, p. 56.）。

2　摩西·芬利：《古代民主与现代民主》，第二版前言（Moses I. Finley, *Democracy Ancient and Modern*, préface à la 2e éd., Londres, The Hogarth Press, 1985, p. IX）。

3　约瑟夫·熊彼特（Joseph Schumpeter，1883—1950）是原籍奥地利的政治经济学家，20 世纪中期定居美国，因其经济波动的理论而著称。——译者注

想当中“重新发现”“新的民众参与形式”。[1]事实上，有些地方左派和右派政治家已经让我们习惯了把“参与”当作他们竞选话语中必不可少的内容。

另外，从这些雅典制度的综合介绍和总体分析当中，我们可以明显看到民主的实行和统治权之间过去的关系，或者民主持续下去的可能性和统治权的必然性之间的联系。由此而出现的是公元前 4 世纪的问题：一旦建立了民主之后，如何重建统治权力？尽管如此，芬利认为，民主最终失败的原因还是要到雅典之外去寻找：虽然公元前 4 世纪没有公元前 5 世纪那种“旺盛的生命力”（喜剧所起的作用已经不再一样），但也还不是一个没落的世纪。[2]克洛德·莫塞在最新的报告当中，正是从民主和统治权之间的这种“危险的关系”再次出发，并借此机会回到“雅典的民主是如何终结”的问题上，只是这一次，她是从对雅典民主现实的变化提出问题开始的。[3]我们知道，统治权的问题，因此也就是民主与统治权的问题在美国变成了十分现实的问题。是时候重新翻开档案材料，取得人们的信任，发表作品，而且肯定也要提出新的知识，扩大视野，而不仅仅是关注当代的问题。

芬利的书还有现实的意义吗？精英理论以及这一理论所导致的必然结果，也就是民众对政治的冷漠，还能够顺水顺风地前进吗？或者说舆论的民主，也就是我们的民主，及其各种民意测验和代表样本，是已经解决了问题，还是把问题推向了更远处？采用市场的方法，是减少了人们对政治冷漠的态度，还是相反，加强了人们的这种态度？

---

1 芬利：《古代民主与现代民主》，第 89 页。若泽·安东尼奥·达卜达卜·特拉布勒希：《直接参与和希腊民主：堪称楷模的历史？》（José Antonio Dabdab Trabulsi, *Participation directe et démocratie grecque. Une histoire exemplaire?*, Besançon, Presses universitaires de Franche-Comté, 2006）：这是对雅典直接参与政治的一项研究，其中也提到，一位古代历史学家从公民的角度进行的思考，作为公民的历史学家担心的是，在我们的民主当中公民参与程度不够，担心对古代的宣传工作做得不好。

2 芬利：《古代民主与现代民主》，第 170 页。

3 尤其是从两本书出发，古斯塔森主编的《修昔底德的国际关系理论：持久的占有》（L. S. Gustafson, [dir], *Thucydides' Theory of International Relations. A lasting Possession*, Baton Rouge, Louisiana State University Press, 2000）以及前文所引洛伦·萨蒙的《民主出了什么问题，从雅典的实践到美国的崇拜》。

长久以来，采用互联网的办法结果又如何呢？至于民众的新的参与形式，主要应该到公民社会一边去寻找：各种协会越来越多，非政府组织的势力越来越大，互联网上出现的各种论坛、博客等百花齐放、日新月异，但是，所有这一切首先是建立在“政治”的边缘上，与“政治”保持一定的距离，因此也就与雅典精神离得很远。另外，在媒体领域，由于人们承认直接面对公民的重要性，似乎混淆了“直接”的民主和“直播”的民主。不久之后，信息技术提供的各种可能性导致出现了种种电子投票的建议。丹麦的一位大学老师甚至想象出基于“一种第二位的电子议会”的直接民主模式：从 7 万名丹麦人当中抽签决定一些人，在一年的时间里投票决定一些重大的政治草案（在自己家里就可以投票）。[1] 这也许算得上是直接的民主，但是人们并没有面对面地讨论问题，所以仍然与雅典相距甚远。

皮埃尔·维达尔-纳凯是将芬利的思想引入法国的主要思想家，在为芬利的作品法译本写前言时，他将讨论问题的框架进行了一定的挪移，回溯到法国大革命和启蒙运动。的确，他的目的不是在法国讨论精英理论，不是论述作为芬利的思想产生根源的 19 世纪的自由传统，而是要分析这一时期与古人的关系是如何从很大程度上政治化的；在经过了若干讨论之后，紧接着与古人的关系政治化而来的，就是鉴别与抛弃。在卢梭和贡斯当之间，通过当时的恐怖活动，从古人的自由过渡到了现代人的自由，从自由的专制主义过渡到了对个人自由的捍卫，从古人的民主过渡到了代议制。当时法国正在寻求建立宪法，而当时“终结”这个词，从第三种意义上来看，也就是必须结束对古代共和的模仿这种意义上来看，即使不能说它完全准确地代表了当时的口号的话，至少也代表了一种真正的理论和实践上的得失。

这是第一种引入如何使用民主的历史学运动（用一本历史学文集的话说，就是《从别处看到的希腊民主》）；除此之外，维达尔-纳凯

1 详见前文所引摩根斯·汉森的《古希腊民主的传统及其对现代民主的重要性》，第 54–55 页。

又增加了第二种运动——是从他的古希腊历史学家的研究中提出的：从其边缘考察的民主，从希腊民主所排斥的东西来看待雅典的体制，从奴隶到妇女，也包括年轻人、异邦人、蛮族人、野蛮人。当时左派人士一致接受的主题，直接涉及20世纪60年代和70年代使我们的社会发生了动荡的运动，也影响了人们对日常民主进行思考的方式。这都是对古代民主提出的一些现代问题。显而易见的是，如果这样做的目的不再是谴责雅典，急于结束对雅典的模仿，那又是什么呢？当时掌握着大、中、小学教育阵地的人们，我们称之为人文主义者，他们非常重视的是理想化的雅典，拒绝这样的雅典，就等于主张一种消过毒的甚至是脱离了人间烟火的民主。如何做到这一点呢？通过更好地理解雅典体制的实际运作模式，让我们的想象具有一切应有的内容。放弃我们与这种民主虚假的亲近感（事实上这在法国还是新近才有的想法），代之以明确的距离感，而且转向人类学，以便（至少是在某种程度上）从人类学的角度看待古希腊人：这就是这场思想运动和斗争的普遍意义。因此既不是终结，也不是回归，而是关注那些值得关注的古希腊人，与他们保持一定的距离，以便能理解那一短暂的历史时期所具有的鲜明特点，在那一短暂的历史时期，政治变成了对政治事物的表达。[1]

与前两个例子相比较，第三个例证似乎更有局限性，几乎是技术上的一个例子，但是我们认为，这个例子之所以值得关注，是因为它来自一些历史学家的研究，他们明确地从民主的终结问题出发，而且关注的焦点是公元前4世纪。哲学家和我们以上提到的历史学家之所以对这个问题进行了思考，不是因为民主的终结，而是因为民主的出现：是因为丢失了的宝贝，是因为重新出发或者萌芽。而芬利则把注意力主要集中在雅典民主的实际运行上，同时不忘着眼于民众的参与和自由；维达尔-纳凯则轮流探索了民主是如何建立起来的，在民主

---

1 马塞尔·戈谢：《政治的条件》（Marcel Gauchet, *La Condition politique*, Paris, Gallimard, 2005, p. 18）。“政治随着民主的出现——多亏了民主的出现而诞生，政治被理解为一种活动，在这种活动当中，使得政治事物得以形成的限制成了集体商议和决定的对象。”

的边缘地带有什么，民主是如何被使用的，也包括现代人如何使用民主，而不仅仅是民主本身。现在，在关于雅典民主的讨论中，最为活跃的两个对立方是乔赛亚·奥伯和库尔特·拉夫劳伯[1]的思考，主要是针对民主的开始：究竟是突然发生的革命还是缓慢的演变导致产生了民主？[2]

因此，公元前 4 世纪究竟发生了什么？在不久之前，人们认为合适的回答是，那是一个危机和没落的时期，是接近终结的时期。民主派的德摩斯梯尼不是已经用同胞的冷漠与前辈的参与进行对照，用今天和昨天有钱人的行为进行对比了吗？[3]他在讲话中经常提到的这一主题，实际上是在老调重弹，是在回顾城邦的过去，是要恢复祖先的政体（patrios politeia），伊索克拉底就曾经是拥护这种老调的主要人物之一。[4]在法国，从度律依（Victor Duruy）到古斯塔夫·格洛茨和雅克利娜·德·罗米伊（Jacqueline de Romilly），一种从自由的、“资产者的”角度看待雅典的观点建立了起来，认为公元前 5 世纪是一个和谐的世纪，继之而来的公元前 4 世纪则是一个糟糕的世纪，一个自私、混乱和冲突的世纪。[5]过渡，或者更准确地说是断裂，发生在伯里克利

1　乔赛亚·奥伯（Josiah Ober），美国研究古希腊的历史学家和古典政治理论家，其研究试图将古希腊历史和哲学与现代政治理论和实践联系在一起。库尔特·拉夫劳伯（Kurt Raaflaub）是瑞士历史学家。——译者注

2　在他们发表的很多言论当中，我们可以参照由他们二人组织的一次研讨会的论文集《2500 年的民主？问题和挑战》。

3　德摩斯梯尼：《反贵族》（Démosthène, *Contre Aristocratès*, 206–209）；以及前文所引克洛德·莫塞的《古希腊的政治与社会》，第 123、128 页。

4　摩西·芬利：《祖先的宪法》，载《神话、记忆、历史：对过去的使用》（Moses Finley, “La constitution des ancêtres”, dans *Mythe, mémoire, histoire. Les usages du passé*, trad. fr, Paris, Flammarion, 1981, p. 209–251）。

5　妮科尔·洛罗，皮埃尔·维达尔–纳凯：《资产者的雅典之形成：1750 年到 1850 年历史研究》（“La formation de l’Athènes bourgeoiss: essai d’historiographie 1750–1850”）见于《从别处看到的希腊民主》第一卷，第 161–209 页。雅各布·布克哈德特（Jacob Burckhardt）介绍的雅典也是在恢复民主之后走向了没落的。雅克利娜·德·罗米伊在《希腊民主的问题》（*Problèmes de la démocratie grecque*, Paris, Hermann, 1975）中强调，她的论断是有现实意义的。她说：“一切民主都会从不同程度上遇到相似的问题”（第 XV 页）。因此，她并不是想“根据现代对历史的解读，重新定义希腊的民主问题”，而只是“寻求看清楚希腊意识是如何定义这些问题的”（第 XVI 页）。这是阐述现代问题的可靠方法。由此，才有了以下三章论述：1. 民众的盲目，2. 民主的无政府状态，3. 党派与祖国。

继承克莱翁（Cléon）的权力之时。当时雅典落入蛊惑人心的政客手中，诽谤者飞扬跋扈，民主制度遭到破坏。

克洛德·莫塞是从另外一个领域，也就是当时正处在征服时期的经济和社会历史的领域，开始探索公元前4世纪的危机的，同时“冷静地分析了城邦体制的瓦解”。[1] 民主的终结在成为政治问题之前，在被归咎于某种激进民主之前，首先是由深刻的经济和社会危机导致的。

然而，在20世纪80年代，一系列以民主制度为中心的研究提出了另外一种对公元前4世纪的看法。为这种看法做了最经常、最系统辩护的，是丹麦的历史学家摩根斯·汉森，美国有些古典学者也在这方面做了一些研究。从这些研究当中，我们可以看出，公元前4世纪的民主如果不能说是“温和”的民主的话，至少也可以说是“改革”的民主。汉森的作品从很大程度上让我们了解了他的立场，值得关注的是，他的作品名称是《德摩斯梯尼时代的雅典民主》（*La Démocratie athénienne à l'époque de Démosthène*）。[2] 相反，公元前5世纪，从厄菲阿尔特（Ephialte）的改革一直到伯罗奔尼撒战争的结束，可以被认为是一段激进民主的时期。“很难否认公元前4世纪的雅典人已经厌倦了极端主义的原则，并试图建立一种‘温和’的民主，或者至少是想建立一种‘改革’的民主，使法院和法官成为控制机构，负责维持议会，保证领导人行使职权，并恢复法律。”[3] 马丁·奥斯特瓦尔德（Martin Ostwald）用了整整一本书的篇幅，说明当时是如何“从人民的最高权力过渡到法律的最高权力”的；拉斐尔·西利（Raphael Sealey）也写了一本书，书名就是《雅典共和国》（*The Athenian Republic : Democracy or the Rule of Law?*）。[4]

---

1 详见前文所引克洛德·莫塞的《雅典民主的终结》，第31页。

2 摩根·汉森：《德摩斯梯尼时代的雅典民主》（*Mogens H. Hansen, La Démocratie athénienne à l'époque de Démosthène*, trad. fr. S. Bardet, Paris, Les Belles Lettres, 1993）。

3 同上，第346页。

4 马丁·奥斯特瓦尔德：《从人民的最高权力到法律的最高权力？》（Martin Ostwald, *From Popular Sovereignty to the Sovereignty of Law?* , Berkeley, University of Califonia Press, 1986）；拉斐尔·西利：《雅典共和国：民主还是法律规则？》（Raphael Sealey, *The Athenian Republic: Democracy or the Rule of law*? , University Park, Londres, The Pennsylvania State University Press, 1987）；前文所引克洛德·莫塞《古代希腊的政治与社会》，第178页。

如果说雅典是什么的话，那它就是一个共和国，而不是一种民主制度：它的宪法历史是法典逐渐形成的历史。这种共和派的看法几乎使雅典和共和的创立者们的看法相近了：那是麦迪逊（Madison）眼中看到的雅典。无论如何，公元前4世纪都被人们认为是一个民主已经建立起来的世纪，而不是民主正在走向没落的世纪，那甚至可以是民主处在巅峰的世纪。[1]克洛德·莫塞虽然没有把这些新的立场统统融合在一起，但说到底也承认应当放弃“没落”和“终结”的说法，接受雅典的制度发生了“变化”，是在“适应”伯罗奔尼撒战争产生的新的条件。[2]

但是，值得关注的问题是转变的问题？问题从何而来，是何种原因使其成为可能的？我们知道，大部分资料都是公元前4世纪的；关注这些问题的人回答说，问题就产生于对这些资料进行的分析（对公元前5世纪的民主的看法，基于人们对公元前4世纪一些资料的选择）。但是仅此而已吗？他们是以何种假设开始研究的呢？我们可以很清楚地看到，他们使用的概念，并不是关于“城邦”的概念。关于“城邦”的概念强调全体论的意义。在奥斯温·默里（Oswyn Murray）的分类当中，法国的“城邦”（polis）是“某种圣体圣事”，而美国的“城邦”则是“将国会黑手党的实践和正义的原则与个人自由组合在了一起”。[3]另外关注法官的作用（法官组成了负责修改法律的委员会）和法院的权力，总之是关注一切可以表明削弱人民的最高权力的东西，甚至是关注那些能够减少人民参与的东西（德摩斯梯尼批判的冷漠，表现为人民对政治的漠不关心），这种关注在很多问题上与民主的精英理论相呼应。[4]实际上，权力的实施掌握在少数几个政治家手中，这些政治家又以他们的党派为基础。应当说，在雅典的时候就已经是这

1　沃尔特·埃德：《贵族与雅典民主的未来》，载前文所引《民主2500？问题及挑战》，第117页（Walter Eder, “Aristocrats and the Coming of Athenian Democracy”, dans *Democracy 2500? Questions and Challenges, op. cit.*, p. 117）。

2　详见前文所引克洛德·莫塞的《古代希腊的政治与社会》，第229–230页。

3　奥斯温·默里、S. 普里斯主编的《从荷马到亚历山大的希腊城邦》（O. Murray, S. Price [dir.], *La Cité grecque d’Homère à Alexandre*, Paris, La Découverte, 1992, p. 15）。

4　详见克洛德·莫塞：《古代希腊的政治与社会》，第123页。

样了；这是雅典现代性的标志，也说明它离我们并没有那么遥远。在此之前被解释成制度危机的东西，事实上应当被理解成一种正在正常化过程中的民主的证据。

他们是这样认为的，另外，与他们联系在一起的知识传统也这样认为，“终结”作为必须与雅典隔断并与之保持距离的意思，从来就没有成为直接的赌注：法国大革命造成的断裂并没有产生同样的力量，而且美国的革命倒是更多地转向了波里比阿，让人们更愿意思考混合的宪法和亚加亚式的联邦。汉森以自己的认同感和相近性，坚决地与雅典城邦的相异性对立。[1] 如果民主派指的是乔治·格洛特说的“激进主义”的意思，与约翰·穆勒的意思相近，那么我们会认为雅典之所以走向了没落，不是因为民主太多，而恰恰是因为民主不够。[2] 如果我们或多或少地赞成精英主义的观点，那就能够证明民主走上了正确的方向；如果我们自称是杜威式的民主，正如今天的乔赛亚·奥伯所做的那样，那我们就会认为，雅典可以提供一种批判的思想与务实的民主之间的密切关系的模式，虽然这种模式是片面的、不完善的、有问题的；杜威认为（我也和他一样认为），这种关系是先决条件，只有在这样的条件之下，才能建立实际上我们可以想象的最好的政体，建立真正值得我们期望的，真正值得我们为之付出热情努力的城邦。[3] 无论在何种情况之下，公元前 4 世纪的雅典都可以是一种参照和源泉。

围绕美国当代的民主问题，不久前，我们听到一些人的声音，这些人利用屡试不爽的相似性的便捷方法，以另外一种方式将美国的民

---

1 摩根·汉森：《波利斯与城邦：古代的概念以及当代对应的概念》（Mogens H. Hansen, *Polis et Cité-État. Un concept antique et son équivalent moderne*, trad. fr, Paris, Les Belles Lettres, 2001, p.31–54）。

2 格洛特并不否认雅典的没落，但是他认为，雅典的没落产生于“民主感情”的日渐衰落，民主的感情组合了自由和义务，是对城邦自由和义务的意识。在公元前 4 世纪，对城邦义务的意识衰落了。详见利德尔的《乔治·格洛特的雅典自由和义务》（P. Liddel, “Liberty and Obligations in George Grote’s Athens ”, *Polis*, 23, 1, 2006, p. 157–159）。

3 乔赛亚·奥伯：《民主雅典的政治异议与民众规则的思想危机》（Josiah Ober, *Political Dissent in Democratic Athens. Intellectual Crisis of Popular Rule*, Princeton, Princeton University Press, 1998, p. 373）。

主和雅典的民主进行比较。他们探讨的不是民主的终结，而是民主怎样才会有结束的风险。因此，政治学家所探寻的是，今天的美国从雅典帝国主义的失败当中可以吸取什么样的教训？这是我们已经提到过的。如果修昔底德是国际关系的教授，我们也可以把他的作品看成“一本杰出的民族自杀运动手册”。[1]

一个年轻的古典研究者洛伦·萨蒙将这种担忧扩大到了民主本身。这仅仅是当代发生的一些偏移呢，还是民主设想当中更加深刻的错误？《民主出了什么问题——从雅典的实践到美国的崇拜》，这是他于2004年发表的一本书的书名。洛伦·萨蒙主张进行思想上的改革，尤其是道德上的改革。我们对这本书不必给予过多的关注，但是我们可以把这本书看作一个标志。标志着什么呢？至少是怀疑的标志，这种怀疑使作者得出结论说，雅典之所以保持了那么长时间屹立不倒，不是由于有民主，而是尽管有民主！从逻辑上说，雅典民主的终结进程从公元前508年就开始了。但是在雅典，责任的意识和宗教仍然保持了强大的力量，而美国则不是这样，美国渐渐丧失了这种力量，使民主成了一种宗教，这与创建美国的国父们的愿望相隔了十万八千里。然而，我们不能忘记的是，创建美国的国父们从一开始就否弃了“纯粹的民主”（雅典式的纯粹民主），选择了代议制共和国，按照麦迪逊的原话说，代议制共和国的前提是“完全排除人民以其集体的能力参与美国政府”。[2]那么，又何必在讨论中召集雅典人来，并谴责他们呢？从原则上说，雅典人与这场讨论没有任何关系。除非想表示的意思是，昨天和今天的民主都有共同的特点，都不可避免地会发生偏移，

1 尼克·帕帕：《雅典与美国》，载前文所引《修昔底德的国际关系理论：持久的占有》，第230页（Nick Papas, “Athens and America”, *Thucydides' Theory, op. cit.*, p. 230）。亦请参见特里特尔的《修昔底德与冷战》，载迈克尔·梅克勒主编的《古典古代与美国政治：从乔治·华盛顿到乔治·布什》（L. A. Tritle, “Thucydides and the Cold War”, *Classical Antiquity and the Politics of America from G. Washington to George W. Bush*, Michael Meckler [dir.], Waco, Baylor University Press, 2006, p.127–140）。

2 “The total exclusion of the people in their collective capacity from any share in the American Governement.” 前文所引约翰·邓恩的《让人民自由：民主的历史》，第79页援引了这句话。

而这种偏移会危及人们共同的生活。我们说的是什么呢？是代议制民主的危机？是直接民主的恶果？是舆论民主没有出路？美国的这些反应，我们只是在这里简单地提一提，却能引导我们走向另一场讨论，也就是关于当代民主问题的讨论，而不仅仅涉及美国的民主，因为，如果认为这场讨论涉及的，只是霸权问题（因为霸权问题是占主导地位的问题），那就太天真了。“雅典民主的终结”是个真正的问题吗？总而言之，如果立刻借用相似性来思考问题，那么反映的更多是一种担忧，而不是想澄清问题。

第五章

法国式的希腊 I

从菲斯泰尔·德·库朗热到埃米尔·涂尔干

1864 年的《古代城邦》

1864 年 10 月,《古代城邦：希腊和罗马的宗教信仰、法律和制度》出版了。作者是一个无名之辈，斯特拉斯堡文学院一位年轻的历史学教授。这本书出版的宗旨，是“讲述一种信仰的历史。信仰是建立起来的：人类的社会是慢慢形成的。这个社会在变化，它经历了一系列的革命。社会是会消失的：它会变换面目”。[1]

一部古典学作品的诞生

1862—1863 学年期间，菲斯泰尔讲课的内容是“古人的家庭与国家”课程[2]一学年的讲稿辑录成的一本书。这本书于 1864 年完稿，之后通过他的同学和朋友乔治·佩罗（Georges Perrot）开始寻找出版商；在巴黎，乔治·佩罗认识的人比他多。这本书最终在斯特拉斯堡的西尔贝曼出版社（Silberman）印行了，巴黎的迪朗（Durand）同意提供注

1 菲斯泰尔·德·库朗热：《古代城邦》(Fustel de Coulanges, *La Cité antique*, Paris, Flammarion, “Champs”, 2009, p. 546)。本文是 1984 年《古代城邦》这本书在“Champs”丛书第一次再版时的前言（第 I 页到第 XXIV 页）。

2 同上，附录一，第 627–640 页。

册号，而作者则同意预先支付需要的款项（也就是1843.7法郎）；书先印了650册：一开始像要保密一样，或者几乎像要保密一样。

佩罗是菲斯泰尔的通信人、出版代理和审稿人。不久，佩罗便给他发来了好消息："迪朗对销售情况感到很满意，而且你的书在索邦大学和师范学院的读者很多，现在已经受到很大的关注。你不用担心没有人注意你的书了。"但是，他责备菲斯泰尔没有在巴黎住上半个月，"好将自己的作品介绍给好的出版社"："只有当200人都在谈论某一本书时，公众才会去读……"[1] 在基佐（Guizot）的建议之下，他提出申请，参评法兰西科学院的蒙梯昂奖（Prix Montyon）。后来果然评上了。在颁奖仪式上，维尔曼（Villemain）在介绍时把他说成是"一个博物学家和政论作家，对古典时代的研究颇具天才，观点新颖，文笔绮丽"。第一版很快就卖完了。1865年8月，他与阿歇特出版社签订了一份合同（从此之后，阿歇特出版社便成了他的出版商）。新版本出版了1000册；他的名声还不是很大。

从那以后，他的书一次次再版和重印：1889年，在菲斯泰尔去世的那一年，重印次数达12次之多，1912年累计重印22次，1924年达到28次。[2]后来还出版了很多语言的翻译版本（俄语版本出版于1867年，第一个英语的版本1873年出版于波士顿，西班牙的译本出版于1876年，但是德语版到了1907年才出版，意大利文版1924年出版）。菲斯泰尔去世后，随着时间的流逝，他的名声（总的来说，他写中世纪的作品比古代时期的多）渐渐衰落，最后，他只是"《古代城邦》的作者"，而且他留在人们记忆当中的，也就只剩下这部作品了。这本书也渐渐成了经典，变得名声显赫，其价值也为人承认，但是真正读的人并不多，变成了法国文学遗产的一部分。在几十年的时间里，这

1 1865年3月7日的信。见于巴里尔（M. J. Baril）的档案资料。

2 每次再版的印数没有保留。但我们可以大胆地估计一下：假设每次印数为2000册或者3000册，1924年总销售数量达到令人震惊的55 000册到80 000册。从1920年到1922年每一次的重印数为3000册，1923年为5000册（似乎是这个数），因此估计销售80 000册的可能性似乎更大。后来，除了阿歇特出版社重版之外，还有其他的出版社出版过《古代城邦》这本书。

本书都是法兰西共和国中学的获奖作品，见证了这本书渐渐走向圣坛的过程。

菲斯泰尔的学生卡米耶·朱利安（Camille Jullian）编辑的《法国十九世纪历史学家选读》(*Choix des historiens français du XIXe siècle*, Hachette, 1896)是一本非常著名的历史选读书，其中也选择了菲斯泰尔的作品；另外，他的作品也在1947年被选入阿歇特出版社沃布多勒古典作品丛书（*Classiques Vaubourdolle*），这对推动他的思想传播，或者促进人们阅读他的作品，也起到了积极的作用。

大家一致承认他的作品具有独到之处。但是，他的作品并非诞生于一片荒漠之中。德国的哲学家对这一主题已经有很多研究，也有多种综合性的论述，甚至也都有法文译本问世。比如巴托尔德·乔治·尼布尔(Barthold Georg Niebuhr)的《古罗马史》(*Histoire romaine*) 1830年就有法文译本。特奥多尔·蒙森（Theodor Mommsen）用法文翻译的《古罗马史》第一卷出版于1863年。在英国，乔治·格洛特的《古希腊史》(*Histoire de la Grèce*)占有主导的地位（这部作品1865年翻译成法文）。法国的情形要简单一些，只有杜鲁依（Duruy）大胆出版过一些一般性的作品：1862年，他的《希腊史》(*Histoire grecque*)第二版出版。约瑟夫-达尼埃尔·吉尼奥特（Joseph-Daniel Guigniaut）(菲斯泰尔的拉丁文博士论文题词是献给他的)翻译、改编、评注了弗里德里希·克劳伊泽尔（Friedrich Creuzer）的《古代先民的符号体系和神话》(*La Symbolique et la mythologie des peuples anciens*)，与阿尔弗雷德·莫里（Alfred Maury）一起，在古代宗教学领域占有主导的地位。

不过作者的目的与他们不一样：他不是要写一部古希腊和古罗马的历史，用勒南的话说，他是要写“反历史之史”，写一部根据对梵文的解读（1784年），根据对印欧大陆的理解，由于逐步的发现而成为可能的历史，比较语文学和比较神话学都在热情洋溢地承认这些认识成果。1863年，《吠陀论》(*Essai sur le Veda*)出版，埃米尔·比尔努夫（Émile Burnouf）在书中总结了那些被说成是“我们人类最为古老的遗迹”的东西。因此，当菲斯泰尔在前言中写道，“古希腊人和古罗马人最为古老的信仰是我们最应该了解的”，因为正是这些信仰可以从很大程度上让我们知道后来发生的变化，而且历史学家在没有古代文本引导的情况下，可以通过语言、文字、仪式进行研究，而这些都是已经成为过去的时代的遗迹；因此，他就这样坚定地让印欧语成为自己研究的背景。

从更加广泛的意义上说，菲斯泰尔的书也属于一场大规模的研究运动，人们在研究中关注起源，或者更准确地说，是在 19 世纪努力建立面向起源的历史。《古代城邦》重新勾画了古希腊人和古罗马人社会生活起源的历史；1863 年出版的《耶稣的生平》（*Vie de Jésus*）也是这样（这本书一出版，立刻在书店受到热烈欢迎），这本书自称是《基督教起源史》（*Histoire des origines du christianisme*）的第一卷。几年之前（1861 年），约翰·雅科多·巴霍芬（Johann Jakob Bachofen）打算在作品《母权论》（*Das Mutterrecht*）当中重新展示原始社会母权的行迹。亨利·詹姆斯·萨姆奈·梅因（Henry James Summer Maine）也出版了《古代法》（*Ancient Law*）。[1]

正如佩罗写信给菲斯泰尔说的那样，他不用担心没有人知道他了。当然《古代城邦》不是一本畅销书，但它是人们到处都在谈论的书。书评很多，而且内容翔实；从这些书评当中，我们可以了解人们是如何阅读这本书的。所有写书评的人都异口同声地赞扬作者文字简洁、清楚，风格严谨但是并不生硬，书的内容引人入胜，说服力强，让人想起孟德斯鸠的文笔。至于他的研究方法，人们的争论则更多一些，虽然在谈到他的研究方法时，也有人提到孟德斯鸠的风格，甚至与托克维尔更相近。丹纳在《论坛报》（*Journal des débats*）上撰文说：“该

1 “本书的主要目的，是指出一些人类原始的观念，比如古代法律所反映的一些观念，并指出这些观念和现代思想之间的关系。”菲斯泰尔当时还不知道有这本书，因为这本书到 1874 年才翻译成了法文。

作品的论述系统完整，这在今天是难得一见的优点，几乎无与伦比。现在的人只是擅长写专题论文，并对没完没了的细节进行研究。他为我们提供的不是事实的堆积，而是事实的观念，整部作品基于独到的、特殊的设想。”相反，夏尔·莫雷尔（Charles Morel）则认为，所谓的系统性不是优点，而是一个重大的弱点；他在新创刊的《历史和文学批评杂志》（*Revue critique d'histoire et de littérature*）上发表了一篇很长的评论，最后的结论是：“菲斯泰尔·德·库朗热先生以巧妙的论据、优美的文字对自己的观点进行了论述，但是他用以支撑自己的论据的，常常是一些悖论，是他想证明的一些排他性的论断。他的作品表现出了天才、独到的特点，甚至也表现出了一定的科学性；但是总而言之，他失败了，正好比想根据想象编造历史的人都会失败一样。”加斯顿·布瓦西耶（Gaston Boissier）在《两个世界杂志》（*La Revue des Deux Mondes*）上用颇有大学教授特点的语言，抑扬顿挫地也说到所谓的“体系”，“有优点，但是也有危险”，这是必然的。其他的一些评论则是从历史哲学的角度提出的。

古人的自由和现代人的自由问题只是在次要的地位上吸引了人们的注意。沙梅-拉库（Challemel-Lacour）在发表于《时代》杂志（*Temps*）上的一篇批评意味相当强烈的书评中，反复提到“系统”，但是也关注了有关古人与现代人的自由的问题：“我并非不知道的是，现在这个时候，反反复复地说古人是奴隶，这是很时髦的事，也许这样做是为了让我们更好地感受到我们的自由。”但是，政论作家和政治家奥古斯特·施内甘斯（Auguste Schneegans）在发表于《下莱茵河信使杂志》（*Courrier du Bas-Rhin*）的一篇文章当中，明确阐述了争论的真正关键。[1] 他首先引述拉布莱（Laboulaye）的话。拉布莱认为，研究古代是有用处的，但是模仿古代，那就是“幼稚和危险”的了。作者在菲

1　《论坛报》，1864 年 11 月 11 日；《历史和文学批评杂志》，1866 年第 1 期，第 232–238、252–258 页；《时代》杂志，1865 年 12 月 1 日至 14 日刊；《下莱茵河信使杂志》，1865 年 1 月 6 日。

斯泰尔之后解释说，我们为自己打造了一个想象中的古代。“如果卢梭更好地理解了什么是古代，1789年之后受到他的思想启发的人们就不会把现代的自由和古希腊的自由混淆在一起。他想给我们提出一个完美无缺的体制，所以并没有按照古罗马的模式照搬这些体制。卢梭等人为了建立自由而做出的努力是值得我们永远纪念的，他们并不是仅仅从古代人民的最高权力当中去寻找这种自由；“实际上，在我们这个现代的世界上，古代人民的最高权力不是别的，只不过是让所有的个体都接受无所不在的国家的奴役”。因此，准确地了解古人，是有用处的。

宗教是第三个敏感的问题。在书里，专家们把菲斯泰尔的宗教分成了两种存在，一方面是祖先和家庭的宗教，另一方面是自然力量的宗教；而且前者先于后者。然后从总体上来说，如果一本书有那么多内容都是谈论宗教的，而且最终以基督教的开始为结束，那么，这本书就只能是对宗教的赞颂。因此，作为最后的多神论者路易·梅纳尔（Louis Ménard）责备他写了“一本反对古代社会，为基督教社会辩护的书”。菲斯泰尔反驳说：“我看得出来，你比我更加赞美古代，但是我并没有比你更加赞美中世纪。你比我更加世俗；我并不比你更加信奉基督教。”[1] 然而，这个理由被人们接受了，而且在很长时间里，菲斯泰尔被人认为是教权主义者。这让他感到很难过，他的笔记中有好几页从未发表过的内容，证明他感受到的痛苦。在这些笔记里，他驳斥那些人的论据，谴责他们的方法。1878年，为了得到索邦大学中世纪历史教学的第一把交椅，他还不得不说服预算委员会主席甘贝塔（Gambetta）相信，他在思想上是独立的。他在高等师范学院的老师，在法兰西学院的同事朱尔·西蒙（Jules Simon）也为此起到了积极的作用。

最后一点，是关于博物学的问题，更加准确地说，是关于他如何使用德国一些作者的观点。人们注意到他的书中没有任何对现代作品

1　1868年4月7日写给路易·梅纳尔的信。见于尚皮翁的《菲斯泰尔·德·库朗热的政治和宗教观念》（E. Champion, *Les Idées politiques et religieuses de Fustel de Coulanges*, Paris, 1903）。

的参照，对任何当代的论断都没有公开地进行讨论，似乎对话存在于而且只直接存在于古人和作者之间：这本书并不是出现在荒漠之中，但是，似乎这本书又假装出现在荒漠当中。[1] 佩罗毫不犹豫地把一些严肃的批评告诉他（关于两重宗教的问题），但是又祝贺他没有“过多地引述别人的话”，而且也没有“过多地采用笔记的方法”。相反，《公共教育杂志》（*Revue de l'Instruction publique*）[2] 上发表的一篇带有赞美意味的书评最后是这样说的：“里面有德国人的影子，有尼布尔的影子，有蒙森的影子，也有德国法学家的影子。当菲斯泰尔利用这些人的思想，或者脱离他们的思想时，为什么不告诉读者呢？他会让人们明白，他不像那些有着奇思异想的人通过绝对差异的方法进行研究，而是遵循科学的道路，遵守科学的传统。这样做，他的独特之处不会有丝毫损失，人们会从更大的程度上把他看成一个大师，人们会看到，他与心有灵犀的人是相通的。”

一方面是赞扬，另一方面是遗憾，从中也表示出对学术著作的两种不同观念。沃恩凯尼格认为，一名德国的通信人问他能否以一些现代的权威为基础进行研究时，菲斯泰尔重新勾勒了其作品产生的过程：因为他不能采用尼布尔的体系，也不能采用任何其他人的体系，所以他才决定去读古人的作品，读所有古人的作品，而且只读古人的作品。“由于这一决心，我只是在我的书快脱稿的时候，才知道了一些德国的研究成果，尤其是蒙森的成果。”[3] 最后，对于有人指责他，说他的历史是根据想象杜撰出来的，而没有研究真正的历史时，他反驳说：“我尤其认为，我写的是一部博物学作品”，但是，“我是在自认为发现了真理的时候，才开始写这本书的，可我并没有考虑如何把这一点表现

1　菲斯泰尔懂德文吗？在他写给沃恩凯尼格（Warnkoenig）的第一封信中（详见前文所引《古代城邦》，第 637 页），他说“他不懂德文”，并为此感到抱歉。但是在他的行政管理档案当中，有人发现一些关于个人状况的说明，在“懂什么语言”一项，他填的有“德文”；另外在他的研究笔记当中，有对德文作品的参照（数量很少）。因此我们可以认为，他能够看得懂德文，或者勉强可以看得懂，但是不能用德文写作，不能讲德文。

2　详见 1865 年 9 月 7 日至 14 日的《公共教育杂志》上刊载的博德吕（F. Baudry）的文章。

3　详见前文所引《古代城邦》第 638 页收录的信。

出来。先生，我住的地方离莱茵河不远，但至少我还是住在河的左岸；我想以法国的方式写作，也就是说，我要把思想表达得简单、明了”。真正的博物学家是不会把博物学放在心里的。

就在同一时间（1867年），在为《耶稣传》第十三版写的前言中，勒南觉得有必要解释一下，他为什么决定离开目录学进行研究：“我想我已经明确地说明过我从德国科学大师那里学到了什么……不能说我对这样的科学只字不提是忘恩负义。”他还声称，他增加了援引的语录。事实上，这些年以来，一种新式的学术著作开始为人接受，尤其是通过对德国语文学的参照，作品中注释多，援引的语录多，参考书目完整。而且，从《古代城邦》的第二版开始（1866年），参考书目就多了起来；增加了一章新的内容，对一些段落进行了修改，后来（1879年）注释也比过去更加翔实。不过也就仅此而已。1884年，出版修订新版本的计划没有最后落实，从当时菲斯泰尔写的前言草稿中，可以看出他的进退两难。如果重写《古代城邦》，也就意味着要毁掉它。

尽管毁誉参半，《古代城邦》不久便成了可供参考的重要作品，至少在法国是这样。奥古斯特·热弗鲁瓦（Auguste Geffroy）1867年的《历史研究报告》（*Le Rapport sur les études historiques*）是个例证。在报告中，奥古斯特·热弗鲁瓦概要地叙述了菲斯泰尔的论断，说这是历史科学的可靠成果。[1]

菲斯泰尔的治学

《古代城邦》出版时，菲斯泰尔·德·库朗热34岁。他是高等师范学院的毕业生，也是雅典学院的毕业生。从1860年开始，他就是斯特拉斯堡文学院的历史教授。1858年，他答辩通过了拉丁文论文《维

---

1 见于《法国文学和科学发展报告文集》（*Recueil des Rapports sur le progrès des lettres et des sciences en France*, Paris, 1867）。

斯太的崇拜》(*Culte de Vesta*),以及法文的论文《波里比阿或者被罗马人征服的希腊》(*Polybe ou la Grèce conquise par les Romains*)。法文的论文就像出自波里比阿的笔下,不仅为贵族辩护,而且还带着自由派人士的口吻。罗马的力量,是贵族的力量,罗马的贵族只是在表面上与平民分享了权力。反过来,希腊的弱点来自连绵不断的内战,"这个国家只有两座城市,而这两座城市始终处在交战之中",那是一场民主与贵族的战争。

《波里比阿或者被罗马人征服的希腊》主题是思考希腊的自由和"市政制度"的终结,而《维斯太的崇拜》探索的则是人类社会的开始。虽然对维斯太的研究与吉尼奥特很相近,但是问题的提出却有他自己的特点:社会的联系究竟是什么?这也是《古代城邦》最为核心的问题。但是对这个问题的回答却不一样。现在,人类的原则、社会的作用因素是"维斯太"。在讲到从家庭到"氏族"(la gens)和"大氏族"(phratrie)再到城邦,从"一家之家"到"共同的家"时,菲斯泰尔已经阐述过这种运动。他把城邦看成一个教堂,其中的生活全部都是宗教("从这种意义上说,城邦是一座教堂;城市是一座神庙;法律和权利是一种宗教;法官就是教士")。

没有假设,或者更准确地说,菲斯泰尔和他所有同时代的人都认为,印欧是个事实,城邦这一事情本身就是不可思议的:有了城邦,我们从根本上就可以共同对待古希腊人和古罗马人。"我们之所以把他们放在一起研究……是因为这两个民族是同一个人种的两个分支,他们讲的两种方言是从同一种语言中派生出来的。他们有着共同体制的背景,而且经历了一系列相似的革命"(从这以后,作者就变得较为谨慎了)。[1] 出发点是一样的:中亚某个地方,被分散之前的印欧家族,而这个家族本身又是由原始宗教组成的。这一共同的起源就足以

---

1 详见杜梅泽尔的《神话与史诗(第一卷)》(G. Dumézil, *Mythe et épopée, I*, Paris, Gallimard, 1968, p. 15–16);《与杜梅泽尔的谈话》,载《一个时代的记事》("Entretien avec G. Dumézil", *Cahiers pour un temps*, Paris, 1981, p. 16–44)。

支持对他们进行比较研究，而比较研究不考虑年代学，只是在两个民族之间随意采集一些具有相似性的东西，以表达他们相似的演变当中最初的阶段。相反，蒙森虽然也是以这个共同的原始共同体作为出发点，但是他强调（而且他只能强调）各民族“走过的不同道路”。的确，罗马人取得了“民族统一”，这是希腊人从来没有做到的（德国人也做不到）。

就这样，把希腊和罗马共同对待，并提出城邦的问题，这是一种胆识，但是总体来看，这种做法更显得天真，而不像是经过深思熟虑的；作者从来没有怀疑过这种做法是否适当，没有考虑过可能的条件。然而，菲斯泰尔并没有局限于希腊和罗马，他还引入了一个第三项：印度。这样一来，他的比较会更加可靠吗？不会。他从来没有说过自己是东方学者，而印度，正如他向沃恩凯尼格解释的那样[1]，不是参与比较的第三项，而只是多了一个元素，在恰到好处的时候，来证实一种差不多已经形成的论断：“我开始研究古代事物中的一些东西时……《梨俱吠陀》（*Rig-Veda*）中的一个词让我想到欧里庇得斯（Euripide）的一句诗。通过玛露（Manou）的一个文本，我想到十二铜表法（Douze Tables）或者阿伊西尼（Isée），或者吕西亚斯（Lysias）中的某一段文字。”[2] 最后，我们在他的《古代城邦》的笔记中发现有几页摘要文字，题为《古代城邦以及与其他民族的关系》，他在其中摘录了一些简短的语录，有关于日本人和祖先灵魂的，关于中国和祖先的关系的，关于美洲印第安人及其父辈的骨灰的……这证明他思考过人种学的比较，但是也说明他考虑的是各种各样的比较，他注重的是收集材料，而不是解释现象。

《古代城邦》关心的是起源的问题，但也是一种方式，也就是研究有现实意义的历史，正如书评中在谈到关于自由的问题时所指出的

1　他写于1864年11月4日的信（见于前文所引《古代城邦》，第639页）。

2　关于印度的吠陀，详见夏尔·马拉默德的《神话词典》（Charles Malamoud, *Dictionnaire des mythologies*, Paris, Flammarion, 1981）。

那样。这个设想是非常明确的，而且这部作品的副标题本来可以是："与对古人的模仿决裂"。在他们和我们的现代人之间，距离是不可跨越的，错误地理解古人，对我们并非不会产生后果。菲斯泰尔在这部作品当中所针对的，是革命及其对古代的使用。人们之所以有这样的幻想，耶稣会的人、普鲁塔克、卢梭应当负主要责任。而这些幻想并不是完全不重要的，因为这些幻想最终导致了恐怖的局面。[1]"我们过去的 80 年明确表明，阻挡现代社会前进的重大困难之一，是现代社会产生了一种习惯，总是把古希腊和古罗马作为榜样。"因此，我们面对的任务就是让人们清楚地看到，这个世界已经永远地成了过去，我们现在面对的世界从根本上是不同的；我们要提出作为这个世界的基础的原则，展示使它具有内在关联的逻辑，勾画出它形成的阶段，然后从一场革命到另一场革命，再展示它是如何逐渐瓦解的。古希腊人和古罗马人虽然是祖先，但是他们也是外邦人；证明这一点，说服读者相信这一点，作为一个历史学家来说，他就可以为"人类的进步"做出贡献。

事实上，"他们"和"我们"之间的对立就像主旋律一样，在一章一章的内容中反复出现（我们不应该"用现代人的观念判断古人"，"对我们来说，这并不是宗教"，"我们很难理解祖先的崇拜"，"在我们看来，他们的信仰显得虚伪而可笑"，"我们必须首先从我们的思想上将现代政治的习惯抛开"）。

因此，孟德斯鸠（这是菲斯泰尔提到的唯一的现代人，当然还有卢梭）错了，恰恰是因为他没有准确地衡量古人和我们之间存在的这道鸿沟：那时的宗教远不是从属于国家的，"真实情况倒是相反"，读一读李维的作品就能够明白这一点。[2]

实际上，明白什么是我们主观的思想，与这样的思想保持距离，

1　详见前文所引皮埃尔·维达尔-纳凯的《希腊民主的传统》。

2　详见前文所引菲斯泰尔·德·库朗热的《古代城邦》，第 235 页。

通过“他们”来描述“他们”，而不是通过“我们”来描述“他们”；要做到这样，是要时时以比较为基础的：不是把他们作为模特摆放在那里，当作我们能够和应该模仿的对象，通过他们来看到我们，而是根据“我们”来看到“他们”，看到他们的差别，用相异性来确认他们，而之所以将两者进行对照，就是为了勾画出这样的差别和相异性（对照有时候是明确的，但经常是隐含的），今天“我们”试图模仿“他们”是没有任何意义的，因为人类进步了。

作为社会联系基础的信仰已经不存在了，而且随着信仰的消失，由信仰打造的社会也随之瓦解。书写这一时期的历史，就等于再次找到这种信仰，衡量它的作用，跟踪它的变化。因为信仰造就了历史：“对灵魂来说，再没有什么东西比信仰更加强大。信仰是我们的精神造就的，但是，我们无法按照自己的意愿改变它。它是我们创造的，但是我们并不知道我们创造了自己的信仰。信仰是属于人的，而我们以为那是上帝。它是我们的力量产生的结果，但是它比我们更加强大。它在我们心中：它不会离开我们；它随时随地都在对我们言说……人的确可以征服自然，但是人要服从于自己的思想。”[1]

这的确就是《古代城邦》的思想活动。开始时，古老的信仰先于祖先的崇拜，这是第一卷和第二卷阐述的对象，并勾勒出社会性的形式，同时社会性是信仰的前提，是由信仰产生的，社会性的形式当然包括家族，也包括氏族（其实说到底，氏族就是家族）。后来又出现了城邦，作品的第三卷详细描述了城邦，城邦的世界是与其原则联系在一起的，只有这样，我们才可以理解这个世界。

随着印欧家族的出现而开始的演变，到城邦的出现便告一段落，并表达了嫁接在古老信仰上的社会联系发生的最大扩张；城邦是演变的结果，但也是演变提出的质疑，从这一时刻开始，一切便都颠倒了过来。因为城邦和氏族制度之间，实际上是有矛盾的：氏族形成了城

1　菲斯泰尔·德·库朗热：《古代城邦》，第190页。

邦，但是城邦需要氏族解体才能够得到充分的确认。氏族是一种有等级关系的社会形式，但是氏族并不排斥任何人。氏族中有长幼之分，也有主人和仆人（或者客人）的不同，但是大家都是属于这个氏族的，也就是说，所有的人都参与崇拜。当时的社会是由一些单元组成的，每个单元都像一个单子，都是自主的，都是自给自足的："成千上万的小群体各自生活，相互之间联系很少，相互之间也根本不需要其他方，相互之间既没有政治的联系，也没有宗教的联系，每一个氏族都有自己的范围，都有自己内部的政府，都有自己的上帝。"[1] 这样的社会没有外在性，甚至没有边缘性，它不知道什么是"停滞"（stasis），什么是内战。相反，城邦出现之后（第四卷），突然之间便出现了排斥和分裂，历史上发生的五场革命就是排斥和分裂的表现。被排斥的人，无宗教信仰的平民为了反对掌握霸权的人，为了反对贵族而斗争。随着他们的斗争，人们开始追求平等：因为他们一无所有，所以他们想要一切；继而，城邦内部穷人和有钱人之间的战争，民主派和贵族之间的斗争没完没了，一直到被征服之前，整个希腊变成了一座城市，完全处在停滞的状态，两派乱党抛弃了一切其他的考虑，只顾互相厮杀。然后市政制度结束了（第五卷），而古老的信仰早已消亡，其作用也渐渐土崩瓦解。虽然斯多葛主义"在建立内部自由"的同时，"已经使人成为本来意义上的人"，但是基督教使这一点成为"不可动摇的普遍规则"，"永远地"改变了治理的条件。

不过，我们再回到第一卷，从表面看来，菲斯泰尔非常严谨的证明都是在这一卷当中建立的。不管我们在历史上往回追溯多远，死亡从来没有被认为是"存在的解体"，反而一向被认为是"一种生活的简单变化"。一切都是从这种古老的信仰当中产生的：人死后一定要有陵墓，要举行葬礼仪式，要对死人进行崇拜，否则死人会报复活人；所以人死之后永远不会像火一样熄灭。然而，如果没有家庭，就不会

1　菲斯泰尔·德·库朗热：《古代城邦》，第 170 页。

有祭祀，也就是说，宗教的结社是必须有的，而宗教社团的首要作用，恰恰就是祭祀。家族牵涉到婚姻，以保证家庭人口的繁衍，因此也就是保证祭祀的永续。坟墓就意味着家族，就意味着地产。的确，一开始时，地产意味着什么呢，还不就是每个家族掩埋死人的土地？地产是死人的土地，是后代手中不可改变的不动产寄存物，而一代代的后裔也不过都是过客。总体来看，坟墓、家族、地产是同一种信仰的三种模式。考古学和古代的文本都不能使我们确认这种人类社会起源的说法，这难道还有必要说明吗？一个家族一片墓地，一片墓地一个家族，而家族和墓地之间的关系是永远继承：我们无法通过历史来验证这种说法。[1]

不过值得关注的是，菲斯泰尔认为，在开始时，死亡是一种联系，而且一种新的社会性形式的诞生，首要条件是承认一个新的墓地，承认一个共同的祖先，从家族到氏族、大氏族和部落，再到城邦，其实经过的是同一条道路。然而，虽然说古希腊和古罗马社会演变的这种结构并不是菲斯泰尔所特有的，但是，将死人的宗教摆在特别突出的位置上，作为“最古老的宗教”，或者“最早的宗教”，却是菲斯泰尔的“发现”。的确，我们在菲斯泰尔最直接的前辈吉尼奥特、莫里的思想中没有发现这种观点，德国人和古代作者，甚至在提出维斯太崇拜论的作者的思想当中，都没有发现这种看法。[2]而《古代城邦》的作者（在6年之后）认为，一切都是从死亡开始的：“在想象和昭示因陀罗和宙斯之前，人先是崇拜死去的人。他害怕死人，他向死人祈祷。似乎宗教感情就是从这里开始的！死亡是最初的奥秘。这个最初的奥秘使人走上了追寻其他奥秘的道路，将人的思想从可见的东西上升到

1 汉弗莱斯：《家族、妇女和死亡》（S. C. Humphreys, *The Family, Women and Death*, Londres, Routledge and Kegan Paul, 1983, p. 79–130, 136–143）。

2 胡尔曼（M. Hullman）也许是个例外。胡尔曼是尼布尔的对头，戈德贝里（P. A. De Goldbery）在翻译尼布尔的《罗马史》（*Histoire romaine*）第七卷中，简单介绍了他的立场（第109–110页）。他认为，在氏族的起源当中，既有祭祀的共同体，也有共同的墓地。感谢安波洛（C. Ampolo）提醒我注意到这一段文字。

不可见的东西；从天地间的过客上升到永恒；从人上升到神。”[1]

古代的文献当中没有任何一点让我们非要相信这种转移，倒是与19世纪的比较及其与死亡的表示能够说明这一点：对死人祭祀的发展和墓地的问题，也包括鬼魂的问题。菲斯泰尔在一个手写的笔记当中问道：“是什么样的感觉导致了这种对死人的祭祀呢？我对这一事实感到吃惊，古人就像儿童一样，就像野蛮人一样，想象力很强，但是理性能力却很差，他们害怕看到死人的灵魂再次出现在他们当中。”更有甚者，菲斯泰尔的论断和实证主义者比如罗比内博士（docteur Robinet）或者皮埃尔·拉菲特（Pierre Laffite）对这些问题的看法有相似之处。皮埃尔·拉菲特在为一本关于坟墓的小册子题词时[2]，援引了两段语录，首先是一段奥古斯特·孔德的语录——“活人越来越多地由死人统治了，这就是人类秩序的必然规律”，然后是罗比内博士的一句话——“没有墓地就没有城邦”。然后拉菲特说，坟墓首先是“一种家族的制度”，但是墓地的建立，却标志着“一种社会制度”的建立。另外，对死人的祭祀“可以用来完善我们的天性”；对死人的祭祀是“使我们最大程度与兽性分别开来的原则”；“它发展了我们的联想生活，因为通过对死人的祭祀，我们会想象到已经无法再看到的逝者”。一种古老的记忆，通过在坟墓、地产和天国之间建立或者恢复的联系，也是值得我们援引的。的确，拉菲特认为，社会“应当让普通人将坟墓的位置设在祖先的地里”……这样一来，个别的墓地便有了“双重的好处，一是让我们与家族和地产联系在一起，二是与祖国也联系在一起”。[3]“正如菲利普·阿里埃斯指出的那样，我们见证了巴雷（Barrès）、贝玑（Péguy）、摩拉斯关于‘有血有肉的祖国’的概念是如何诞生的，但是在此之前，我们还见证了实证主义关于‘祖国’

1　见前文所引菲斯泰尔的《古代城邦》，第 51 页。

2　皮埃尔·拉菲特：《关于巴黎墓地的一般思考》（*Considérations générales à propos des cimetières de Paris*, Paris, 1874）。

3　见菲利普·阿里埃斯在《面对死亡的人》（Ph. Ariès, *L'Homme devant la mort*, Paris, Le Seuil, 1977, p. 503–535）中援引的吉拉尔（J. Girard）的回忆录（巴黎，1801 年）。

的概念是如何出现的。”根据菲斯泰尔的想法，古人岂不是自发地实践了回忆录的作者提出的东西？

最后，《古代城邦》当中贯穿着一种清晰的反卢梭的观念。即使这本书并不是在有根有据地反驳《社会契约论》，但是菲斯泰尔从思想上还是更接近弗雷德里克·勒普莱（Frédéric Le play）[1]，而且也的确写过反对卢梭的文字：卢梭赞美吕库古，是斯巴达的狂热的拥护者，而事实上从来不曾有过比他“更暴虐的贵族”，如果说法国大革命和恐怖培育了人们对古人的“丑恶”而“罪恶”的模仿，对此负有主要责任的人，就是卢梭。其次，菲斯泰尔还认为，社会的联系形成于某种约定，出于异化和自由的辩证法，约定将自然人改变成公民人，并使分散的个体人变成政治群体。卢梭认为是社会契约促进了这一转变，而菲斯泰尔则认为是信仰。所谓信仰就是对死人的崇拜，而这立刻就涉及家庭、婚姻、地产：这就将一切都联系在了一起。没有什么天性状态，人从一开始就是处在“公民”状态；或者更准确地说，家族既是这边的，又是那边的，或者还可以说，家族既是这种信仰的“摇篮”，又是其产物，信仰是唯一能使人真正处于天性状态的东西，在这种状态当中，生活在孤独之中的，并不是个体的人，而是家族。“对家族宗教（religion domestique）来说，家族是真正的主体、真正有生命的存在，个体只不过是这一存在中不可分割的成员。”[2]

家族是天性的，但又不完全是，它经常不知道或者不承认天性的权利或者天性的感情。为什么呢？因为家族更多的是“宗教的组合，而不是天性的组合”，而且古代的历史是使个体成为“奴隶”的这条“锁链”逐渐断裂的历史。哲学为这一事业做了准备，但是事业最终是由基督教完成的。“父亲”丧失了圣职，只留下“天性赋予他”的

1　弗雷德里克·勒普莱（1806—1882）是法国的政治家和社会学家，曾经是矿山工程师，曾到欧洲各地旅行，并根据自己的经验发展出一种通过比较对各种社会进行研究的方法，被认为是法国社会学的先驱。——译者注

2　详见前文所引菲斯泰尔的《古代城邦》，第 163 页。

权威，权利接近“公平和天性”；地产“不再产生于宗教，而是产生于劳动”。于是现代社会开始了，“我们的研究也便停止在使古代政治和现代政治具有分别的这条分界线上”。

总体来看，一股使人信服的力量贯穿着全书，这是不可否认的，读者从书中似乎懂得了已经永远成为过去的世界是如何诞生的，它的结构是什么样子，以及它是如何运行的。但是作者的严谨只是表面上的，那不是真正的严谨，作品的力量更多地产生于言辞的感染力，而不是论证的准确，不是论证的精准连贯。在介绍菲斯泰尔的理论疑难的那一章当中，我们还可以倾向于认为，在他的文字表达当中，要在坟墓和家庭之间建立联系并非易事，坟墓和家庭既是一回事，又不是一回事。如何反映两种宗教观呢？从更加深刻的意义上说，他的社会机器是缺乏运动的：我们看得出来社会是如何变化的，但是我们丝毫看不出他的社会为什么变化。人们为什么突然有一天摆脱了自给自足的氏族社会呢？对这个问题，只有一个回答，或者更准确地说，是既没有问题，也没有回答，而只是对人类连续前进的简单肯定，那是演变的规则，是进步的规律，也就是说，是变化的某种神奇的推动力，是不言而喻的事实，只要在每个阶段赋予其恰当的名称就足够了；这既是外在于人的一个普遍规律，又是人类天性的力量：人的智慧在增长，人在变化，所以社会也要发生变化。

然而，当城邦形成之后，便出现了另外一种场景；城邦不再是一个统一的世界，而是一个分裂的世界，在这个世界里，从一开始便有一种强大的动力推动着它，这个推动力就是民事战争。的确，城邦自建立起来，便不断地被一场一场的革命塑造和摧毁着。

我们最后还要指出的是，菲斯泰尔对古代文献的使用也很奇怪。只要他一接触到某个主题，从题材和年代都不一样的相关作者，便被一股脑儿地引述在一起，因为他的原则就是，必须有一种，最好是有多种文献资料作为佐证。简而言之，西塞罗可以与荷马、波菲利放在一起，菲斯泰尔感兴趣的，只是文献中的一个词、半句话、一句诗，而上下文内容可以完全忽略不计。最后，悲剧作品是从字面意义上来理解的，似乎里面写的，都是现实的描写，是实际的生活，不管是葬礼还是其他的东西，埃斯库罗斯和一个词典的编者没有任何差别。

“不顾一切”的城邦

在写《古代城邦》的时候，菲斯泰尔心中想的是“现代城邦”，但是比较的方式有两种：关注相似之处，或者相反，只指出不同之处。在这方面，他坚定地选择了后者。在他的书发表之后的一些年里（不管怎么说是在 1870 年之前），他萌生了写第二部作品的打算，写作内容是从起源一直到 1789 年的“法国城邦”。最后的结果完全不一样，但是他最开始时的打算是这样。[1]

我们从头至尾将菲斯泰尔的作品批判了一番，指出了作品内在逻辑上是缺乏条理的。但是尽管如此，《古代城邦》仍然是一本重要的作品，一部划时代的作品，它改变了人们的研究领域（至少在法国是这样），提出了真正的问题，建立了新的思想对象。菲斯泰尔说的“纪诺斯”（genos）或者“氏族”（gens）[2] 从来就没有以这种形式存在过。剩下的问题就是，这个伪对象引发了一场伪讨论，吸引人们注意亲族关系在城邦诞生中的作用，还要注意在一切社会结构形成中的作用，以及在形成的社会集团中的作用。

印欧的事实使他没有停留在古希腊人和古罗马人在年代的差异上，而且使“古代城邦”这一新的思想对象的建立成为可能，同时强调宗教上的意义。这是一种“思想的画卷”，有点类似于韦伯的“理

1 《古代法国的政治制度史》（*Histoire des institutions politiques de l'ancienne France*, Paris, Hachette, 1875）。

2 菲利克斯・布里奥在《对纪诺斯的性质的研究》（Félix Bourriot, *Recherches sur la nature du genos*, Lille, 1976）激烈地反对“纪诺斯”，他认为《古代城邦》“从某种意义上成了纪诺斯的典型”（71 页）。关于这一颇为复杂的问题，详见鲁塞尔的《部落和城邦》（D. Roussel, *Tribu et Cité*, Paris, Les Belles Lettres, 1976）；最后还有汉弗莱斯的《菲斯泰尔・德・库朗热和希腊的纪诺斯》（S. C. Humphreys, “Fustel de Coulanges and the Greek genos”, *Sociologia del diritto*, 3, 1982, p. 35–44）以及同一出版社出版的莫米利亚诺的《菲斯泰尔・德・库朗热及其对古罗马的最新研究》（A. Momigliano, “Fustel de Coulanges e la recente ricerca su Roma arcaica”, p. 27–33）。

想型”。虽然受到人们的批评，经过一再加工，经过一次次重新提出，但不管怎么样，这个思想的对象仍然是现实的，而且不仅在古代历史领域，在其他领域也一样。[1]

我们很难说菲斯泰尔是个自由思想家，但他不是天主教徒，他的城邦是一个完全由宗教确定了结构的世界，宗教甚至是社会联系的源头。没有宗教，也就不可能有群体。这个时候，涂尔干的名字出现了。涂尔干是巴黎高等师范学院的学生，当时菲斯泰尔是巴黎高等师范学院的导师，他受到菲斯泰尔的影响，和菲斯泰尔共同思考了一些问题，但他也反对菲斯泰尔的一些思想；总而言之，涂尔干是在菲斯泰尔的思想基础上进行思考的，尤其是在关于宗教这个重要问题上。[2]除了涂尔干和社会学之外，难道《古代城邦》不能被当作一种错误的研究来看待，并且被当成是对宗教进行批判性思考的标杆吗？今天的人们正在回归对宗教问题的批判性思考，至少这也是今天的一个问题。

最后，我们可以在《古代城邦》当中看到菲斯泰尔对历史的定义。这个定义并非没有产生反响：“历史不仅仅研究物质事实和社会制度；其真正的研究对象是人的心灵；历史研究应当启发人们认识在人类生活的不同年龄阶段，人的心灵曾经相信过什么，想过什么，有过什么样的感觉”；历史就是“心灵”（psychè）或者信仰的历史科学；历史就是“人的科学”，而且是研究“在人的心中发生的变化”的科学。

1　我们想到的是古斯塔夫·格洛茨（G. Glotz）、皮加尼奥尔（A. Piganiol）、芬利（M. I. Finley）；除了他们之外，还有马斯奎利（E. Masqueray）、伊祖雷（J. Izoulet），等等；详见芬利：《古代城邦：从菲斯泰尔·德·库朗热到马克斯·韦伯及其他》，载《神话，记忆，历　史》（M. I. Finley, “La Cité antique: de Fustel de Coulanges à Max Weber et au-delà”, *Mythe, mémoire, histoire*, Paris, Flammarion, 1981, p. 89–120）。

2　卢克斯：《埃米尔·涂尔干》（S. Lukes, *Émile Durkheim*, Londres, Penguin Press, 1973）；莫米利亚诺：《菲斯泰尔·德·库朗热的古代城邦》，载《古代和现代的历史问题》（A. Momigliano, “La Cité antique de Fustel de Coulanges”, *Problèmes d’historiographie ancienne et moderne*, Paris, Gallimard, 1983, p. 420–422）。尚博尔东：《埃米尔·涂尔干：社会问题是科学的对象，从道德到政治？》，载《批评杂志》（J.-Cl. Chamboredon, “Émile Durkheim: le social, objet de science. Du moral au politique?”, in *Critique*, juin-juillet 1984, p. 460–531）。

1919年斯特拉斯堡文学院的古代史

1919年，新的斯特拉斯堡文学院回归法国，重新开放时，教授古代历史的有两个代表人物：1月份来的安德烈·皮加尼奥尔（André Piganiol）和欧仁·卡芬雅克（Eugène Cavaignac）。卡芬雅克负责希腊和东方历史[1]，皮加尼奥尔负责罗马史。皮加尼奥尔是他的老师夏尔·普费斯特（Charles Pfister）介绍到斯特拉斯堡文学院来的，那年他36岁，1916年答辩通过了博士论文；从1919年到1928年在斯特拉斯堡文学院教书。[2]

由于种种原因，介绍一下古代史在斯特拉斯堡文学院的课程设置状况和思想地位，可以使我们对菲斯泰尔·德·库朗热这个人有所了解，或者至少了解一些与他有关的事。菲斯泰尔1860年10月得到斯特拉斯堡文学院的任命，从1862年开始讲授历史，一直到1870年他应邀到巴黎高等师范学院任教。他讲授的最有名的课程是1862—1863学年的课，当时的题目是“论古人的家庭与国家”。1864年出版的《古代城邦》就是根据这个学年的讲义改编的。这本书先是由作者付费在斯特拉斯堡印刷。普费斯特也在斯特拉斯堡新的文学院教历史，所以除了德国的插曲之外，从某种程度上也等于是继承了菲斯泰尔的衣钵。对这一点，普费斯特是最清楚的。他的第一次公开课开课日期是1919年1月20日，在开始正式上课之前，他首先向他的老师致敬。[3]

另外，在一封著名的信中，菲斯泰尔在阿尔萨斯（Alsace）的问题

1　见于夏尔-奥利维耶·卡博内尔和利韦主编的《年鉴的摇篮，斯特拉斯堡的环境：二十世纪初期法国的历史》（Ch.-O. Carbonell et G. Livet [dir.], *Au berceau des Annales, le milieu strasbourgeois. L'histoire en France au début du XXe siècle*, Toulouse, Presses de l'Institut d'études politiques de Toulouse, 1983, p. 41–43）。关于东方学在斯特拉斯堡大学的地位，详见埃德蒙·弗勒祖尔（Edmont Frézouls）的文章（同上，第39–41页）。

2　关于安德烈·皮加尼奥尔的参考书目，详见厄尔贡的《法兰西文学院》（J. Heurgon, *Académie des Inscriptions et Belles-Lettres*, C.R., 1970, p. 573–586）。

3　普费斯特认识菲斯泰尔时，菲斯泰尔是巴黎高等师范学院的导师。他曾说过：“如果有一天斯特拉斯堡归还法国，你们当中有人在那里的文学院担任我曾担任过的教职，请他在开课的那天还记得我。”（普费斯特《法国的阿尔萨斯》[“*L'Alsace Française*”]，1930年3月16日，第206页。）

上反对蒙森："你脱离你的历史研究反对法国，我也离开我的研究领域对你做出回应。"[1] 一个人的国籍不在于他属于哪个人种，也不在于他讲什么语言，而在于他想成为哪个国家的人："如果说阿尔萨斯现在和将来都是法国的，那只是因为它的意愿。"从更加宽泛的意义上说，菲斯泰尔又回到原来的争论当中，竭力在《古代法国的政治制度史》(1874年)中证明，现代法国更多的是起源于古罗马，而不是古希腊。[2]

除了地理和历史的原因之外，还有一个史学上的原因，这是作为独立学科的古代史所特有的原因。的确，20世纪初有一股潮流与德国史学是有区别的，尤其是像格洛茨、热尔内一些人，但是也包括吉罗（Guiraud）和比利时人弗兰科特（Francotte）。然而，莫米利亚诺在一篇重要的关于《古代城邦》的书评中明确指出，只有参照菲斯泰尔，才能够为这一潮流定位，并理解这一潮流在哪些方面、为什么与德国当代的研究成果不同。[3] 为了用一句话确定菲斯泰尔的"历史"的特点，我们可以说，他的"历史"是以古代文献为基础的，是用比较方法来研究的，不是"将各种各样的事件堆积在一起……而是社会事实的科学，也就是社会学"。在这一点上，菲斯泰尔和涂尔干之间的关系的问题被提了出来，[4] 更何况皮加尼奥尔后来提到这两个人，并声称自己承继了两个人的思想。涂尔干既是中继，又是断裂点。皮加尼奥尔和古斯塔夫·格洛茨一样，先是通过涂尔干接触到菲斯泰尔，后来又脱离了他。

1917年，皮加尼奥尔刚刚答辩通过了关于罗马起源的博士论文，给阿尔伯特·格勒尼埃（Albert Grenier）写信："我主要是想在菲斯

1　1870年10月27日《写给柏林大学教授蒙森的回信》("Réponse à M. Mommsen, professeur à Berlin")。1872年2月13日，在阿尔萨斯耶稣教福音联盟的支持之下，菲斯泰尔做了一次报告，题目是关于科尔贝（Colbert）的。

2　他自己也说过："我既不是研究古罗马语语文学的，也不是从事日耳曼语语文学研究的。"详见这一期《法国的阿尔萨斯》当中布洛赫的文章《菲斯泰尔·德·库朗热，研究法国起源的历史学家》("Fustel de Coulanges, historien des origines françaises", p. 206–209)。

3　莫米利亚诺：《论文集》(*Contributi V*, I, p. 160–178)。

4　我们知道，涂尔干将他的关于孟德斯鸠的博士论文（1892年）题词献给了菲斯泰尔（详见前文第154页）。

泰尔的《古代城邦》的基础上提出一些新的想法，我的研究完全是朝着这个方向努力的。”[1] 在一期《法国的阿尔萨斯》（1930 年 3 月 16 日）杂志上，他为纪念菲斯泰尔 100 周年诞辰写过一篇文章：《菲斯泰尔·德·库朗热的研究方法》（La méthode de Fustel de Coulanges）。[2] 在他负责撰写 1933 年出版的《法国科学》（*La Science françaises*）“古代学”部分时，他再一次将菲斯泰尔放在显赫的地位上。[3] 最后，1955 年，在讲到自己时，他提到：“我的博士论文……定义了两种类型的社会，实际上是为了让菲斯泰尔的论断变得更加复杂。”[4]

至于涂尔干和涂尔干的学派，皮加尼奥尔当然也提到过，但是不那么经常，或者提得很少。仍然是在 1955 年，在题为《何为历史？》（Qu’est-ce que l’histoire？）的一篇讲心里话的综述性的文章当中，他明确说：“我开始时欣赏的，是涂尔干的学派，在本世纪初，涂尔干的学派非常著名。我这是在重提非常幼稚的回忆吗？当我出发去罗马学院读书的时候，我的行李里带的就有《社会学年鉴》（*L’année sociologique*）！当然，我根本就没有翻开过这本书。”[5]

这样一来，我们可以更好地理解皮加尼奥尔在向《斯特拉斯堡文学院通讯》的读者介绍古代历史研究所及其图书馆的时候，为什么、又是在何种思想指导之下，写了下面这样一段话的：“古代历史研究所拥有德国人为这一学科提供的完善的研究工具书……这里法国的研究成果不多。然而，我们可以很容易地注意到，菲斯泰尔·德·库朗热在晚期，也终于开始有德国的弟子。在我们的书架上，有德国 1907 年出版的第一个版本的《古代城邦》，而且德国最近关于罗马社会的组

1　厄尔贡在前面所引作品第 577 页提到过这封信的内容。
2　皮加尼奥尔：《菲斯泰尔·德·库朗热的研究方法》（A. Piganiol, “La méthode de Fustel de Coulanges”, *L’Alsace Française*, 16 mars, 1930, p. 213–215）。他在这篇文章中写道：“在菲斯泰尔的身上，历史与社会学协调为一体……”
3　“成就了《古代城邦》的光荣的，是比较的方法在作品中首次使用于对历史现象的研究。”（第 239 页）
4　《形而上学和道德杂志》（*Revue de métaphysique et de morale*, 3, 1955, p. 246）。
5　同上。

织的一些研究成果，证明《政治制度史》所产生的影响，而且他们也承认这种影响是存在的。"[1] 这是在衡量德国和法国在史学上的差距，但是也表明事情朝着好的方向发生了变化，因此菲斯泰尔成了可供皮加尼奥尔判断其研究所图书馆的一个标准。

如果说在 1919 年的时候，一提到古代历史就不可能不提到菲斯泰尔这个人，那么一提到古代历史，也不能不谈到斯特拉斯堡新的文学院的环境、为学院提供的不同寻常的工具书，以及尤其是在这里工作的人们的良好意愿。[2]

当时各研究所相互之间有交流：吕西安·费弗尔和马克·布洛赫的办公室"门对门，而且大家的门平时都是开着的"。[3] 毫无疑问的是，在几年的时间里，那里吹来一股"综合精神"之风，这是亨利·贝尔（Henri Berr）的原话[4]，其最好的表现也许就是星期六召集的会议。会议是从 1920 年 1 月开始的，参加会议的人员当中，很快就包括了三个专业的人（哲学和东方学，宗教史，社会史）："会议就是自由地聊天，在聊天的过程中，参加会议的同事互相了解和介绍最近有什么新书，并讨论这些新书的价值。"[5] 然而在社会史专业的会议当中（会议在现代历史研究所举办），阿尔伯特·格勒尼埃对皮加尼奥尔的新书《古罗马游戏研究》（*Recherches sur les jeux romains*）进行讨论（而且他也指出了作者的思想"受到的极大影响"[6]）。在同一个专业的会议当中，我们还可以举另外一个例子，1923 年 1 月 20 日，皮加尼奥尔介绍了吕

1　《斯特拉斯堡文学院通讯》（*Bulletin de la Faculté des lettres de Strasbourg*, 1, 4, 1923, p. 135–136）。研究所的每个导师都应邀从不同的角度介绍研究所。

2　可参见克雷格的《莫里斯·哈布瓦赫在斯特拉斯堡》，载《法国社会学杂志》（J. E. Craig, "Maurice Halbwachs à Strasbourg", *Revue française de sociologie*, t. XX, 1979, p. 273–292）。

3　吕西安·费弗尔：《一段伟大历史的回忆：马克·布洛赫和斯特拉斯堡》，载《为历史而战斗》（L. Febvre, "Souvenirs d'une grande histoire : Marc Bloch et Strasbourg, *Combats pour l'histoire*, Paris, Armand Colin, 1953, p. 393）。

4　亨利·贝尔：《高等教育当中的综合精神，I，斯特拉斯堡》，载《历史综合杂志》（H. Berr, "L'esprit de synthèse dans l'enseignement supérieur, I Strasbourg" , *Revue de synthèse historique*, 32, 1921, p. 6–10）。

5　《斯特拉斯堡文学院通讯》，1，3，第 107 页。

6　同上，1，6，第 237 页。

西安·费弗尔的最新作品《大地与人类的演进》（*La Terre et l'évolution humaine*）；然后对此进行了讨论，费弗尔本人也参加了讨论。[1] 参加讨论的还有亨利·布里格（Henri Baulig）和莫里斯·哈布瓦赫。

菲斯泰尔·德·库朗热，世纪之交：民族历史

20 世纪 80 年代，我在斯特拉斯堡大学讲授希腊史，每次登上斯特拉斯堡大学主楼的楼梯时，都可以看到以菲斯泰尔·德·库朗热命名的教室（文学院标志性的大教室）。[2] 在当时，《十九世纪与历史：菲斯泰尔·德·库朗热的个案》的副标题，本来可以是“楼梯上的历史思考”！菲斯泰尔的《古代城邦》写于斯特拉斯堡，而且从 1860 年到 1870 年间，他在这里教过书，除了向那段时光致敬之外，在无数次上下文学院的楼梯时，我也不由得想对这位历史学家的历程有更多的了解，他的研究从古希腊到法国，从古代到中世纪。这有些类似于一个世纪之后，让–皮埃尔·韦尔南在发表了《希腊思想的起源》之后，就再也没有涉足过法国的历史！我本人也是研究古代历史的，所以在那段时间，也许比任何其他人都对这种专业的变动更加敏感 。作为研究历史之史学家，《希罗多德的镜子》（*Le Miroir d'Hérodote*）是专门讲述历史之父希罗多德的，这本书让我产生了一个想法，想更多地了解这一历史是如何书写的；我是从米歇尔·德·塞尔托所理解的意义上来说历史之书写的。[3]

如果说的是 19 世纪（而且的确，当时 19 世纪正是人们关注的时期），那为什么要思考菲斯泰尔，而不是米什莱呢？选择米什莱作为研究对象，显得更加不言而喻、更有根据，也许将来能够带来更多的

---

1 《斯特拉斯堡文学院通讯》，1，4，第 153 页。

2 见于阿赫托戈的《十九世纪与历史：菲斯泰尔·德·库朗热的个案》前言（F. Hartog, *Le XIXe siècle et l'Histoire. Le cas Fustel de Coulange,* “Paris”, Le Seuil, “Points” , 2001, p. 7–22）。

3 米歇尔·德·塞尔托：《历史的书写》（Michel de Certeau, *L'Écriture de l'histoire*, Paris, Gallimard, 1975）。

好处，但是我想，在今天看来，这也许太容易了。不是常常有人拜访他、问询他、提到他吗？再说，斯特拉斯堡大学又没有米什莱教室！后来我很快就意识到，向另一个时代的人，或者几乎算得上是另一个时代的人提出这个问题，对一个从专业上追随他的人，对一个严谨的教师——别人知道他是教师，但他又是一个默默无闻的教师——来说，有可能在思想上会是一次有很大收获的体验。想到可以接触一系列没有出版的资料（据说里面有关 1870 年战争和巴黎公社的一本书的草稿），我便下定决心，不再只是简单地探寻，而是开始动手研究档案资料。

就这样，我从很大程度上开始的研究，主要是针对未经出版的一些资料，由此得出的结果，没能形成一面菲斯泰尔的“镜子”，以忠实地反映菲斯泰尔，而关于菲斯泰尔的个案研究，是一次新的对思想历史的研究！菲斯泰尔是 1830 年出生的，米什莱去世那年，他 44 岁，比《历史评论》（*Revue historique*）的创建者莫诺（Monod）大 14 岁，比瑟诺博斯（Seignobos）大 24 岁。他有肺结核，去世于 1889 年，在他对中世纪的研究作品当中，有很大一部分都是在他逝世之后发表的。因此，他没能实现当时已经 82 岁的兰克在日记中表达的愿望：“一个历史学家应当是一个耄耋之人”，兰克认为，只有活得时间长，才能够从内部了解历史过程，尤其是当条件发生改变的时候！反过来，他既用不着针对法国大革命 100 周年发表意见，尤其也用不着针对德雷福斯（Dreyfus）事件表明立场。这样一来，莫里斯 1905 年声称继承了他的思想时会更加容易一些，并把他与米什莱进行对照，说他是正直的“民族历史学家”。

我曾经觉得——我现在仍然觉得，“鹤立鸡群”的说法非常准确地反映了菲斯泰尔的立场或者处境。在学科内部，当这个学科从很大程度上形成特有的制度时，他不是显得十分独特吗？实际上米什莱也是这样。菲斯泰尔的思想当中有反米什莱的成分，这甚至与莫拉斯让他扮演的角色无关。一个是研究历史的激烈运动的历史学家，另一个则专门研究历史的缓慢过程；一个在生活和工作中不断地变化：他是一个不断前进的人（正是追寻着他的足迹，塞托写了《历史的书写》），他是个潜水者，也是个食客（是罗兰·巴特提到的食客[1]）；另一个则口口声声不离对资料的“挖掘”、对过去的认识；一个不断地使自己的“历史”膨大，另一个则决心限制它，并竭力把它压缩得越来越小。前者致力于历史的丰富和宏大，与此相应的，是后者在语文学上的严谨和刻苦；前者表现出的是抒情的活力论，后者则是冷静的有机论。一个是无所不在，有着饱满的热情，甚至在“日记”中用“我就是历史”来概括自己的生活（我就是历史，我的整个生命都给了它，反过来，它也成就了现在的我）；另一个则愿意做个有姓无名的人，正如他在书的封面上表现的那样，甚至在他的通信中也是这样。[2] 菲斯泰尔想方设法地忘记自我，为了了解过去，他要抹杀自我；另一个则与自我的缺席订了一份契约，让自己成为拜访死人的专家：他要加强自己的存在感，因为他想更好地承担起这样的缺席。[3] 这里有两种缺席，两种与时间的关系，两种认识的战略，两种书写历史的方式。[4] 米什莱是与贝玑所说的“记忆”站在一边的，而菲斯泰尔则是与“历史”站在一边。米什莱在过去和现实的边界线上，或者说是在死亡之河上来回往复，菲斯泰尔则一开始就提出断裂之处在哪里，然后就极力忘记现实（其结果我们可以想象得到）。

这本书是 20 世纪 80 年代进行的一系列研究工作中的一部分；这些研究常常以独立的方式进行，研究的对象是 19 世纪。从很大程度上，这一探索的影响是出现了新的政治历史。于是，我们从 18 世纪

---

1 罗兰·巴特：《米什莱》（Roland Barthes, *Michelet*, Paris, Le Seuil, 1954）。

2 与菲斯泰尔有过个人关系的夏尔·瑟诺博斯（Charles Seugnobos）说，他从来不谈论自己，也不谈论自己的家庭、事业和过去。见于为图尔诺–阿蒙的《菲斯泰尔·德·库朗热》写的前言（J. Tourneur-Aumont, *Fustel de Coulange*, Paris, Boivin, 1931）。

3 弗朗索瓦·阿赫托戈：《米什莱：生活，历史》，载前文所引《历史的显现》，第 191–201 页（F. Hartog, “*Michelet, la vie, l'histoire*”, *Évidence de l'histoire, op. cit., p. 191–201*）。

4 阿蒂尔·米茨曼：《米什莱或者对过去的颠覆》（Arthur Mitzman, *Michelet ou la subversion du passé*, Paris, La Boutique de l'histoire, 1999）。

过渡到了 19 世纪，从法国大革命之前过渡到了之后，从法国大革命的发生过渡到了其结束，从大革命承载的希望，过渡到了“对大革命中发生的事件念念不忘的记忆”。弗朗索瓦·傅勒自称继承了托克维尔（Tocqueville）的研究方法，在《思考法国大革命》（*Penser la Révolution française*, 1978）和《从杜尔哥到费里的大革命》（*La Révolution de Turgot à Ferry*，1988）之间，从头至尾地跟踪了这 10 年期间的历史，也给这一时期画出了明确的框架。尤其这是第一个对 19 世纪的研究，在此之前，人们一般认为 19 世纪这段时期没有值得关注的“特别的实质内容”：人们主要研究的是邦雅曼·贡斯当、弗朗索瓦·基佐（François Guizot）、奥古斯丁·梯叶里（Augustin Thierry）的思想，并发表了研究成果。[1] 从更加普遍的意义上说，人们介绍和探索了想避免“让公民与个体再一次分别开来”的自由思想。[2] 菲斯泰尔的古代城邦，难道不正是这种政治制度吗？它能给予集体公民一切，给予个体的却一无所有。“国家的最高权力”和个体的自由是不存在的。斯特拉斯堡大学年轻教授的出发点，似乎仍然完全是从两种自由的概念中得来的，一种是“古人的自由”，另一种是“现代人的自由”，正如贡斯当在 1819 年提出的那样。然而，菲斯泰尔对这一概念做了很大的改动，同时证明国家最高权力的基础不是政治上的，而是宗教上的。的确，必须回溯到第一个家庭的出现及其对死人的崇拜，才能够理解，在这一点上，城邦继承了遥远的家庭，从根本上说仍然是一个宗教的组织。

无论如何，菲斯泰尔还太年轻，他不属于复辟的“年轻的土耳其人”一伙，不属于最先提出历史改革的那伙人。他是通过读基佐和梯

1　邦雅曼·贡斯当：《论现代人思想中的自由》（Benjamin Constant, *De la liberté chez les Modernes*, textes choisis, présentés, annotés par Marcel Gauchet, Paris, Le Livre de poche, 1990）。戈谢：《奥古斯丁·梯叶里关于法国历史的书信》，载《记忆之场》第二卷，《民族》（M. Gauchet, “Les lettres sur l'histoire de France d'Auguste Thierry”, *Les Lieux de mémoire*, II, *La nation*, Paris, Gallimard, 1986, p. 247–313）。皮埃尔·罗桑瓦龙：《基佐时刻》（Pierre Rosanvallen, *Le Moment Guizot*, Paris, Gallimard, 1985）。

2　详见前文所引皮埃尔·罗桑瓦龙的《基佐时刻》，第 14 页。

叶里的书自学成材的。他既没有米什莱那样的地位，也没有他那样的权力，米什莱一个人就是一个世界。虽然人们都把菲斯泰尔看成最早的专业历史学家之一，但是他也不属于19世纪80年代组织新索邦大学的共和党人的群体（虽然他在新索邦大学占据了中世纪历史第一教席的职位）。另外，朗格卢瓦（Langlois）和瑟诺博斯小心翼翼地表示与菲斯泰尔保持距离。因此，这种站在两者之间的立场没有吸引人们对菲斯泰尔的注意，更何况他之所以仍然为人所知，是因为他是《古代城邦》的作者（但那是在古代史研究领域），而且已经完全被研究中世纪历史的人忘记了（马克·布洛赫除外）。因此，重要的作品仍然是他原来的学生保罗·吉罗发表于1896年的参考书目，而他这个原来的学生也恰恰是研究古希腊的历史学家。[1]

虽然自从《菲斯泰尔的个案》（*Cas Fustel*）第一次发表以来，有关菲斯泰尔的现实情况没有发生多大变化，但是对我来说，写这篇前言是一个机会，使我可以在两点上重拾和延伸史学的思考，而这两点是有了变化的：一个是史学的地位，另一个是民族史的问题。在开场白中，我指出，今天史学的影响并不大，也指出了民族史的回归，而菲斯泰尔的作品及其产生的变化为我们在这两个方面都提供了观察的角度。[2] 如果说19世纪80年代无疑是作为科学的历史的伟大时刻（也是令人高兴的时期），这个时期的菲斯泰尔仍然是十分突出的：他愿意参与这一时期的事业，他甚至为这一时期做出了贡献，但是他仍然只是《古代城邦》的作者，据莫诺的说法，这本书会和法国语言一样永世长存。[3] 对这本书的命运，菲斯泰尔抱怨过不止一次，甚至写信给雷纳克说，他感到“一种真正的伤心”。他的研究笔记表明，他是

1　保罗·吉罗：《菲斯泰尔·德·库朗热》（Paul Guiraud, *Fustel de Coulange*, Paris, Hachette, 1896）。

2　夏尔-奥利维耶·卡博内尔：《历史与历史学家：法国历史学家在认识论上的转变，1865—1885》（Charles-Olivier Carbonell, *Histoire et historiens. Une mutation épistémologique des historiens français*, 1865–1885, Toulouse, Pivat）。这本出版于1976年的书是一本“到目前为止，人们太过于轻视的对‘历史之史’的研究”的辩护词。

3　1870年2月5日写给萨罗蒙·雷纳克（Salomon Reinach）的信。见于里昂东方之家（Maison de l’Orient）保存的雷纳克档案。

作为科学的历史的苦行僧或者牺牲者：历史应当成为纯粹的科学，从事这种科学研究的人必须完全地脱离现实。历史学家就应当是一个全心全意地阅读文献的人，从某种意义上说，他要与现实中的自己脱离开来。

然而无论如何，在这种征服一切的历史当中，从本质上是不会为史学的角度留下任何地位的。因为历史之史只能是历史学家过去所犯错误的合集，是不可能“正确看待”过去的。如果历史是前史学的学问，那么它就会被超越，它一旦成为科学，才会成为历史。总而言之，这是修昔底德“成为永远的既定之事”的一种现代化版本。的确，我们从中也可以看出贝玑的思考所产生的影响，而一直到 20 世纪很晚的时候，贝玑的思考实际上仍然是有效的（除了个别的说法不同之外）：“他们（历史学家）不想让我们研究历史学家的历史。他们很想彻底地弄清楚历史的细枝末节当中那些不确定的东西。但是他们不想进入这些历史细节的不确定性当中。他们不想使自己进入历史的行列。他们就像医生自己不想成为病人，不想死一样。”[1] 的确，20 世纪出现了一些科学历史的新形式，尤其是一些以历史唯物主义、量化历史、结构主义为名目或者理论参照的新形式。

然而，到了 1980 年左右，没有人再怀疑，这些非常热衷于未来，并与进步的概念密切联系在一起的科学模式越来越自说自话。于是，由此开始了一段停滞时期。在止步不前的时期，人们理应回头看一看：看看已经走过的路，好明白现在走到了哪里，为什么走到了这里。这是一种保持距离的方式，从向前的考察过渡到向后的回顾：人关注的是自己的来龙去脉，而历史事业则关注档案资料。和别的学科一样，历史也摆脱不了这一运动，但是这一运动并不是由历史启动的。为这一运动做了准备的，是将历史学家再一次引入历史当中，这是费弗尔

1　夏尔·贝玑：《金钱续》，载《散文全集》第三卷（Charles Péguy, *L'Argent suite, Œuvres en prose complètes III*, Paris, Gallimard, “Bibliothèque de la Pléiade”, 1959, p. 883）。

所实践和声称的，是马鲁（Marrou）和阿隆（Aron）为了反对实证主义的历史所主张的。历史学家准备好重新回到“历史的行列当中”。这些条件有利于为历史之史开启一片空间。

阿纳尔多·莫米利亚诺显然是在这些年头到来之前就开始了研究工作，1983 年，以《论古代与近代的历史学》为题出版的一本文集便是一个很好的标志，并为这一领域划定了最初的界限。[1] 但是，和所有的情况一样，事情开始得要更早一些：早在 1974 年就已经宣布要出版的《打造历史》（*Faire de l'histoire*）“越来越重视历史之史，越来越优先考虑历史之史”。[2] 也许这是将来的事，但是眼下不行。只有从塞托那里借用来的标题指明了这一方向，同时的确也明确划定了最大的扩展范围或者所有的机会。因为这本《打造历史》被莫米利亚诺称为“历史学的设想”，是由一个社会地点、一种实践和一种书写的合力形成的。[3] 在这三个组成元素当中，菲斯泰尔在过去的 20 年恰恰致力于满怀激情地驳斥了至少其中的两个（社会地点和书写）。

最值得关注的最新问题，是在历史学家的文本当中经常见到的两个词汇之间的对照：“认识论”和“史学”。似乎有一个就必须有另一个，使两者相互补充、相互修正，或者衬托出相互之间的细微差别，似乎它们想指称的事实上是某种混合的东西，不是“硬性的”认知（那是太遥远的东西了），不是太乏味的历史之史（这样的历史内在论的意味太重），而是关注概念和语境，关注观念和环境，并且时时刻刻考虑到它们之间的联系，考虑到认识和历史化的问题，但是，在面对简化论的美人鱼时，我们要保持警惕。总而言之，某种东西，像历史

1　阿纳尔多·莫米利亚诺：《论古代与近代的历史学》（Arnaldo Momigliano, *Problèmes d'historiographie ancienne et moderne*, Paris, Gallimard, 1983）。

2　《打造历史》（*Faire de l'histoire*, Paris, Gallimard, 1974, p. XIII）是雅克·勒高夫（Jacques Le Goff）和皮埃尔·诺拉主编的一本书。波米安（K. Pomian）在 1975 年发表于《年鉴》上的一篇文章《科学的历史和历史之史》（“L'histoire de la science et l'histoire de l'histoire”, 5, 935–952）当中，也主张一种新的历史之史。

3　详见前文所引米歇尔·德·塞尔托的《历史的书写》（Michel de Certeau, *L'Écriture de l'histoire*, p. 63–120）。

认识论，或者认识论的史学，位于与一个学科或者子学科相对立的立场上，而这种理论只是由几个从不同程度上自称的专家形成或者组成的。事实上，出于方便，我们可以称这一运动和这一时刻是“自反”的运动和时刻（同时让它具有认识论的和史学的双重意义），除了历史之外，它还涉及所有的社会科学。[1] 实证的历史或者讲究方法的历史不承认史学，现在这一时刻引导我们将历史之史和方法论结合在一起，甚至将史学和认识论结合在一起。我认为“史学”这一个词就足可以指这种混合。

因此，20 世纪 80 年代末期，人们意识到景观已经发生了变化，而且仍然发生着快速的变化。当时人们经常说那是历史的一个不确定时期，是怀疑和身份危机的时期。[2] 有两个标志可以说明这一点。激励人们进行思考和诊断，同时也有 1988 年和 1989 年以“批判的转折”为名，提出的一些思路和建议：在不确定的时期，恰恰应当进行认识论方面的研究，而当时的历史则开始了“对项目和实践重新定义的工作”。[3] 马塞尔·戈谢 1988 年发表了一篇短文《社会科学中范例的改变？》（Changement de paradigmes en sciences sociales ?）。他在文中注意到，“行动的部分明确的作用是要恢复地位”，阐述了这样做首先对政治历史产生的效应，从中他已经看到，对整个历史来说，这是“理论和实践的关键”。[4]

也就在这些年，有人对三部作品的解读方式强调和强化了这一运动；从不同程度上说，这三部作品与历史领域的关系不大。因为对

1　在人类学领域，我们可以援引 1986 年出版的《格拉希瓦：历史和人类学档案杂志》（*Gradhiva: revue d'histoire et d'archives de l'anthropologie*）。

2　罗杰·夏蒂埃的书《悬崖边上：处在肯定和不安之间的历史》（Roger Chartier, *Au bord de la falaise. L'histoire entre certitudes et inquiétude*, Paris, Albin Michel, 1998）收集了发表于 1983 年和 1995 年之间的一些文章，是这一时期的一个见证，并提出了一些分析和思路。

3　《让我们试试这种体验》（“Tentons l'expérience”, *Annales ESC*, 6, 1989, p. 1323）。亦请参见《历史与社会科学：批判的转折？》（“Histoire et sciences sociales. Un tournant critique? ”, *Annales ESC*, 2, 1988, p. 291–293）。

4　马塞尔·戈谢：《社会科学中范例的改变？》（Marcel Gauchet, “Changement de paradigmes en sciences sociales?”, *Le Débat*, 50, 1988, p. 166）。

历史的书写已经有过一些探索，联系的建立还是比较简单的，更何况这位人士是以关注当代史学家的哲学家的身份进行思考的，且是以批判的眼光看待这些史学家的作品。我们在这里说的显然是保罗·利科的《时间与记述》，这部作品很快为历史学家所接受（至少是部分地接受）。[1] 当时正是关于“记述回归”争论得正激烈的时候，正是美国的语言转折正在发生的过程中，而且不久之后便出现了对修辞、虚构和历史的探索，在这场探索当中，美国的历史学家海登·怀特走在了前面，得到人们的欢呼或者诋毁。无可争议的是，保罗·利科帮助人们按照其复杂性和严谨性，提出了这些困难的问题。历史语义学当然是来自学科内部的一门学问，但是也来自德国，因为是由莱因哈特·科泽勒克提出的，而这一提议在其动向上属于历史的认识论。他的作品的法译版本《过去的未来》发表于 1990 年。最后来自近邻的让–克洛德·帕斯隆（Jean-Claude Passeron）的《社会学论证》（*Le Raisonnement sociologique*）在 1991 年为我们提供了一个对社会学、人类学和历史进行共同思考和研究的空间，同时明确地提到，这三个学科在认识论上是有相通之处的。

这种态度是自反的，是历史学的态度，也是在次要的程度上将认识论和历史混合在一起的态度，这种现象具有广泛的意义：它没有局限于某种类型的历史，当然也没有局限于历史学科。[2] 虽然这种现象与当时的时局是分不开的，但无可怀疑的是，20 世纪 60 年代有人吵吵嚷嚷地说什么这个回归、那个回归的时候，它首先是对放弃一些大范式的做法的回应，几乎算得上是一种反应。从更加深刻的意义上说，并且也让人想到的，这种态势，或者这种自反的运动所回应的，是我们与时间的关系发生的变化：西方历史性的现代体制发生了危机（未

1　保罗·利科：《时间与记述》（Paul Ricœur, *Temps et récit*, Paris, Le Seuil, 1983–1985）以及后续作品《记忆，历史，遗忘》（*La Mémoire, l'histoire, l'oubli*, Paris, Le Seuil, 2000）。

2　弗朗索瓦·多斯：《意义的统治：人文科学的人文化》（François Dosse, *L'Empire du sens. L'humanisation des sciences humaines*, Paris, La Découverte, 1995）。

来被关闭了，将来的事无法预测，现实无所不在，“过去”被人们不断地、强制性地一次次反复检阅）。[1] 由此产生的后果是，历史无法从未来的角度，或者以未来的名义来书写了。

为未来书写的历史在 19 世纪从形式上恰恰具有主导地位，甚至是一种显而易见的形式，也就是民族历史的形式。菲斯泰尔也突出表现在这一点上，因为他一刻也没有停止过思考法国最近的历史，即使是在他构思《古代城邦》的时候。为了更好地理解他，我们必须回首以往，一直回溯到 1820 年自由的一代人，也就是声称以民族的名义，打出历史改革大旗的一代人。随着这些年轻人的出现，一个积极的、具有创造性的但也是天真的时代开启了，不过这个时期在思想上是有创新的，人们首次提出，历史应当是科学，而不再是艺术，而且他们对此做出了表述。对他们来说，民族是不言而喻的，也是一种武器，一种认知的模式，也是一个历史的设想。这是不言而喻的，因为革命的意义就在于民族，大革命之前，正如人们说的那样，国王就代表了整个民族，而在大革命以后，民族代替了国王，成了“最高权力的神秘的容器”。[2] 这样突然用一种绝对的主体来代替另一种，必然产生如何表现的问题（这是一个长期的问题）。如何理解这一绝对的主体，如何为它服务，如何体现它？在整个 19 世纪，所有历史学家都必须努力理解这一基础性的时刻，因此也就必须把它铭刻下来，在法国历史整个漫长的时期赋予它意义。实际上，“现代历史”的概念就是由此产生的，历史学家的任务（甚至使命）也是由此确定的。傅勒在理解了 19 世纪历史学家的作品之后，也是由此出发的。

民族是一件武器。为了反对 1814 年的宪章及其在主要是（或者说完全是）君主制的法国历史中的反复，一定要指出“民族的全体民众”是历史的因素，而且尤其要指出的是，第三等级的漫长征程始于 12 世

1　详见前文所引弗朗索瓦·阿赫托戈的《历史性的体制——当下主义与时间经验》。
2　详见前文所引马塞尔·戈谢的《奥古斯丁·梯叶里关于法国历史的书信》，第 285 页。

纪。事实上，当时另外一种连续性已经在起作用，这种连续性比帝国的继承更加具有历史意义，更有未来。梯叶里认为，1789 年使“中世纪的那些革命”显得更加明晰，而且 1830 年为观察者提供了一种“极端”的视角，他认为站在这个视角上，可以看到“12 世纪以来所做的工作注定是结束了”。这就是总体上可理解的模式。而在这一点上，政治口号和方法的突破交会在一起，手牵手地共同前进。

为了书写这一新的历史，也就是“仍然埋没在时代编年史的灰尘当中的”公民的历史、国民的历史，我们的确必须阅读文献资料，而且也确实需要到档案馆里去查阅资料了。政论作家要变成历史学家。如果这个历史学家也像圣人传的续编者和圣莫尔的本笃会（Bénédictins de Saint-maur）修士们一样，需要针对各种博物学问题进行调查，虽然调查的问题不一样，他还要思考沃尔特·斯科特（Walter Scott）和历史小说的问题（本地特色）。然后，人们可以讥笑梯叶里的天真，因为他认为可以简简单单地把政治与科学联系在一起，让两者手牵手地前进。另外，民族的问题让这场运动有了动力，所以 1830 年之后，七月王朝得以巩固，后来到了 1848 年，人们才感到愕然不知所措。历史并没有结束，也没有走在快要终结的路上。

米什莱也是从 1830 年的“七月闪电”开始的，这道闪电划过夜空，是圣宠的时刻，或者是令人茅塞顿开的时刻，正如在充满神秘感的异象当中一样，整个历史都在这道闪电中被揭示了出来，凝结在一起，有了意义。[1] 从今以后，1789 年的裂痕可以（切实地）得到承认了，可以被整合进人们的思想当中；而“传统之线”得以被接续起来。与作为“灵魂”和“人”的民族再一次交会，因而产生了多种重大的结果。首先，历史学家的任务发生了改变：历史学家的责任是阐明人们一时还看不清楚的事物，不是要揭示重要人物的秘密，而是要阐述无名百姓的心声，甚至叙述历史中那些还不为人所知的事物。从今往后，

1 详见前文所引弗朗索瓦·阿赫托戈的《历史的显现》，第 169—190 页。

为了发现这些事物，历史学家不能仅仅满足于清理尘封的史料，而是要坚定地“深入”档案馆。在米什莱的语言当中，历史学家是档案馆的常客，他专门拜访死人，所以他应当知道如何倾听“那许多被压抑的灵魂的声音”：他与所有这些死人签订债务契约。这里的诗歌也是认识论。国家档案馆历史部的部长也是“先知”（vates）。

然后，作为人的民族是有生命的，这个人已经存在了，而且也处在不断的变化之中，它既是失败又是希望，既是过去又是未来，用维柯（Vico）的语言来说，它是稳定不变的“自我对自我的影响”。因此，在它的历史当中，没有任何东西是“不可改变”的，“土地”不是，“人种”也不是，任何决定论都不是不可改变的。民族是自由。他主张的历史不是太过于物质化的历史，也不是太过于精神化的历史，而是关注“交织在一起的错综复杂的事件”的历史（各种诉求、各种发展程度和各种因素交织在一起的错综复杂的事件）。当我们把民族当作一种复杂的有机体来看待、使用时，它便可以产生无可否认的启发作用，因为它可以使我们不断地重新进行分析，将分析的范围扩充得更大，分析得更仔细，总而言之一句话，它可以使我们将分析做得更加复杂：将法国当成一个实验的框架和问题。费尔南·布罗代尔在《法兰西的特性》（*L'Identité de la France*）当中正是要这样做；布罗代尔声称，他继承了米什莱的衣钵（但是他也与米什莱保持了距离）。但是，这已经是在一个世纪以后，其间又经过了三场战争。故事看起来是相似的，但是已经有了距离。

从前，在1870年前后，恰恰是有菲斯泰尔的努力，但是他的努力并没有完全地开花结果。7月的早晨已经是很久之前的事了，而且历史也没有停止：1830年之后是1848年，共和之后是帝国，先是“专制”的帝国，再后来是“自由”的帝国。不久将发生色当战役和巴黎公社。革命的问题仍然是重要的问题，这个问题伴随了菲斯泰尔的整个科学生涯。在这个问题上，他自己实施了双重的化简战略：在历史上，无论是在古代还是在现代，革命不断地发生，但是那时革命并不是我们今天以为的那样，事实上，看不见的部分超过了看得见的部分，而且当一场革命“爆发”时，它实际上已经结束了。《古代城邦》已经是一部政治制度的历史，只不过是古代政治制度的历史，也就是说，这部作品研究的是城邦出现之前一场场连续不断的革命。因为，要想理解城邦，就必须从源头上说起，我们由此可以看出，这些制度有着宗教的基础，而且是建立在最初的信仰（死亡并不是一切的结束）之上的，在最初的社会联系当中，这种信仰又具有非常重要的作用（对死人的崇拜，其前提是要有家庭，而且必须有私有的地产）。这与卢梭的人为论（artificialisme）是相反的。

从这一假设当中，产生了三个结果：历史学家必须“将他的研究扩展到非常宽广的时空”，因为之所以是历史，正是因为其持续时间之长。然后，历史学家优先的研究对象正是菲斯泰尔称之为的“制度”（从广义上说的“制度”）：其形成是“缓慢的，逐渐的，有规则的”，远不是“某个偶然事件或者某个突然发生的暴力事件导致的结果”。因此，制度从来不是由于“某个人的意愿形成的，甚至一个民族的意愿也不足以创造这些制度”，而且暴力只在“很小的程度上”有助于制度的建立。[1] 最后，人很少创造自己的历史。《古代法国的政治制度史》这本书（他没有写完，后来他也放弃了）本来应该是类似于菲斯泰尔的“法国身份”之类的东西。菲斯泰尔这种“漫长的持续时间”，从制度的角度来说，作为制度形成的过程，不是一直引向了布罗代尔的思想吗？两个人之间显然发生了很大的变化，因为历史学家深入的方面已经有了很大的不同。布罗代尔写道：“持续时间长的历史由此成了某种参照，一切命运不是根据这一参照来审判自己的对与错，而是据此来确定自己的位置在哪里，并向自己做出解释……这就相当于对法国进行不同寻常的测量，使其历史变得更加丰

1 菲斯泰尔·德·库朗热：《古代法国的政治制度史》，引言（Fustel de Coulange, *Histoire des institutions politiques de l'ancienne France*, Paris, Hachette, 1875, introduction, p. 2）。

富。了解法国的身份……不就相当于同时限制了（我说的不是消除了）人的自由和责任吗？”[1]

最后，正如菲利普·阿里埃斯指出的那样，菲斯泰尔的方法让我们看到了时代的差别，并使这些差别有了意义，同时表明了整体的内在联系，而制度只不过是这些内在联系的合力和表达而已。这种差别是古代民族和现代社会之间的“彻底的”差别，是古代法国和现代法国之间的差别。菲斯泰尔不是站在历史性的现代状态一边的，他的所有研究工作都表明，古代“历史是生活之师”（historia magistra）的状态已经站不住脚，因为时代不同了。他所致力的，正是要发现作为各个时代基础的各自的逻辑。虽然过去已经不再照亮未来，但他抵制“未来能够照亮过去”的观念。至于现在，我们已经看到了，从今往后那是必须要“忘记”的。从这个角度来看，1862 年在斯特拉斯堡大学讲家庭的讲义和《古代法国的政治制度史》的第一卷有了差别。1875 年，当他发表这本书的第一卷时，他的研究已经没有其他明确的目的，只是想对“历史科学的进步和认识人的本性”做出贡献。

菲斯泰尔没有吹响任何爱国主义的号角，他没有为死人敲响教堂的钟声，他想到的，只是科学和知识。这离不久之后大声疾呼的巴雷相差很远。但是，即使与加布里埃尔·莫诺相比，也是有差距的。1876 年，也就是一年之后，莫诺的确推出了第一期《历史评论》，其中谈到的历史显然不是民族的历史，而是想“对历史研究的进步做出贡献”的一本文集，而且采用的是“纯粹科学的观点”。这种历史研究是分析，而不是综合。尽管如此，用我们今天的话说，历史学家还是有明确的社会作用和责任的。历史学家应当是过去的法国和现在的法国之间的一座桥梁，他的任务是理解和解释国家“发展的各个不同时期的逻辑联系”。由此，历史才具有“民族的重要性”，为国家提

---

1 费尔南·布罗代尔：《法兰西的特性》（Fernand Braudel, *L'Identité de la France*, Paris, Arthaud-Flammarion, 1986, p. 431）。

供“它需要的统一和道德力量”。[1]在衡量距离时，是相对于菲斯泰尔的后退（他声称的后退）来衡量的，历史学家的地位则完全不同，人们理解的历史研究的“进步”也完全不同。其中有梯叶里的计划当中的一些东西（虽然没有那么霸气和天真），尤其是纪念碑（Monumenta）上的铭文（正是这些铭文将博物学和爱国联系在了一起），“对爱国的精神”（sanctus amor patriae dat animum）是不能无视的，即使打算与此保持距离。

到了欧内斯特·拉维斯（Ernest Lavisse）的时代，正是在两次战争之间，前一场战争打输了，后一场战争正在准备。“1870 年战败者的历史，发出警告”……这是不言而喻的，自从共和建立以来，法兰西的历史便成了“完美民族”的历史，1889 年代替了 1830 年，成了瞻仰法兰西的新视角。“共和”“法兰西”“民族”，这三者形成了世俗的三位一体，因 1789 年的精神而充满活力。民族的历史取得了胜利，拉维斯成了民族历史的先锋，民族的历史也就成了拉维斯的历史。虽然拉维斯式的综合在政治上和教育上起到了重要作用，但在思想上，这种综合是贫乏的。这场胜利也是一曲“天鹅之歌”。民族已经得以体现，“剩下的就是如何将它载入史册”。[2]这是博物学的部分，也正因为如此，《法国史》（*L'Histoire de France*）分成 27 卷，每卷由一名专家撰写。实际上，必须彻底消除以大革命为标志，将法国的过去分割开来的历史边界，以便让所有的过去都有利于保卫现有的地理边界，至于如何扩大这一边界，那是以后的事。写作的计划和所需要动员的人员基本上就这样选定了。战争爆发时，年轻的历史学家的确都被动员参战了，按照夏尔·珀蒂–迪塔伊（Charles Petit-Dutaillis）的说法，其他的人也都认为自己“被动员参加了后方为战争服务的事业”。

1 加布里埃尔·莫诺：《论历史研究的进步》，载《历史研究》第一期，1876 年，第 38 页（Gabriel Monod, “Du progrès des études historiques”, *Revue historique*, l, 1876, p.38）。

2 皮埃尔·诺拉：《记忆之场》第二卷，《民族》（Pierre Nora, *Lieux de mémoire*, II, *La nation*, Paris, Gallimard, 1986, p. 327）。

各个民族经过血流成河的战争洗礼，到了 20 世纪 20 年代，有些人的民族情绪低落了，有些人则对民族感情更加投入。保罗·瓦莱里的说法是“对历史感到绝望了”，接着又说这种危险的产物使“各个民族变得苦涩、骄傲、让人难以忍受和虚妄”。[1] 好像除了民族的历史之外，就再也没有别的历史。到了 1919 年，吕西安·费弗尔登上斯特拉斯堡大学的讲坛，在讲第一堂课的时候，他先是提出，“有某种用途的历史”是“被奴役的历史。作为法国斯特拉斯堡大学的教授，我们不是临时充当某种民族福音书的传教士”。[2] 正是有了这种拒绝，他才可以肯定地回答最初重要的问题——在“凋零的世界上”，“我有没有权利”研究历史？正是有了这种拒绝，人们才有权重操旧业，并“重新接上断了的线”（亨利·贝尔，1919 年，《历史研究与战争》[“les études historiques et la guerre”]），尤其是，他为科学的历史开辟了一片研究和探索的空间，寻求其他的节奏，其他的深度，其他的对象，与民族感情保持距离。几年之后（1929 年之后），《年鉴》便采取了这种形式。民族感情消退了，甚至消失了，但这并不意味着人们忘记了它，我们知道，布洛赫和费弗尔亲自制定了法国历史的项目计划，后来这些计划没有落实。但是，在半个世纪的时间里，民族感情不是历史研究的推动力，从规模和深度上都不是。民族感情在认知上似乎油尽灯枯了。

与此完全相反的是，同样受到 1914 年战争的影响，对战后局势感到担忧的雅克·班维尔（Jacques Bainville）却深陷在民族感情当中。与大学教师们写的法国历史不同，他出版于 1924 的《法国史》（*Histoire de France*）在书店里卖得极好。这部法国史的基础观念非常简单，而且在前言中也表达得很清楚：“从前的人和今天的人是相似

1　保罗·瓦莱里：《对现在这个世界的看法》（Paul Valéry, *Regards sur le monde actuel, Œuvres*, II, Paris, Gallimard, “Bibliothèque de la Pléiade”, 1960, p. 921, 935）。

2　吕西安·费弗尔：《凋零世界的历史》，载《历史综合杂志》（Lucien Febvre, “L’histoire dans le monde en ruine”, *Revue de sythèse historique*, février 1920, p. 4）。

的，他们的行动也和我们的行动一样，是有动机的。”班维尔的历史试图以某种形式重新恢复“作为生活之师的历史”：重复性和相似性应该是这种历史具有解释作用的推动力。1916年，他在《日记》(*Journal*)中指出：“我们会死于对过去的无知和不理解，死于愚蠢的民主偏见，时代就是按照这种偏见前进的。”因此，历史的教训的确是有的，这些教训应当成为“国家领导人的记忆”。总而言之，要驱除人们害怕的未来，同时将时间驱赶到历史之外。班维尔的《法国史》想证明现代历史性状态的虚妄：时间是不会“前进”的。

菲利普·阿里埃斯年轻时是班维尔的热衷读者，也很佩服班维尔，在发生了“1940年的破裂”之后，他并没有转向民族的历史。开始时，他先是出版了《18世纪以来法兰西民族及其人生观的历史》(*Histoire des populations françaises et de leurs attitudes devant la vie depuis le XVIII*^e^ *siècle*, 1948)，最后和乔治·杜比（Georges Duby）一起主编了《私人生活史》(*Histoire de la vie privée,* 1985)。1958年，乔治·杜比和罗伯特·芒德鲁（Robert Mandrou）合著了《法国文明史》(*Histoire de la civilisation française*)，而不是法国史，作者在前言的结尾说：“总而言之，如果通过这本书，读者更好地理解了10个世纪的历史所确立的今天法国这个‘人’的独特之处，这本书便起到了应有的作用。”[1] 这显然是在影射米什莱，但是话说得并不引人注目，简直就像是在为人祝福一般。

实际上，到了20世纪80年代，我们才看到民族感情的再一次出现（而且不仅仅是在法国），人们也才再一次为它投入（包括思想上的投入和编辑出版上的投入），同时出版了很多抢风头的民族史。有的人不认为连续叙述的方法是不言而喻的，对这样的人，法国史（法国已经不再是一个人，而只是成了历史的对象）提出了一些新的问题，

---

1 乔治·杜比、罗伯特·芒德鲁：《法国文明史》(Georges Duby, Robert Mandrou, *Histoire de la civilisation française*, Paris, Armand Colin, 1958)。

其中有很多从其他的历史研究当中获得的新材料。比如布罗代尔的《法兰西的特性》的确更多地站在米什莱一边（按照我们上面说的意思），而不是站在拉维斯一边。总体来说，身份是在漫长的持续时间里形成的。因此，经过研究之后，在布罗代尔 1949 年以来提出的分析当中，最难以理解的东西，这种短时期的、表面化的历史，也就是民族的历史，也可以从漫长的历史时期找到其根据。从某种程度上说，只有针对漫长的历史时期进行分析，才能看到民族历史的真理。

安德烈·比尔古埃（André Burguière）和雅克·雷维尔（Jacques Revel）主编的《法国史》（*Histoire de la France*）"用一种专题的 / 逻辑的方法"代替了"从起源到当下的民族古典叙述"；他们不是要"讲述"法国，而是对法国"进行探索"，而且每次都以现实为出发点，"以试图发现整个民族在起源上，在变化发展的过程中，都有哪些与众不同的特点"。[1]

史学（按照上面的意义定义的史学）有着明确的考虑，要划定研究的假设，要探索使用的研究工具和范畴，这样的史学说明了它要采用什么样的研究方法，而且充分参与了民族史的这种新论述。《记忆之场》是从记忆的角度对民族问题进行的伟大探索，从这一角度做了最为深刻的研究，甚至包括了一些按照他们自己的方法进行史学探索的作品。无论如何，有了这些把民族当作问题来理解的方式，也就与以未来为出发点书写的所有民族历史决裂了。与实证主义的历史相对立的是，现实变成了占主导地位的范畴。的确，我们生活在一个现实无所不在的时代。

重新提出问题，同时民族已经不是毫无疑问的事物，而是成了需要探索的问题，这在思想上和教育上是有益的，是重要的。但是这种方法还不足以让民族历史高枕无忧，因为我们每天都看得出来，"民

1　安德烈·比尔古埃和雅克·雷维尔主编：《法国史》（*Histoire de la France*, sous la direction d'André Burguière et Jacques Revel, Paris, Le Seuil, 1989, p. 18, 19）。

族”这个词本身也被一系列其他的关键词包围着（身份、个人、记忆、现实、欧洲、本地、全球等等），这些关键词使民族历史的意义变得更加混乱，或者对其意义提出了质疑。这些探索，以及由此而造成的得失已经不仅仅是历史的问题，不管这个历史是不是民族的历史。更加准确地说，历史和其他的因素纠缠在一起，有助于我们思考。比如《记忆之场》就可以起到这样的作用，《记忆之场》利用了记忆空间的动态特点，却又没有被囚禁在其中。[1] 在这种从现实的眼光出发进行的历史研究之后，皮埃尔·诺拉提出了一种诊断，旨在了解如何使法国及其历史成为文化的遗产。民族问题是文化遗产？这是对他自己称之为“记忆时刻”的表达（他的作品竭力在划定这种记忆时刻的范围），还是持续时间更长的一种记忆的形成呢？另一个世纪——21 世纪——会向我们阐明这一点。

不管怎么样，在两个世纪中民族历史的这些不幸当中，菲斯泰尔·德·库朗热提出，要根据时间来理解民族的问题，这种理解在当时受到了人们的批判，但是也得到了发展，尽管这种提法是有错误的。我希望，通过将菲斯泰尔重新纳入这一历史，重建他的立场，我们可以更好地理解这一历史，同时也让这一历史更具复杂性。

---

1 详见前文所引弗朗索瓦·阿赫托戈的《历史性的体制——当下主义与时间经验》，第 157–162 页。

第六章

法国式的希腊 II

从埃米尔·涂尔干到让-皮埃尔·韦尔南

古代历史和历史：历史人类学

古代历史已经成为历史的一个省级分支。

——莫米利亚诺

《年鉴》不是古代史的杂志。因此，为读者出版一期“古代史”的专号，实际上是一场赌博，赌的是古代史这样的内容从某种方式上也是与杂志读者相关的，而不仅仅是对一个遥远的、过时的、不一样的世界抱有简单的好奇，或者是简单的出于礼貌的关注而已。总而言之，我们赌的是，古代虽然是另一个世界，可是从根本上说，古代史并不是另外一个学科，研究古代文化的学者这样做，赢得的会比失去的多。[1]

1 本文是弗朗索瓦·阿赫托戈为《年鉴》的一期专号写的前言《史料：批判的元素》（“Le document: éléments critiques”, *Annales ESC*, 5–6, 1982, p.687–696）。该期专号由弗朗索瓦·阿赫托戈和阿兰·施纳普（Alain Schnapp）主编。应当指出的是，32 年之后又出版了一期（3, 2014）完全以希腊为主题的专号，题为《重新思考古希腊的政治》（“Repenser le politique en Grèce ancienne”），由樊尚·阿祖莱（Vincent Azoulay）主编。

史料

无论如何，这场赌博所表达的，是一个设想：我们希望，在将一些文章收集在一起时，我们不是要提供关于古代研究的概况或者总结（前10年或者前20年的概况或者总结）——这样的工作当然可以做，只是要求的发表场合不同，需要的能力也和我们的能力不一样——而是将围绕一个主题的一些论文收集在一起，我们不考虑它们是不是完整，因为像这样的工作是永远也达不到完整程度的。我们选择以史实为题目进行思考，不是为了勾画出史料来源，也不是为了针对古代史写几段“历史研究入门”之类的文字；不是为了提出处理资料的方法（如果可能的话，最好是新的方法），也不是为了制定关于文献的理论。我们的想法更加简单，只是想介绍几种使用考古文献的方法，这些方法的性质不同，而且考古的方法也多种多样；我们的介绍中也包括文献之间的交叉比较（而这种比较总是十分微妙的），并探索各个学科的传统和具体做法。这样的介绍之所以有用，是因为可以借此提供一些信息，而且（也许在我们研究的情况当中，尤其是）提供的是其特有领域之外的一些信息，可以作为例证，或者更准确地说可以作为经验或者使用方法，以引导读者针对他们与自己、与面对的“档案材料”之间的关系提出问题。

作为古代历史专号，本期杂志也是关于古代历史的一期专号。这话从两种意义上说。首先，研究者和文献之间的关系既不是简单的，也不是直接的。历史总能够让一种交集的框架成为可能，至少可以勾画出这一框架来：哪些问题“可以”提出，哪些问题“不可以”提出。通过具有多种意义的历史，我们可以勾画出系谱，并理解某个领域的现实状态，其组织（根据国家的不同而呈不同的状态）、学科或者专业之间的偏差。然后，这一主题被纳入一些研究和思考体系当中，对此，路易·热尔内、摩西·芬利和阿纳尔多·莫米利亚诺都有过阐述。这三位学者肯定是不一样的，然而，他们有个共同之处，那就是他们的能力和关注点远远不只是古典研究。这三位历史学家在各自的学科可能有时候被认为与众不同，但他们始终不忘与专门研究其他时期或者其他社会科学的同事进行交流。三个人的重要作品都同样拒绝史料的直接作用，相反却阐述了如何以批判性的态度提出问题，同时永远不忘记我们与古人之间的距离，我们的研究也正是从这种距离当中汲取营养的。

有人可以由此提出异议：你们选择的题目太普通了，或者具有太大的普遍性，因为一切历史研究都要通过对史料的研究、展示和应用来进行。事实上，这一主题应当有一个优势，那就是它适合所有历史学家。或者，还有第二个责备，而且是属于另一种类型的、更加严重的责备：这个主题只在表面上才具有共同的特点，因为实际上，你们这些研究古代社会的人，你们拥有的研究史料本来就很少，所以你们并不适合建议我们如何对史料进行思考：你们的世界和我们的并不一样。贝玑幽默地指出："有两种历史，但是人们假装认为只有一种……对古代世界来说，历史之所以成立，是因为没有那个时期的史料；对现代世界，历史之所以不成立，恰恰是因为有史料……古代世界的历史学家靠的就是没有史料。他倒是愿意让人们给他提供或多或少的史料，好不至于让他无以为继，好将科学向前推进，好让人们的饭碗里有饭可盛。但是，如果你把一切都提供给他，那他也就完蛋了。"[1]

当雅克·勒高夫解释他是如何开始中世纪研究的时候，差不多也做了相同的区别，一方面是古代的资料太少，所以要对古代社会进行研究，就只能靠纯粹的博物学（或者靠冒险重建古代的史实），另一方面是现代各个时期的史料又太多，让人无法提出在总体上进行综合的看法，他觉得中世纪正好是"博物学"和"想象"之间的一个折中。[2]

古代史有这个无可否认的特点，也受到显而易见的限制，但不能由此而一定就得出结论说有"两种历史"，或者说古代史是另一个学

1　夏尔·贝玑：《克里奥》（Ch. Péguy, *Clio*, Paris, Gallimard, 1932, p. 197）。
2　雅克·勒高夫：《试谈另一个中世纪》（J. Le Goff, *Pour un autre Moyen Âge*, Paris, Gallimard, 1977, p. 7–8）。

科，与一般的历史（其他时期的历史）相对，虽然研究古典学的人似乎有的时候认为，历史也是另一个学科。[1] 也许在过去和将来，这种显而易见的缺点可以反过来变成确定无疑的力量？无论如何，我们希望这种批判的思考和对个别案例的研究能够为建立史料的“新概念”做出贡献，雅克·勒高夫不久之前还在真心地盼望这种新概念的出现。[2]

最早的两个圆圈

一种用现实的眼光进行的探索，也就是对古代历史地位的探索，终于形成了对这一计划的支持。我们可以把问题纳入部分重合的三个圆圈当中，进行简单的拆解。第一个圆圈最大，是指“城邦古代史”；第二个是指“古代史和历史”；第三个是“古代史与所有研究古代的科学”。

古代史研究已经不再是城邦研究中的一个关键问题。在德国，德罗伊森或者蒙森以及在他们之后出现的维拉莫维茨都在民族的历史中再现了这样一个时期：他们的政治影响有赖于他们在文化上起的作用，有赖于他们的研究成果产生的反响和他们的声誉。在法国，菲斯泰尔·德·库朗热也提到民族历史上因 1870 年的失败而受到极大影响的一个时期。菲利波·夸雷利（Filippo Coarelli）在讲到这些问题时，提到罗马帝国时期的集会广场，甚至提到今天这样的问题在意大利是如何被提出的。[3]

在全球的社会当中，古典文化都在消失。在这样的社会当中，古代研究有什么样的地位、什么样的恰当性呢？因为，如果“祖国”的

1　芬利：《神话、历史、记忆》（M. I. Finley, *Mythe, histoire, mémoire*, Paris, Flammarion, 1981, p. 134–142）。

2　详见雅克·勒高夫主编的《新史学》（J. Le Goff, [dir.] *La Nouvelle Histoire*, Paris, Retz, 1978, p. 238）。

3　菲利波·夸雷利：《古代地形学和现代意识形态：重访古罗马的集会广场》，载《年鉴》（F. Coarelli, “Topographie antique et idéologie moderne : le Forum romain revisité” , *Annales ESC*, 5-6, 1982, p. 724–740）。

概念根本就不存在了，人们也就无法再体验丧失了祖国的幻想（不管这个故国是以什么样的方式或者幻想表现出来的）。对某些人来说，转向人类学是回应这一挑战的一种方式，虽然人类学的所有方法并不都适合用来明确地争取思想的合法性。史学研究现在也许是另外一种具有合法性的方式。

古代史与历史，也许任何历史学家都不会再赞成朗格卢瓦和瑟诺博斯的预言：由于缺乏史料，对古代某些时期的研究即将完结，历史研究不可避免地会“退回到”现代时期。[1] 因为有了新的史料（更何况“史料”的概念本身也发生了变化），尤其是，任何人都不再认为，历史研究就是对史料进行完备的分析，理想的历史作品就是将史料本身所表达的真理拼接在一起。

在法国的大学里，古代历史教学研究占有一席之地，或者说占有四分之一席之地，其他的四分之三席属于另外三个历史时期（中世纪史、现代史、当代史），这是根据官方的教学计划区分的。这种划分常常遭到人们的嘲笑，但实际上还在执行——而且说到底是与考取大学教师资格联系在一起的。这种四分天下的格局界定了研究领域，制定了游戏规则，确定了现状——虽然是个很脆弱的现状。如果改变这一现状，肯定会产生很多疑问，导致边界划分的混乱。从课程设置的角度来看，古代史学习是学生一定要经历的四个阶段之一，根据学校的不同，四个阶段需要时间的长短不一样。

不过，十分清楚的是，历史“现代主义”的更新是在不由自主当中进行的。除了专门搞历史研究的人之外，很少有人看史书——这种状态并不是历史学科造成的，但是历史以其特殊性的名义，做了很多努力，以不致落入这种状态——历史的确成了莫米利亚诺在 1946 年就

1　朗格卢瓦和瑟诺博斯：《史学原论》（Ch.-V. Langlois et Ch. Seignobos, *Introduction aux études historiques*, Paris, Hachette, 1898, p. 275）。

说过的一个“土里土气的门类”。[1] 因此，人们称之为“年鉴史学”从思想上来源于此的成分并不多。

古代史本来有可能成为另外一门学科，更何况人们已经把它看成研究“古代艺术”（ars antiquaria）的学科，其唯一的选择只能是博物学。当然吉本将博物学与历史联合在了一起，不过那是在英国，而且是在 18 世纪！今天，古代世界虽然“没落”了，但这已经不再是一个火烧眉毛的关键问题，也可以说不再是一个有活力的问题。

古代历史是另外一个学科，至少在法国是，因为其门徒形成了一个特殊的社会，有自己的规律，至少有招收门徒的途径和完整的体系（文学教师资格［绝大多数[2]］、高等师范学院、雅典和罗马学院等）；有自己的网络、职位、杂志；也有行会的担忧，要保护好自己的地盘，因为学科内部的人认为这地盘受到了威胁，也知道有人在觊觎这块地盘；这个学科有守护正统的人，也有致力于创新的人；有讲道理的权威版本，认为“只要学过语文学，就有能力论述语言学不管的一些研究课题”[3]；这个学科的研究方式与其他学科不一样：不用到档案馆查找资料，而是要经常跑图书馆和博物馆的藏品库，要经常去现场。这一领域不会有根本性的新发现，但是经常会有一些“新玩意儿”出现，比如意大利里亚切（Riace）发现的公元前的铜像，埃勃拉（Ebla）发现的创世记泥板，中国出土的秦始皇陵兵马俑，尽管像路易·罗伯特（Louis Robert）一样骑着马，带着笔记本、照相机和拓印工具的旅行家现在只能是人们心中的记忆了……

之所以说古代历史是另外一个学科，还因为人们对一些史料文本的使用方法，这种方法常常让人感到吃惊：古代史学家似乎可以一遍

1　莫米利亚诺：《弗里德里克·克罗佐与希腊史学》，后收入《史学研究》（A. Momigliano, “Friedrich Creuzer and Greek Historiography”, repris dans *Studies in Historiography*, Londres, 1969, p. 75）。

2　当然不能用教师资格来解释一切，但是这至少意味着学生们上完中学，历史本身的学习也就结束了，而且他们对现在的和未来的历史学家这个圈子并不熟悉。

3　罗德森：《伊斯兰的诱惑》（M. Rodinson, *La Fascination de l'islam*, Paris, Masperon, 1980），是一本关于东方学的作品，详见第 106 页。

又一遍，没完没了地把一些相同的史料文本拿来评论，非专业人士认为这种做法是很难摆脱的重复和陈词滥调。人们会不会觉得这个学科仿佛从大田作物（不可避免的形式）过渡到了精致的园艺，但地里种的都是些没有用处的东西了呢？从这个角度来看，真正新的档案材料是一些铭文，用路易·罗伯特的话来说，碑铭学是使“我们的研究永葆青春的泉水”。的确，他认为，铭文是“原始的文献”，也是“直接的见证”，“现代人阅读这些文献的方式与当时的人是一样的”。因此，“社会史……从碑铭中受益最大，而且经常是因为有了这些铭文，才有了社会的历史。经济史只能从传统的文献当中捡拾一些一般性的标识或者孤立的事实。成系列的材料只能来自碑铭和莎草纸的文献”。[1] 有的史料文本由于本身就是传承的产物，所以总是受到怀疑；与这样的文本相反，碑铭是我们可以看得见的直接的史料，碑铭学家可以说“我来了，我见证了”（veni vidi），甚至可以说“我读过了，我见证了”（legi vidi）。

碑铭学的关键词是联系。的确，如果没有比较，没有资料的汇编，那么碑铭学家就会不知所措，就无法表述，无法复原当时的意义，无法对铭文进行解释。碑铭学家无疑是在零散的东西之间建立联系的人（如果可能的话），但是他更多的是史料文献（新的文献）的收集者，碑铭学家要理解和解释文献，而不是建立系列史实的历史学家，历史学家是要构筑其研究对象的。

从总体上来说，新的史学研究领域没有古代历史的事实，更加扩大了与古代史这一显而易见的奇怪的世界之间的距离；在古代史这一领域，史实的数量和纵向的联系都不是真正重要的，虽然，将史实串联起来，说到底也只是一个阶段，会引导我们“达到进行高品质分析

1　路易·罗伯特：《铭文》，载《历史及其方法》（L. Robert, “Épigraphie”, *L’Histoire et ses méthodes*, Paris, Gallimard, “Bibliothèque de la Pléiade”, 1961, p. 463, 466）。

的更高级的模式"[1]。因为，我们并不想低估碑铭学家、古币学家、考古学家等建立的系列史实的重要性，但是史料奇缺仍然是古典研究专家在研究中面临的基本状况。

所谓奇缺，首先说的是史料在历时性上的不连续，而且连续的叙述一向只是人为想象出来的东西。这也意味着史料不在同一个层面上，相互之间缺乏共时性：很难将一系列相互之间有关系的元素构筑在一起，并说明现实是如何拼接成一个整体，且在不同层面上相互影响的。一个链条上缺乏的环节不仅在实际联系上造成了困难，在认识论的层面上也造成了障碍——横向和纵向上都造成障碍——除此之外，还有文献资料的相异性：文本、考古发掘、图像都是不同的"话语"，都走过了各自不同的道路，都有各自的逻辑，但是我们不得不让这些东西在某个地方互相交叉。这是一项细致的工作，因为文本、考古发掘、图像本身也以各自不同的方式呈现出多面、复杂，并在不同的时间，以不同的节奏经过变化和改动。以古代为研究对象的历史学家要完成的一个不可能的任务，就是要明确地、准确地处在多种能力的交会点上。

最后，之所以说古代史是另外一门学科，是从历史的意义上说的；同样是在法国，因为在很长一段时间里，历史被置于古典研究的边缘，在明显表示出它与人文学科的距离的同时，才成了一门学科。欧内斯特·拉维斯出现之后，古希腊和古罗马的历史已经不再是历史的全部，不再是历史的模型，而只不过"是我们先前的历史"：是法国和欧洲历史的预备，而法国和欧洲的历史又是民族国家进步和发展的历史。[2]因此，只是高卢人还不足以使民族国家合法化，所以合法化成了一片越来越遥远的天地，要理解当代，我们越来越不需要经过古代时期的事物："现在，16世纪以来的现代时期提供了教育的基本材料，要了

1 皮埃尔·肖努：《经济：超越与前景》，载《研究历史》（P. Chaunu, "L'économie. Dépassement et prospective", *Faire de l'histoire*, Paris, Gallimard, 1974, t. 2, p. 67）。

2 参见前文所引弗朗索瓦·傅勒的《历史研讨会论文集》，第119–120页。

解现实世界的状态而必须知道的绝大部分事实，都是那些时代的。”[1] 同时，在德国模式的影响之下，古代研究也会专业化（部分地专业化），放弃了文学，而像古人一样，专攻语文学和历史，成了一种博物学的历史。

古典文化缓慢而肯定地走向消亡，同时第三共和的历史模式也走向了没落，但是古代历史却由此处在漂浮不定的地位上：从传统来说，它仍然是存在的，只不过显得越来越老旧，就像被拆掉了武器的战船，变成了海军的学校，再也不能出海了。

然而，从前，费弗尔和布洛赫在《年鉴》第一期的《告读者》当中，已经提出了另一种模式以及古代史和历史之间具有其他关系的可能性，首先要反对的，是隔离：“研究古代、中世纪和‘现代’的历史学家，都是研究人员，他们的使命都是描述一些所谓‘文明’的社会，或者相反，被‘原始’社会或者‘异域’社会所吸引——没有别的词，我们只能称之为‘原始’社会或者‘异域’社会”；但是所有人都要致力于拆除“那些高高的，常常阻挡了我们的视线”的墙，以“尽力关注周边的事业”；通过“更加经常的思想交流”，大家都能够受益。研究古代的历史学家和其他的历史学家一样，也可以成为推动这种开放事业的人。

然而，我们首先必须结束的这种“分离”，是历史学家和“研究当代经济和社会”的人之间的分离。这一设想之所以有力量，之所以不同寻常，正是由于有了这个战略重点，有了这种对现实的考虑：以现实的观点来思考，思考现实的问题；用费尔南·布罗代尔的话说，历史是时间的辩证法。

专门研究古代的人（他们假惺惺地坚持认为，自己的研究对象具有实证性的特点）最难以接受的，恐怕就是历史研究的这种意义，他们只不过是来拜访一个有限的却超越了时间的天地；这个天地超越了

1　弗朗索瓦·傅勒在《历史研讨会论文集》中引述的夏尔·瑟诺博斯的话。

时间，虽然有着很多的不同，但是对现实来说，这个世界仍然是模式和教训；它是有限的，而且现实的一切侵入物都会立刻堕落为现代主义。因此，“人文主义”和“实证主义”才在这方面很容易地结合在一起。

另外，在历史和古代历史之间，加入了一个第三项（也许是一个中间项？），也就是人类学。甚至于，历史人类学能不能在不同成分之间起到联系的作用？因为历史人类学不是用对象和明确的时期来定义的学问，而只是观察社会的某种角度，只是在研究中采用的一种方法，是提出问题的一种方式，所以，它的确可以把研究当中具有相同目的的学科联系在一起，不管是古代研究还是其他的研究。

不过历史人类学（不管它是“继承了习俗历史”的一个学科，是精神历史的延伸，还是研究习惯的历史）在其系谱形成过程中，是独立于古代研究的发展过程的。[1]因此，虽然使用了同一个词（“人类学”），但实际上各个专业走过的道路和目标并不一样。对古典学家来说，与人类学家对话（这种对话在英国开始于19世纪70年代，第一次世界大战和第二次世界大战之间曾中断，20世纪50年代又重新开始[2]），可以从比较学家的角度考察古希腊，同时提供一些假设，甚至通过外推，也可以代替某些缺乏的信息。从这一简单的事实出发，古希腊人（已经不再是超越时间的模型）进入了演化的行列。他们是原始的人，或者他们身上有原始人的因素。比如对“剑桥学派”来说，人类学“也是（不仅仅是）一件武器，用它可以批判，或者更准确地说，用它可以破坏奥林匹斯山诸神的秩序和古典的理性”[3]，对正统的人文主义来说，这是十分不利的。

1　见于前文所引安德烈·比尔古埃的《历史人类学》，载《新史学》（A. Burguière, “L’anthropologie historique”, *La Nouvelle Histoire*, p. 37–45）。

2　汉弗莱斯：《人类学与古典文化》（S. C. Humphreys, *Anthropology and the Classics*, Londres, Routledge and Kegan Paul, 1978, p. 18–21）。

3　特纳：《英国维多利亚时代的希腊遗产》，尤其是第121–128页（F. M. Turner, *The Greek Heritage in Victorian Britain*, New Haven et Londres, Yale Univesity Press, 1981）。

的确，历史人类学“所寻求的，不是解释奇怪的事物，而是恢复被奇怪的幻想掩盖的熟悉的事物”[1]，但是，在同样的外表之下，人类学的方法想要恢复的，是事物的另一面，它要揭开阿波罗的外表，恢复被掩盖的狄俄尼索斯（Dionysos），而且要证明，如果仔细去看（也就是说从远处去看！），古代世界的确是另一个世界，但是，那并不是完全不同的另一个世界。由此我们理解到，从这种意义上说，人类学角度的提出，是对古代历史地位种种疑问的一种回应，是在比较学的实践支持之下，合法化地代替了人文主义。[2]

我们可以从人类学的角度进行研究，也可以挖掘距离，但是对于公众的风险，是有可能从传统的“希腊奇迹”转到异域希腊人。那么，也许正是这种把“同样的人”和“他者”混到一起的游戏，以及由此导致的一系列得失，一直到我们之前的历史及其产生的张力和此后的柳暗花明，才是人们关注的重点，今天仍然是这样，把希腊人当作思想的对象：既不是同一个，也不是另一个，同时，他既是同一个，也是另一个。希腊人本身就是这样的人！

弱点的力量?

从建构史料的过程中遇到的这些困难，从提出问题时受到的这些限制当中，古代史的历史学家可以得到一种力量，也就是说，他可以简单地提出一种思考，而这种思考可以在这一学科建立的范围之外引起关注，产生价值。我们分几种情况来讨论。

第一，如果说马克思的历史，用皮埃尔·维拉尔（Pierre Vilar）的话说，是一种“正在建设中的历史”，那么对有关事物来说，古代世界为这一历史的建设做出了贡献：首先，显而易见的是，因为对奴隶

1　参见前文所引弗朗索瓦·傅勒的《历史研讨会论文集》（F. Furet, *L'Atelier de l'Histoire*, p. 26）。

2　详见让-皮埃尔·韦尔南的《希腊宗教与古代宗教》，载《宗教，历史，理性》（Jean-Pierre Vernant, “Religion grecque, religions antiques”, in *Religions, histoire, raisons*, Maspero, 1979, p. 5–34）。

制这一基本现实进行了很多明确的研究，这些研究也引起了一些争论（包括在马克思主义内部和外部产生的争论），以及除此之外，人们对“奴隶制的生产方式”所主导的社会也进行了一些思考（更多是理论上的思考）。[1]

第二，考虑到城邦的存在和文献的性质，古代比其他的时期使研究者更多地摆脱了某种经济主义，更多地关注政治问题。用马克思的话说，在雅典和罗马“占主导地位的，是政治”，因此我们需要重读马克思的某些文章，从而更好地确定城邦的特殊性。因此，这可以成为一种理论和一个研究领域之间进行对话的契机。从更广的范围看，古代的城邦可以是一个想象的对政治事务进行思考的试验室（《年鉴》的编辑部最近把这种思考“列入了议事日程”[2]）。

第三，菲斯泰尔·德·库朗热喜欢说，历史是由文本组成的。历史学家通过批判，使这些文本成为文献，从而成为可以使用的源头史料。路易·热尔内认为，历史首先是用文字形成的，或者通过文字的历史而形成。他的著作《古希腊司法和道德思想发展研究》（*Recherches sur le développement de la pensée juridique et morale en Grèce*, 1917）就开宗明义地说，“从其本身来看，本研究是语义学的研究”[3]，但是，显而易见，在对字词的意义及其变化进行分析时，首先要建立这些字词的语义场（这就需要将不同性质和不同时期的文本放在一起进行探索）[4]，而且“语言是一种社会现象”，语言、制度、精神或者心理之间不能有割裂。因此，在同一运动当中，字词的历史才是事物的历史，当只剩下某些字词，比如某些“传说”的碎片时，尽管“文献是破败

1 详见伊冯–伽兰：《古希腊的奴隶》（Yvon Garlan, *Les Esclaves en Grèce ancienne*, Paris, Maspero, 1982, p. 13–26, 217–224）。

2 《年鉴，1929—1979》，载《年鉴》（“Les Annales, 1929–1979”, *Annales ESC*, 6, 1979, p. 1346）。

3 详见前文所引汉弗莱斯的《人类学与古典文化》，第 85 页。应当指出的是，这是第一部试图进行我们今天所称的“结构语义学”分析的作品。

4 “我们不能接受的是，让我们的研究完全服从于史料的年代顺序……完全服从于同一个时代，我们可以注意到思想的不同层级，按照顺序联系的层次……我们没有必要在种种情况之下都断言说：某个字首先是什么意义，后来才有某种别的意义。我们研究的是字词的集体表示，而且我们对字词的原始历史并不感兴趣。”（第 XIII 页）

状态”，我们仍然可以对其进行研究，“以阐明希腊的前社会历史”。[1]

通过类似的关注字词及其上下文关系的做法，我们可以将文献进行交叉比较，因为，热尔内认为，“历史学家”在处理与这些文献的关系时，或多或少地会与某种二元论交缠在一起，一方面是“现实”，是“制度”；另一方面是“对一个时代或者一种环境的再现或者感觉”，这是历史学家没有想到或者不喜欢的。正如伊尼亚斯·迈耶森（Ignace Meyerson）在引述《古希腊司法和道德思想发展研究》时所揭示的那样，对人的研究肯定是要通过对宗教事实的分析来完成的，但是也要借助对司法、政治、经济事实的分析。这样做也有助于阐明文献之间的相互关系，比如“希腊科学思想的产生”和“道德思想的发展”之间的关系。[2]

迈耶森是最早提出历史心理学的学者，他用来理解热尔内思想的这两个例子，足以在这里说明，两个人是通过语义学的方法得以交会的。[3] 让-皮埃尔·韦尔南也正是在他们两个人的作品交会处，开辟了一条路，继而又把它拓宽了。

第四，从字词的上下文关系，再到文本的问题，这对研究古代的学者来说，似乎是不可回避的问题。因为不管他在研究时有没有文本，或者在另一个时代，只有一个文本作为史料，不管怎么说，他都有必要尽可能准确地衡量有或者没有文本所产生的影响，如果有，那要考虑文本的性质，更何况他离不开那些特殊的、优秀的文本，也就是“文学”文本（史诗、悲剧、喜剧、哲学、历史等）。在某些情况下，这样的文本甚至是唯一的“源泉”：比如，对关注“尤利西斯的世界”的人来说，荷马史诗就是这样。但是，如果文学文本的确是

1　路易·热尔内：《古希腊文化之初》，载《年鉴》，5–6，1982 年，第 965 页（L. Gernet, “Les débuts de l’hellénisme [éd. R. Di Donato]”, *Annales ESC*, 5–6, 1982, p. 965）。

2　伊尼亚斯·迈耶森：《心理功能与作品》（I. Meyerson, *Les Fonctions psychologiques et les œuvres*, Paris, Vrin, 1948, p. 173, 142）。

3　迪·多纳托：《路易·热尔内的历史人类学》载《年鉴》，5–6，1982 年，第 984 页（R. Di Donato, “L’anthropologie historique de Louis Gernet”, *Annales, ESC*, 5–6, 1982, p. 984）。

史料，那它们恰恰首先就是自己的纪念碑，因此，不能被简单地当成一个资料源，历史学家可以按照自己的方式去汲取所需要的信息。然而，一切文献的分析程序（比如建立了这种文献分析程序的语文学以及衡量其真实性的历史批判）都倾向于将文本拆解开来进行分析，总而言之，就是要把文本分解成碎片，就是不承认它是一个具有整体性的文本。

为了思考这一显而易见的事实，我们必须转向文本的专家，也就是专门从事叙述理论研究的人，至少在法国是这样。[1]

因为事实上，文本首先表现为一种叙述，有其结构和逻辑；文本是在叙述者和对象之间产生的，而且相对于其他的文本产生作用，其他的文本可以是当代的，也可以不是；文本的体裁以及作者和读者共同的知识也对文本的表意产生作用。一个文本出现时，它会进入接受美学所称的“期待前景”。简单说，这是文本第一种横向的维度。

然而，正如栖息在时间之柱上的普鲁斯特式的叙述者一样，叙述者也有他自己的历史，或者说，文本还有第二种维度，也就是纵向的维度。文本是如何传承的？谁读过这个文本？是怎样阅读的？为什么阅读？如果这个文本被公认是基础性的文本，那么它会相继遇到所有这些现实的问题，一直到我们今天对它的解读，我们今天的解读没有任何特殊性（不管是在理论上还是在其他方面），我们的阅读也是过渡性的：克洛德・勒福尔（Claude Lefort）把这一切称为“文本的作用”，而且是不可分的，或者更准确地说，所有这一切组成了我们阅读的文本。

因此，由于资料“来源”的性质不同，由于这些资料在我们的文化中的影响力也不同，研究古代的历史学家比其他专业的学者会更多

1　《交流》杂志（*Communications*, Paris, Le Seuil, 1966）出版了一期分析叙述结构的专号，为此提供了一个方便的标志点。

地遇到文本的这种“多维度”的问题[1]，要想准确地展示这些维度的意义，也要求他具有多种能力，包括语言学、文学、社会学和心理学等方面的能力。

第三个圆圈

还剩下最后一个问题，或者最后一个圆圈，其直径比另外两个小：在广泛的古代科学内部，至少在法国，古代历史的位置（从本义上说的古代史）在哪里呢？第一个简单而肯定的回答，是以传统上在历史和辅助科学之间所做的区分为基础的。比如，马鲁认为：“我们觉得历史学家有点像建筑师，建筑师为了实现一张图纸，需要求助于一系列的专业……每个专业各尽其用”；当然开始的时候，他自己“也要插手参与”。[2]

然而，在同一本书中，路易·罗伯特通过使用明显不同的比喻，给出了另外一种回答，他认为这样区分历史学家是不恰当的。的确，历史学家不是建筑师，他只不过是“乐队里的一个人”（不是乐队的指挥），他应当会使用每一件乐器（史料），以便从中“得出历史”。[3]总而言之，你要接连成为碑铭学家、语言学家或者古币学家、地理学家（他要时时刻刻成为地理学家），这样，你就成历史学家了。历史是终点，而不是出发点。或者这种立场还有一种无趣的说法，凡是研究古代的学者都有权利是（或者都能够是），或者事实上已经是历史学家。换句话说，对他来说，历史很有可能是另外一个学科。

除了这两种明确的、有代表性的立场之外，还有一种从历史的角度看待各种专业的潮流，比如把研究古币的学问“当作历史，因为货

1　皮埃尔·维达尔-纳凯：《黑色猎手》（P. Vidal-Naquet, *Le Chasseur noir*, Paris, Maspero, 1981, p. 15）。

2　马鲁：《如何理解历史学家的专业》，载前文所引《历史及其方法》（H.-I. Marrou, “Comment comprendre le métier d’historien”, *L’Histoire et ses méthodes,* p. 1516）。

3　前文所引路易·罗伯特的《铭文》，第 475 页。

币符号当中有这种学问”，[1] 或者野心更大的是，把考古学说成是“历史社会”科学。[2] 总而言之，虽然一段时间以来，马鲁的建筑师已经处在失业状态令人担心，但是可以看得出来，在古代科学内部，古代史既没有自己的地盘，也没有特有的研究方法，因此还不能真正成为一个学科。古代史学家积累的作品资料也无法形成一块地盘，或者一种遗产，可以让这一学科得以强调其权利，因为这些内容仍然首先是属于语文学的。

古代史没有自己特有的地盘（其缘由可以从历史角度得到解释），这从体制上也有所表现。在国家科学研究中心（CNRS），古代史隶属于一个名为“古典语言和文明”的委员会，委员会中起主要作用的是语文学家。[3] 而在大学咨询委员会中，古代史是附属于历史部门的，但是又与考古学放在一起，形成一个名为“考古与古代史”的分部。为什么是“与古代史”呢？[4]

这就是我们说的这场赌博。这种说法不合时宜吗？现在本应该是退守的时候，每个人都应该回到自己的学科，或者自己的专业上去，而不是在理论上进行突破、发生冲突、实行开放。费弗尔和布洛赫指出存在“隔离”和“挡住了目光的高墙”，有人对此做出了回应。我们这些外乡人就从墙上把属于我们的石头拿走了。

1　盖伊：《十字交叉的古币学》（J. Guey, “La numismatique en croix”），载《年鉴》, 3, 1959, p. 549。

2　克兰迪尼、塞蒂：《罗马伊特鲁里亚的主人和奴隶》（A. Carandini, S. Settis, *Schiavi e padroni nell’Etruria romana*, Bari, De Donato, 1979, p. 16）。

3　今天的划分又不同了：在国家科学研究中心（CNRS），“古代世界和中世纪”是放在同一个部门的，在大学委员会（CNU），“历史、文化、考古以及古代和中世纪世界艺术”是放在一起的。

4　详见普列开特（H. W. Pleket）为“历史及其方法研讨会”提供的论文（Lille, Presse universitaire, 1981）：《古代史：是“古代”还是“历史”？》（“Histoire ancienne: ‘ancienne’ ou ‘de l’histoire’?”）。在论文的最后，作者提议重组大学历史研究的组织：“应当考虑设立一个‘前工业’历史部，负责研究古希腊、古罗马时期和前现代时期（中世纪，法国的旧制度时期）的相似性和不同，与‘工业’或者‘后工业’历史部并列，‘工业’或者‘后工业’历史部负责研究两三个世纪之后的时代。”（第 227 页）

皮埃尔-维达尔·纳凯：记忆与历史

我们每个人都是一小块土地，而且土地的构造极不规整，千差万别，所以每个部分，每个时刻都在自顾自地忙自己的事。

——蒙田

为什么要为皮埃尔-维达尔·纳凯的《记忆》再版写这篇前言呢？[1]因为他已经不在了。只是为了简单地说明他已经不在人世了。他提醒人们："回忆录，哪怕人们声称是在自己行将就木之前写的回忆录，从根本上说也是由一个活着的人写的，这个人并不知道他的历史的终点在哪里。"这是根据梭伦的一句非常著名的话改写的，专供为自己写自传的人使用，他知道梭伦的这句话：克雷伊斯国王催促梭伦承认一点，说克雷伊斯是世上最幸福的人，梭伦说，要等到终结的时候，才能够做出判断。皮埃尔·维达尔-纳凯患脑出血，于2006年7月29日逝世。他长眠在法杨斯（Fayence），那是尼斯后面内陆的一个小村庄，那里的风景让人想到希腊。离墓地不远处，就是他家祖传的房子，1960年以来，他的"主要"作品都是在这里写的，也包括他的《回忆录》。这就是他的历史的终结，至少是他的历史的一部分，是两个日期之间的一部分：从1930年到2006年。

但是另一部分历史仍在继续。有对他的记忆——亲人对他的记忆，他与朋友曾用电话长时间地通话，他在公开场合表达过的立场，他对社会事务的参与，他的大量通信，他的教导，以及在做报告时、在偶然与某人相遇时说的某句话。此外还有他为学术期刊、报纸写的文章，他的论文、著作，他在半个世纪里作为历史学家的研究成果。总而言

1　本文是为前文所引皮埃尔·维达尔-纳凯的《回忆录》（1995）写的前言，2007年，第一卷，第Ⅰ至第Ⅹ页。亦请参见弗朗索瓦·阿赫托戈：《亲力亲为的历史学家维达尔-纳凯：记忆的人、记忆的时刻》，载《发现》杂志，2007年（F. Hartog, *Vidal-Naquet, historien en personne. L'homme-mémoire et le moment mémoire*, La Découverte, 2007）。

之，他的作品不仅继续存在，而且更为重要的是，他的作品有了最终的形式，将赢得新的读者，促使人们研究他，对他的作品提出问题，并从他的作品出发超越他的作品。

他的《回忆录》分别在 1995 年和 1998 年出了两卷，也完全是他的作品的一部分。不仅事实上是，而且从两个实质性的原因上也是。他想以历史学家的身份来写自己的回忆。他叙述的“主体”也是作为他的“客体”来看待的。通过勾画这幅历史学家的自画像，他试图重新理解自己，对他以前写的东西投射出一束新的光芒，是什么将他写的东西聚拢在一起，又是什么东西将它们分别开来，或者从更加深刻的意义上说，是什么东西将它们联系在一起的。《回忆录》形成了这种联系，《回忆录》就是这种联系，虽然，不管怎么说，“文章”和“时刻”之间还是有些间隙。《回忆录》是他在不到 64 岁的时候开始写的，既不是他的人生的附录，也不是尾声，而是他研究历史的一种新方式，我们可以跟着他前些年写的一些东西，来追溯他研究历史的路，尤其是他写的很多前言。那是历史通过其他途径的一种延续。对他来说，夏多布里昂说历史学家是人民的复仇者，这一说法已经提供了第一个关于历史学家的定义，可是他离夏多布里昂的形象相差得何止十万八千里，1841 年，夏多布里昂贬低自己写《墓中回忆录》的目的，说那只是一种手段，是为了“欺骗最后时刻的敌人，因为谁也不想有这样的敌人，谁也不知道该怎么对付这样的敌人”。

在出版了《回忆录》之后，纳凯在 2005 年出版了《亚特兰大岛：一个柏拉图神话的简短历史》（*L'Atlantide, Petite histoire d'un mythe platonicien*）。这部“简短历史”让他念念不忘，实际上陪伴他长达半个世纪之久，因为这个念头始于 1953 年亨利-伊雷内·马鲁指导他写的学位论文《柏拉图的历史观念》（“La conception platonicienne de l'histoire”）。这也许是另外一种方式，可以让他重新穿越，让他回顾他在思想上主要关注过的东西：神话。当神话是或者已经成为纯粹的谎言，很可能引人走上一条死路时，那就得揭穿它，谴责它，用神话本来的想象的维度解释它，在现实中理解其效果，跟踪它几百年以来经历的修改和变化。神话是如何生活和死亡的呢？说到底，亚特兰大岛代表的是神话的这种好的一面，随着年龄和用途的增加，神话已经没有什么危险，在“去除了它的历史之后”，我们可以“将它还给形象和诗”——这就是他在《亚特兰大岛：一个柏拉图神话的简短历史》结尾时说的话。

虽然出版者和作者之间已经约定《回忆录》的再版原则，但再版的方式却没有明确说明。在出版时，每一卷问世都激起媒体大量的评论，很多人为此写了大量的信，甚至还引发了两场官司，分别是由让-马利·勒庞（Jean-Marie Le Pen）和亨利·罗克（Henri Roques）提起的诉讼，结果是作者赢了官司。然而，这部作品与他以前出版的书不同，因为作品的材料就是他自己。支撑作品的，不再是他作为作者的身份，好比从某种意义上，他从书中退了出去。也许正是由于他采取的这种悬而未决、未完待续的特点，他才写了那篇告读者的前言。有的作者在写完作品的最后一个字之后，能够从自己的文本当中超脱出来。皮埃尔·维达尔-纳凯恰恰相反。他每次再版自己的作品，都会进行修改。而且，在《回忆录》第二卷前言的一个简短附记当中，他声明，如果再版，人们所指出的作品中的错误一定会得到恰当的“纠正”（事实上，在他收到的几封信中就提到了这类的“错误”）。近10年过去了，他会做更多的修改吗？他会站在现实的角度，弥补时间的差距吗？他会因为维达尔在生活中有了新的内容，从而再续前文吗？或者，还有其他的可能性，他会用前言或者后记的方式，从某种意义上，将过往的时间登记入册，指出他移动过的东西、修改过的文字吗？在他的好几部作品再版时，他就是这么做的。他会以回顾的方式，加倍地关注他作为历史学家走过的路吗？换句话说，他会是审判自己的法官吗？

在提到从1994年开始他做过多次大手术的事之后，他归结说：“这种体验并非无益，因为无论怎么说，它让我得到了必要的缓刑时间，以写第二卷。”这话当中既有幽默，又有悲情：事实上，他把生活视为死刑的缓刑。从什么时候开始有这种感觉的呢？正因为如此，他才意识到时间的紧迫，他才急于写，才急于到达终点。所以他才急于传达，才急于在前辈和后代之间建立联系，完成父亲 1943 年便让他共同参与的一项工作，也就是补充对系谱的调查，作为历史学家终生承担死亡登记处的责任，尽“他的一切可能，向今天的男人和女人们介绍”他的父母吕西安和玛戈。他难道不正是他们的长子吗？作为历史学家，他难道不是最有能力来偿还这份债务的人吗？而且说到底，他之所以成为历史学家，难道不正是为了完成这一任务吗？不管怎么说，缓刑期的“延展”正好让他有可能回到亚特兰大岛，这也许是他最早打算研究的一份材料，并借此以不同的方式，重新穿越他的研究生涯当中的一大部分内容。

10 年之后，到了 2007 年，情况怎么样了呢？在他的历史学家的生涯当中，陪伴他的“历史激情”，并成为《回忆录》中的材料的大部分重大案卷，仍然摆在那里。1957 年纳凯进入公共生活，《奥丁事件》（*L'Affaire Audin*）出版于 1958 年。但是，酷刑于 1962 年销声匿迹之后，2000 年又回到各大报纸的头版（还有了“独眼将军”的特色），而且“阿尔及利亚问题”仍然是反复出现的问题，有时候竟然成了人们反观法国殖民史的一面棱镜。

对于 1968 年的“事件”，纳凯想让自己成为一个“充满激情的观察者”，“用心关注”它，“关注”整个运动中表现出的“所有矛盾”。他想理解左派团体的分布情况，首先是了解这些左派团体。他经常去被占领的索邦大学，对图书馆的保存状况感到不安。从 5 月 25 日开始，雅克·朱利亚尔（Jacques Julliard）便要求他收集一些与正在进行中的运动有关的文章，放在他主编的“政治”丛书中出版。在一个名叫阿兰·施纳普（Alain Schnapp）的学生帮助之下，他马上投入了这种即时性历史的实践当中。他写道：“我再一次像 1962 年一样，为历史激情所驱动。”研究的方式与当时他收集阿尔及利亚的酷刑材料以在未来为法国军队的罪行做见证时一样。

如何研究呢？首先是收集材料，收集得越完整越好，越快越好。然后转换视角，将“法国的五月运动”与不久之前在美国校园发生的事件进行比较，正如后来在对古希腊的研究中所做的那样，正如《从别处看到的希腊民主》中所做的那样。向旁边迈出一步，这是他既在内又在外的方式。多亏了普林斯顿大学当代史的教授阿诺·梅厄（Arno Mayer），他拥有伯克利大学学生造反的一系列完整资料，并因此而拥有了一个“支点，用以撬起大学生起义的整个世界”。[1]1969年初，《大学生公社日记》（*Journal de la Commune étudiante*）出版了。[2]

纳凯承认自己是亨利-伊雷内·马鲁的弟子。在讲到《大学生公社日记》这本书时，他提到亨利-伊雷内·马鲁说的一句话：“当你写道，运动的口号不是‘年轻的岁月总会成为过去’[3]，而是‘不应当让年轻的岁月成为过去’时，你自己都不知道这话说得有多好。”的确，马鲁像夏尔（Char）一样，也对纳凯的历史学家的生涯起到了指引方向的作用。1946年，年轻的维达尔-纳凯仍然处在父母逝世产生的“裂痕”之中，还在“期待”亲人的回归时，读到马鲁的一篇文章，马鲁在文章中说，历史研究不是“回顾已经死去的过去，而是一种活生生的体验，历史学家是将自己的命运感投入其中”。[4]

以下是其他的重要事情。《纸上的艾希曼》（“Un Eichmann de papier”）发表于1980年，《记忆的谋杀者》（*Les Assassins de la mémoire*）出版于1987年，但是，我们“仍然不得不与法瑞森（Faurisson）混迹于

1　详见前文所引皮埃尔·维达尔-纳凯的《回忆录》，第295–299页。

2　阿兰·施纳普和皮埃尔·维达尔-纳凯：《大学生公社日记：1967年11月至1968年6月的文章及资料》（Alain Schnapp et Pierre Vidal-Naquet, *Journal de la Commune étudiante. Textes et documents, novembre 1967-juin 1968*, Paris, Le Seuil, 1969）。这本书包括一篇前言、362份资料、很多说明、一份参考书目、一篇索引，总计850页。

3　这是字面翻译，实际上日常用语中，经常用的是这句话的引申义，也就是说，“应当原谅年轻人犯的过错”（Il faut que jeunesse se passe）。但是如果这样译，下一句（il faut que jeunesse ne se passe pas）就不好译了，所以两句都用字面意义。——译者注

4　详见前文所引弗朗索瓦·阿赫托戈的《亲历亲为的历史学家维达尔-纳凯：记忆的人、记忆的时刻》。

一处”。[1]更加糟糕的是，那些否认大屠杀的人在自己的谎言中脸皮变得越来越厚，竟然在德黑兰站住脚跟，上演了一出不同寻常的魔幻历史剧。纳凯最早的两篇关于以色列的报道可以回溯到1970年和1975年，但是，以色列和巴勒斯坦冲突的恶化程度仍然让我们感到吃惊。

2006年，人们庆祝德雷福斯上尉恢复名誉100周年。1906年7月12日，上诉法院的一纸判决承认德雷福斯完全无罪。但是，正如贝玑在文章中写的那样，“人们越是说这个案件结束了，就越是显而易见地说明，它永远不会结束”。在当时组织的所有活动当中，有一个题为“我的德雷福斯事件”的研讨会。皮埃尔·维达尔-纳凯在会上发表了一篇讲话，成了他最后一次在公共场合的讲话。“我是拥护德雷福斯的人，就像我是历史学家一样。”他再一次声称自己是拥护德莱福斯的知识分子，同时也承担了自己在判断上犯的错误。拥护德雷福斯还是顺应时宜的事吗？纳凯为了正义和真理，为了普遍性而参与公共事务的时候，也是承担了风险的（也包括犯错误的风险），但并不一定会得到媒体的同情。

雷蒙·阿隆（Raymond Aron, 1905—1983）的《回忆录》出版于1983年。他在写这部《回忆录》的时候，一开始便直入主题：“我出生于田野圣母院……”他觉得没有必要先说明自己是在写回忆录，也没觉得有必要对作者在主题上的立场提出什么问题。总而言之，对社会事务来说，雷蒙·阿隆当了50年的旁观者，但是他也始终表明自己的立场，《回忆录》使他可以把没有说的话也说出来。第一章题为“我父亲的遗嘱”，强调的是儿子年轻时，如何渐渐感到自己成了父亲的“希望的承载者”（“我会用我的成就消除他的失望”）。他自愿承担起这种欠债般的感觉，从而使子承父业成为可能，后来儿子也成了父亲。

1　罗伯特·法瑞森是巴黎大学教授（有英国和法国双重公民身份），他对第二次世界大战期间在奥斯维辛和其他纳粹集中营存在用于毁尸灭迹的毒气室表示怀疑。后来因其相关言论而被告上法庭。巴黎大审法院第17轻罪法庭1991年4月18日通过判决，宣判法瑞森和布瓦佐犯有“对危害人类罪质疑罪”，并对他们课以近33万法郎的罚金。——译者注

然后是《回忆录》的四个部分，讲述了他从1905年到1982年的历程。最后有一篇“后记”，既是时代的总结，又是一种对可悲的历史境遇的妥协，是对全书从总体上的回顾，有点类似于《墓中回忆录》的最后一章。

10年之后，皮埃尔·维达尔-纳凯也开始写自己的《回忆录》。当然，要让读者立刻知道自己正在读的是一部什么样的书，作者的第一句话一定是：“1930年7月23日，我出生在巴黎圣日耳曼区瓦莱纳街63号乙父母的家里。”与雷蒙·阿隆的《回忆录》开头第一句话相比，维达尔-纳凯的《回忆录》开篇第一句话充满了历史学家的准确性。紧接着第二句话是对准确性的加强。“当然，在当时的资产阶级家庭，良家妇女是一定要在家里生孩子的。”对街区、环境和时代特点都有了交代。后面的叙述有时候与年代顺序不一致，尤其是第二卷的最后，本来应该有一篇庄严的“尾声”，却以一篇简短的“最后”结束了，开始的几句话显得十分沉重：“在这场失败的体验当中，在我的生活故事当中，我来到了这里……”他说的是什么失败呢？是他为一个被指控犯了强奸罪的年轻人进行的激烈斗争，他本想谴责说，那是一场司法的错误，但实际上最后是他错了。在“经典”的叙述中，我们还看到了另一个不同之处：在最有特点的自传体回忆录的最后一句话之前，他觉得有必要加一段简短的序言。

开始时，他的确打算写一部一般的回忆录。从阿尔及利亚事件开始，讲述他的公共生活，以及由此引起的一切，维达尔-纳凯作为社会活动家的生活，以及他为希腊历史进行的斗争。但是，他明确说曾将自己的打算推迟了很长时间，因为叙述从“可能到现实”是需要时间的。为什么呢？我想他是需要一种新的时局，以记忆的重要性作为标志，也就是1987年皮埃尔·诺拉设想的《自我历史文集》（*Essais d’ego-histoire*）代表的那个时刻：历史学家想做一项试验，把自己当成记忆的载体来对待，不是为了把自己处理成一具不朽的干尸，而是以回顾的方式，探索他书写的历史和历史造就的他之间的联系。还要让叙述从更远处出发，让他的重心发生移动；这才是最为重要的一点，他在改变计划的同时，最终使计划变得可行了。

1944年5月15日，纳凯的父母被盖世太保逮捕，他自己也险些被一同带走。的确，纳凯意识到，在说出这一切在他心中造成的影响之前，他不可能理解自己，也不可能将“他的经验的意义”传达给读者；他首先要有胆量找到描写这一“裂痕”的文字，回到这一裂痕上来，超越它，并因此能够复原吕西安和玛戈，写出他们的历史，介绍这两个失踪的人，“很久以来”，他就是他们的长子，只是因为他比他们多活了那么久（好像通过写作，父子关系颠倒了过来）；他首先要重新理解自己的生活，理解他作为一个成年人的生活在何种程度上被卡在了“裂痕和期待”之间，被卡在了那些痛苦之间，一桩桩的痛苦互相交织，既相互矛盾，又相互维系在一起。

如果没有这一点，其他都是不可能的。一旦理解了这一点，纳凯将讲述自己生平的任务又向后推了一段时间。他认为，他还必须厘清与记忆、叙述和传记有关的几个问题。但是，这个前提很快便被遗弃了，解决的方式有点类似于说“我并非不知道……”。为了让读者明白，他只用几个人名、几句话，便回忆了当时的争论和问题，同时也简单指明了他自己的立场。丝毫不让人感到吃惊的是，他首先提到的问题是关于历史和记忆的问题。他拒绝在进行其他形式的分析之前，就将两者对立起来。是否应当说“我的生活的记忆或者历史”呢？“记忆”和“历史”两者都是要的，但条件是说明记忆不会唱独角戏，而是要与历史综合在一起：“是时候将记忆与历史综合在一起了。”在这些年里，他在文章中经常提到的人物形象是“像历史学家一样的普鲁斯特”。他是否也是一个在写回忆录的历史学家呢？他应当更加清楚地意识到他者形成的障碍，但是实际上，他并不是处在不同的立场上。记忆并不完全是主观的，同样，历史也不完全是客观的。为了说明前半句话，他以卢梭为例证；卢梭在写《忏悔录》（*Confessions*）的时候，是以“厚厚的一沓”书信为基础的。的确，他的计划是写“一个确切的故事”。至于后半句话，其意义是说，凡是历史，“都从不同程度上是以一个或者几个人的记忆为基础的”，他认为这类的说法产生于雷蒙·阿隆、亨利–伊雷内·马鲁、保罗·韦纳（Paul Veyne）等人的思考。

关于叙述和路易·马兰[1]所说的叙述的“陷阱”，纳凯说得更加简单。他觉得博尔赫斯[2]那篇非常著名的关于地图的小说就能解决问题：“叙述就像地图一样：你不能认为自己是那里面描述的东西，那是一种选择。”然后，他还反驳了所谓的“传记幻觉”；“传记幻觉”是皮埃尔·布迪厄[3]的一种说法，指的是一个人的一生连续的内省式幻觉，传记作者产生了这种幻觉，也被囚禁在这种幻觉之中。纳凯指出，自传的作者在加强这种幻觉的同时（他觉得自己面对的，是始终如一的自己），也能脱离这种幻觉，因为，由于所处的位置，他还不知道自己的历史的终点在哪里。然后，纳凯立刻提到他认为真正重要的东西：作为历史学家，他的叙述是出于何种目的。所有为达到这一目的而进行“准确叙述”的元素都有哪些。他列举了他的资料来源（书信、父亲的日记、姐姐的日记），他得知的有关时期的历史知识，他作为传记作者和传记对象的双重身份。

除了提到的人名之外，还有一些人本来应该出现在传记中，但是却没有出现。有人会立刻反驳说，对没有提到的人你怎么能列出详细的名单，而且说这样的事，又是为什么呢？我想说的只是：事实上，既然他自己认为有必要借用某些人的名字，作为他划定的话语空间的一些标志，我们也就可以指出是哪些人缺席了。我们可以想见，问题不在于指出缺少了什么东西，而是更好地勾画出他当时所处的思想背景，正是在这样的背景之下，他才可以说：“我出生于……”菲力

1　路易·马兰（又译路易·马林［Louis Marin］，1931—1992），法国哲学家、历史学家和语义学家。——译者注

2　此处是指豪尔赫·路易斯·博尔赫斯（Jorge Luis Borges，1899—1986），阿根廷诗人、小说家、散文家兼翻译家，被誉为作家中的考古学家。——译者注

3　皮埃尔·布迪厄（Pierre Bourdieu，1930—2002），法国当代著名的社会学家。——译者注

浦・勒热纳（Philippe Lejeune）说的“自传契约”[1]，也就是说，从20世纪70年代中期开始，人们围绕自传所写的一切，似乎并没有起作用，保罗・利科针对“叙述者的身份”和“作为他者的自我”所做的思考也没有产生影响。说到底，为了站在历史学家一边，纳凯本来应该提到弗拉维奥・约瑟夫[2]的《约瑟夫自传》（*Autobiographie*），纳凯和约瑟夫在很长时间里是精神上的同路人；或者也可以提到吉本的《吉本自传》（*Les Mémoires de ma vie*），吉本的回忆录当然是在作者生前写的，但是作者努力想让它成为身后之作。在与他同时代的人当中，我们主要想到的是索尔・弗里德兰德尔[3]和乔治・佩雷克[4]，这两个人年轻时也和他一样，体验过生活中的裂痕。在《当回忆来了的时候》（*Quand vient le souvenir*, 1978）和《W或童年回忆》（*W ou le souvenir d'enfance*, 1975）当中，两位作者分别回顾了这段过去的体验，讲述了父母的去世，当然，他们是以不同的方式叙述的。但是，佩雷克是作家，而且虽然索尔・弗里德兰德尔是历史学家，但他并不是作为历史学家写这段自传体回忆的。

显而易见的是，篇幅只有几页的前言并不是他敞开来长篇大论的地方。但是，他不喜欢先介绍方法、阐述理论这一套，他一向更喜欢在阐述的过程中为自己的心迹提供证明，同时急于达到他为自己规定的目的。他想写历史学家的“历史回忆录”，并且以历史学家的身份来写。他现在成了回忆录的撰写者，但他仍然同时也是个档案管理者，

1　《自传契约》（*pacte autobiographique*）是菲力浦・勒热纳一部作品的名字，从文本的角度探讨作品的运行机制和自身特点。作者给自传下了定义，回顾了个人文学得以诞生的哲学（反省）、宗教（忏悔）和社会（回忆录）传统，整理了一份包括175位作者的自传作品清单，是西方自传研究的奠基之作。北京大学出版社2013年有该作品的中文译本出版。——译者注

2　弗拉维奥・约瑟夫（Flavius Josèphe, 37—100），公元1世纪时的犹太历史学家，代表作有《犹太古史》《犹太战争》《约瑟夫自传》等。在第一次犹太罗马战争中他曾经当过犹太叛军的军官，投降后作为参谋和翻译为罗马政府服务，并获得罗马公民身份。——译者注

3　索尔・弗里德兰德尔（Saul Friedländer, 1871—1946），德国哲学家和历史学家，著名作品《灭绝的年代》曾于2008年获得美国的普利策奖。——译者注

4　乔治・佩雷克（Georges Perec，1936—1982），法国当代著名的先锋派小说家，他的小说以任意交叉错落的情节和独特的叙事风格见长，1978年出版的《生活指南》是法国现代文学史上的杰作之一，被誉为“超越性小说”的代表作。——译者注

或者说，在历史学家和回忆录撰写者之间，还有一个档案管理者。总体来看，他一生中积累了很多档案材料，而且最终也写了《回忆录》。我们可以读他的《回忆录》，也需要研究他积累的档案材料（这项研究工作正在进行中）。作为档案管理者和撰写自己历史的历史学家，他想让人们重读他写的历史，包括别人的历史和他自己的历史，但是他也希望作为回忆录的作者和档案管理者，写出他所处时代的历史的一部分。因为历史在继续。

让–皮埃尔·韦尔南：希腊城邦和“黑暗的时代”

2007年以来，让–皮埃尔·韦尔南出现在我们的公共空间。[1] 人们谈到韦尔南已经发表和即将发表的作品，也有围绕他的作品进行的讨论。通过埃玛纽埃尔·拉博里（Emmanuel Laborie）新摄制的电影中，我们可以看到他产生的强大影响；塞弗勒（Sèvres）、图卢兹（Toulouse）、奥贝维利耶（Aubervilliers）、巴黎的一些学校都有以他的名字命名的场所。据我所知，不久之前，以他的名字命名的教室刚刚在高等社会科学院举行了揭幕仪式。

韦尔南去世后，在他的话语和行动留下了标记的地方，他的影响仍然存在，这些我就不详细说了。我想回顾他开始时的研究工作，回顾他是如何选择希腊理性，也就是希腊城邦作为研究主题的。他选择的，不是超脱时间观念的希腊奇迹或者希腊幻景的城邦，而是刚刚跨越了“黑暗时代”——这是布莱希特的一个非常有名的说法——对极权政体来说，仍然是一个充满考验的城邦。我会详细地论述三个命题或者三个知识分子为此提供的回答，他们分别以不同的方式面对了这些“黑暗的时代”，并投身于行动。对他们三个人来说，古人，尤其

1　曾发表于莫里斯·奥朗德和弗朗索瓦·维特拉尼主编的《让–皮埃尔·韦尔南的里里外外》（Paru dans *Jean-Pierre Vernant. Dedans dehors*, sous la direction de Maurice Olender et François Vitrani, Paris, Seuil, 2013, p. 175–190）。

是古希腊人，曾起过重要作用。他们认为，我们与古人的关系被政治化了，或者从更加准确、更加深刻的意义上说，他们提出的是政治上的回答。

汉娜·阿伦特出生于1906年，1933年开始流亡；让-皮埃尔·韦尔南出生于1914年，1940年6月决定参加抵抗运动，而当时他刚刚在纳博讷（Narbonne）退役，结束了地下的战争，因为他参加了图卢兹地区秘密军的领导（后来他又领导了法国抗德的民众武装“法国国内力量”）。柯奈留斯·卡斯托里亚蒂斯出生于1922年，于1945年底离开雅典来到法国。在这三个人当中，只有韦尔南在战后选择以研究希腊为职业。但是，虽然希腊是他的研究对象，却从来不是他唯一的未来。而对阿伦特和卡斯托里亚蒂斯来说，希腊一向是他们研究的对象。只要读一读《文化的危机》（*La Crise de la culture*）和《人的境况》（*La Condition de l'homme moderne*）就可以知道这一点。至于卡斯托里亚蒂斯，正准备出版的研讨班讲稿让我们越来越清楚地看到他在思想上对古希腊的执着。[1]

在当代伟大的政治思想家当中，阿伦特无疑最看重古人的经验产生的影响。列奥·施特劳斯[2]也有和她一样的看法。阿伦特让“城邦”的概念明确经受了她称之为“极权主义”的考验。[3]她写道：“我以为思想本身产生于我们在生活中对事件的经验，而且会与这些事件联系在一起，事件就好比是标志，而思想能够与之联系的，就只有这些标

1 详见前文所引柯奈留斯·卡斯托里亚蒂斯的《希腊的本质·第一卷：〈从荷马到希罗多德〉》，作品前面有皮埃尔·维达尔-纳凯写的前言《柯奈留斯·卡斯托里亚蒂斯与古希腊》；《希腊的本质·第二卷：〈城邦与法律〉》（*La Cité et les lois, Ce qui fait la Grèce II*, Paris, Le Seuil, 2008），《希腊的本质·第三卷：〈修昔底德：力量与权利〉》（*Thucydide, la force et le droit, Ce qui fait la Grèce III*, Paris, Le Seuil, 2011）。

2 列奥·施特劳斯（Leo Strauss，1899—1973），20世纪犹太裔德国作家、哲学家。是一个颇有争议和传奇的人物，一位神秘的政治哲学家。在里根、老布什执政时期，美国一些重要的政府机构都有他的弟子。到了小布什当政时期，特别是在“9·11”事件之后，探究强硬派政客与施特劳斯派之间的关系成为公共传媒讨论的热门话题。——译者注

3 汉娜·阿伦特：《极权主义的起源》（Hannah Arendt, *Les Origines du totalitarisme*, trad. Française, Paris, Gallimard, "Quarto", 2002）。这本书从1946年开始写，到1951年才出版。

志。”[1]对她来说，标志性的事件，或者她的政治思想的出生证，就是1933年2月27日的国会纵火案。从这一天开始，“城邦”（*polis*）在她心中不是模式，也不是唯一的途径，而是优先的参照，不断成为她思考的对象；一起成为思考对象的，除了美国和法国的革命之外，还有1917年苏维埃的革命，1956年匈牙利议会的革命。“城邦”以“失去的宝贝”第一次出现，是在她的《文化的危机》中，随后欧洲抵抗的人们也在短时间内看到了这一点。[2]

的确，希腊城邦代表的是政治出现的地点和时刻，现代时代与“极权主义”一起，体验到了这种政治统治的全新形式，这种吞噬一切的政治。城邦恰恰是极权主义所不具备的东西，是与负极相对立的正极。阿伦特以亚里士多德的定义为基础，把城邦看作将话语和行为集中在一起的一种手段，城邦是古希腊人“安排出的一个公共空间，与他们只适合处理私事的‘家里’（oikos）保持距离，人们承认大家相互之间是平等的，大家共同讨论问题，决定事务”。[3]这一空间是公共世界的条件。比如，伯里克利发布的《葬礼演说》（*Oraison funèbre*）是她思考雅典民主的真正核心，在她对政治文化的思考当中，占有重要的位置。“在政治判断的范围内，我们喜欢美，而且在思考哲学的问题时，我们也不会优柔寡断，丧失规则。”对于那句很难翻译，也许首先是很难理解的话，这就是她做出的翻译。[4]她这样做的目的是要说服人们相信，这里所使用的概念完全是政治概念，并明确表明，美和智

1　汉娜·阿伦特：《文化的危机》（H. Arendt, *La Crise de la culture*, trad. Française, Paris, Gallimard, 1972, p. 26）。

2　同上，第13页。

3　克洛德·勒福尔：《汉娜·阿伦特与政治问题》，载《论政治事务》（Claude Lefort, “H. Arendt et la question du politique”, *Essais sur le politique*, Paris, Le Seuil, 1986, p. 66），另外，文章当中还有一些批判性的意见，说明阿伦特从来没有关注过现代民主本身：“也许是因为那是代议制的民主，而且‘代表’这个概念对于她来说就是陌生的，甚至她对于这个概念从心里就是有所抵制的？”（第72页）

4　修昔底德，2，40：我们在简朴当中培育美以及精神的事物，但是我们并不缺乏坚定（philokaloumen gar met’euteleias kai philosophoumen aneu malakias）。

慧可以“只在建立城邦（polis）的限度之内”得到人们的爱。[1]但是现代人已经没有了公共的世界，剩下的只有语言，而在语言当中，“已经过去的东西，都有无法根除的基础”，比如“政治”这个词就是这样，“处在大海深处”的希腊“城邦”也是这样。而且，人们企图重新建立的现代城邦也是这样。

柯奈留斯·卡斯托里亚蒂斯也思考过这篇文章，他把这篇文章看作他读过的“政治思想最伟大的丰碑”。对同一句话，他的解释和阿伦特的不一样。“伯里克利没有说：我们喜欢美好的事物（而且将它们放在博物馆中）；我们喜欢智慧（而且花钱聘教师或者买书）。他说：我们是生活在对美和智慧的热爱之中，生活在被这种热爱激起的活动之中，而且，我们也是被这种爱和活动推动着；由于有了美和智慧，才有了我们的生活，我们与之生活在一起，我们生活在其中——但是，我们也逃避优柔寡断的荒诞。”[2]这里说的是政治行动和存在方式，而且无论在何种情况之下，都不是指对文化的消费。

卡斯托里亚蒂斯本来是托洛茨基派分子，1944年斯大林在雅典发动政变之后，他离开了希腊，于1949年与克洛德·勒福尔一起建立了“社会主义或野蛮”团体（groupe socialisme ou Barbarie）。从那时开始，他便全身心投入了对俄国革命经验的彻底批判，已经不再是马克思主义者，他开始捍卫个体和集体自主的计划，他不认为那是乌托邦。他把这种计划当成“社会历史的计划”，要实现这个计划，靠的是“个体和人民清醒的活动”。[3]他认为，政治就是“旨在建立本来意义上的社会的活动”，昨天是这样，今天仍然是这样。[4]显然正是在这

1 详见前文所引汉娜·阿伦特的《文化的危机》，第274页。芭芭拉·卡森：《古希腊人和古罗马人：阿伦特和海德格尔作品中关于古代的范式》，载《本体论与政治：汉娜·阿伦特》（Barbara Cassin, “Grecs et Romains : les paradigmes de l’Antiquité chez Arendt et Heidegger”, in *Ontologie et Politique, Hannah Arendt*, Paris, Tierce, 1989, p. 35–37）。

2 柯奈留斯·卡斯托里亚蒂斯：《迷宫的交叉路口》（Cornelius Castoriadis, *Domaines de l’homme, Les Carrefours du labyrinthe 2*, Paris, Le Seuil, 1986, p. 381）。

3 柯奈留斯·卡斯托里亚蒂斯：《随波逐流的社会：谈话与讨论，1974—1997》（*Une société à la dérive, Entretiens et débats 1974–1997*, Paris, Le Seuil, 2005, p. 17）。

4 详见前文所引柯奈留斯·卡斯托里亚蒂斯的《希腊的本质》第一卷，第57页。

一点上，古希腊的经验才有了其全部的地位。因为，如果说古希腊不是模式，那它也不是样本，它与其他的样本不一样（柯奈留斯·卡斯托里亚蒂斯反对从人种学的角度研究古希腊），他反复说，古希腊是“萌芽”。[1]“自从人们创立了城邦，从而导致这一断裂产生的时刻开始，人便成了自己的法律的制定者，因此也就需要为在城邦发生的事负责；这样一来，集体的地位以十分明确的方式变成了以下这种状况：权利不是由社会之外的、神圣的、超验性的根源宣示的，事情的好与不好，正义或者不正义也不是由这些根源宣示——而且我们说的，是在政治领域，这就是问题的所在。”[2] 从“他律”向“自律”的过渡既是集体的，又是个体的（我们离两种自由还差着十万八千里）；从这一过渡的过程中，城邦汲取了自我置疑的可能性，不是一次性地对自己提出质疑，而是以有规律的、重复性的方式，也就是说，恰恰就是以民主的方式对自己提出质疑。对于城邦的制度要实现什么的问题，雅典的回答是：“创造与美一起生活、与智慧一起生活并喜欢共同财产的人类。”[3]

当然，在柯奈留斯·卡斯托里亚蒂斯的心目中，没有什么立法者，只有这种自律制度的建立过程，而这一过程正是公元前 8 世纪到公元前 5 世纪之间城邦的历史。他和阿伦特一样，也强调建立公共的和共同的空间：“‘民主’（dèmos）应当建立‘逻各斯’，逻各斯是一种话语，要受到所有人的检查和批评，也要受到自己的检查和批评，而且不能依靠任何仅仅属于传统的权威。”[4] 这样一来，城邦要面对的最困难的问题，就是它将如何自我限制：如何建立自我限制的条件呢？这正是雅典不知道该如何做的。柯奈留斯·卡斯托里亚蒂斯使用了古希腊的一个“狂妄”“蔑视”（hubris）的概念。显而易见的是，卡斯托里亚蒂

1　详见前文所引柯奈留斯·卡斯托里亚蒂斯的《迷宫的交叉路口》，第 328 页。
2　详见前文所引柯奈留斯·卡斯托里亚蒂斯的《希腊的本质》第一卷，第 36 页。
3　详见前文所引柯奈留斯·卡斯托里亚蒂斯的《迷宫的交叉路口》，第 383 页。
4　详见前文所引柯奈留斯·卡斯托里亚蒂斯的《希腊的本质》第一卷，第 284 页。

斯认为，雅典的民主是被自己的“狂妄”毁了。的确，雅典的民主既没有做到自我限制，也没有使自己成为普遍化的东西。因此，希腊在伯罗奔尼撒战争中的失败只是这种状态的表现而已。[1]

阿伦特使用的是“宝贝”的形象，而柯奈留斯·卡斯托里亚蒂斯使用的则是“萌芽”。通过这种形象，他是想说：“古希腊人一直在不停地思考这个问题：城邦的制度应当实现什么？”但是他的意思里也表示，这一萌芽有可能重新萌发。

莫里斯·梅洛-庞蒂（Maurice Merlean-Ponty）说过一句话：“在经历事件的考验当中，我们认识到有哪些东西是我们不能接受的，而且正是这种经过解释的体验变成了论断和哲学。”[2]这句话正适合形容让-皮埃尔·韦尔南走过的道路。让-皮埃尔·韦尔南写道，他认为，他“不曾有过一秒钟的迟疑”，贝当（Pétain）代表了“到那时为止，他反对的一切：仇外、反犹太主义、反动”。[3]那么，这个刚刚获得了哲学教师头衔的年轻人，为什么要对古希腊感兴趣呢？从1932年到1939年间，韦尔南是共产党人，而且知道什么是马克思主义。他第一次到希腊去旅行时便感到惊奇，由此萌生了一个想法，以“柏拉图的劳动概念”为题，写一篇论文的附录，以“价值范畴和偶然性”为题，写论文的主体，之所以采取这种形式，主要是因为他与路易·热尔内相遇之后，一下子便迷上了这个人，与伊尼亚斯·迈耶森的合作也刚刚开始。这两个人的名字意味着不同的研究方法、不同的学科——热尔内研究的是语言学和涂尔干的社会学，迈耶森则是专攻历史心理学——因此，这也就意味着他们各自与古希腊人的不同关系，而这种关系从一开始便保持了历史的距离。

韦尔南步热尔内的后尘，其学术问题也是围绕过渡组织的，但首先是对“决定性的转变”进行全方面的理解。他的第一本书《希腊思

1 柯奈留斯·卡斯托里亚蒂斯：《希腊的本质》第一卷，第305页。
2 克洛德·勒福尔在前文所引《论政治事务》第61页援引的莫里斯·梅洛-庞蒂的话。
3 详见前文所引让-皮埃尔·韦尔南的《跨越边境》，第27页。

想的起源》目的就在于此。这本书出版于 1962 年，题词是献给热尔内的。目的是要说明“希腊的理性如何诞生”以及哲学如何“出现”，同时弄清楚使理性与哲学成为可能的条件。理性是如何从宗教的心理当中挣脱出来的？理性从神话中“得到了”什么，又是如何“超越”了神话的？作品强调的，是一些产生分别、差别的因素。虽然这个问题并不是全新的，但当时对迈锡尼 B 类线性文字[1]的解读，刚刚将希腊最早的文本出现的日期向前推移了五百多年，所以问题还是有必要重新提出。因此从今往后，研究的背景应当是公元前 8 世纪和公元前 7 世纪之间被后来的王国彻底毁坏了的迈锡尼宫殿，这一背景更加清楚地显现了出来，古希腊这一“新的出发点”打下了“城邦的基础”。[2]过渡被设想成一个新的出发点。

君主专制政体的权力是要将自己关闭在宫殿当中，故弄玄虚。城邦与这种做法恰恰相反。韦尔南紧接着描绘了城邦的模式，那也是“他的”模式，后来又被很多人借鉴（或者后来被很多人认为是自己的模式）。“城邦”的特色是话语占据主导优势，也就是说，是以对立双方公开的辩论为主导，“城邦”被坚定地勾画成一个循环的空间，在这个空间，相对于一个中心来说，所有拥有权利的人都处在平等的地位上，而中心是空的，是权力不能据为己有的。在这里，谁也不能满足于披上权威的外衣，而是应当定期地来汇报他的所作所为。我们现在看出来了，这样的模式与阿伦特的城邦相近，与柯奈留斯·卡斯托里亚蒂斯的城邦距离也不远，尤其是他们都同样强调公共空间的共享，

1　迈锡尼文明是希腊青铜时代晚期的文明，由伯罗奔尼撒半岛的迈锡尼城而得名。20 世纪初，通过对克里特岛进行的考古发掘研究，厘清了迈锡尼文明与先于它的米诺斯文明之间的关系。在对克里特岛上的诺索斯进行发掘期间，人们发现了数千块年代约在前 1450 年的黏土泥板，由于当时宫殿的一次大火而意外地保存了下来。在这些泥板上，考古学家辨认出一种未知的文字，认为这种文字比线性文字 A 更先进（线性文字 A 是古代克里特岛上使用的未破解的文字），因而命名为线性文字 B。——译者注

2　详见前文所引让-皮埃尔·韦尔南的《希腊思想的起源》，第 7、8 页。

强调公共话语的价值。[1]

韦尔南的分析试图将城邦和理性联系起来（他也许并没有让人们明白，究竟理性是城邦产生的“结果”，还是城邦与理性从一开始就是不可分的），他今天明确说，他的分析还有一个目的，那就是要“推翻在共产党里占主导地位的教条主义和思想方式”，同时表明，“如果对立的双方没有公开的辩论，如果辩论不完全是自由的和公开的，那么在任何领域都不可能有真理”。[2]1960年，韦尔南到苏联旅行了一趟，终于知道了所谓的社会主义社会发展到了什么样的状态。在他投向过去的希腊人的政治目光当中，有着现实的目的。但是尽管如此，古希腊人并没有变成模式，但他们至少被摆在那里，作为一种符号，说明另外一种政治、另外一种意义上的政治是可以想象的，既然它曾经是可能的，现在也仍然有可能是可行的。

在指称这种希腊的经验时，韦尔南说的既不是“遗失的宝贝”，也不是“萌芽”，而是小心谨慎地借用了诗人的一个词“内地”（arrière-pays）。“伊夫·博纳富瓦（Yves Bonnefoy）在谈到‘内地’时，说它就在我们生活的世界的景致之内。我也指出，对那些全身心地投入社会活动的人来说，也有一种‘内心的生活’（une arrière-vie），或者一种‘高于生活的情感’（un au-dessus de la vie），使得他们的社会活动有了意义。当然，我们之所以能够在斗争中团结一致，是因为我们有着共同的社会和政治价值基础。像我们这样的人形成的群体是由友谊主宰的。”[3]我在想，韦尔南的城邦有一部分就是属于这种“内地”的，它的名字就是“同志情谊”，而且，作为内心的生活或者高于生活的情感，这样的城邦使他们的社会活动有了意义。这种城邦既不是

1　三个人的城邦是不一样的，但是，我在这里不是要研究他们的侧重点有什么不同。阿伦特的城邦有古罗马人的特点，其基础具有重要的地位，这是韦尔南的城邦所没有的，卡斯托里亚蒂斯的城邦也没有。如果说韦尔南没有读过阿伦特的书，那么卡斯托里亚蒂斯则既读过阿伦特的作品，也读过韦尔南的书（他是针对韦尔南的思想进行讨论的），但是显而易见的是，卡斯托里亚蒂斯的城邦与他的政治定义是完全一致的。

2　详见前文所引让-皮埃尔·韦尔南的《跨越边境》，第24页。

3　让-皮埃尔·韦尔南:《跨越边境》，第25页。

有特色的乌托邦，也不是怀旧的构筑，不管怎么说，它承载着一个世界的理念，这个世界是从王权或者家天下的专制当中走出来的，应当可以像公元前 8 世纪的希腊一样，经历一次“新的出发”。这种城邦既是政治化的结果，又与现代保持着距离；其他更加年轻的人，尤其是 1968 年之后的人们，从中看到了他们自己，或者更准确地说，我们可以既把话说得模糊一些，又可以说得更加明确，也就是，后来的人从这个世界看到了某些正中他们下怀的东西。正如在“内地”一样，也许那里的人们对政治可以有不同的理解。但是同时，那也是另外一个希腊，是与人类学提出的观念一致的另一个希腊：比如克洛德·列维–斯特劳斯的《忧郁的热带》（*Tristes tropiques*）和《神话学》（*Mythologiques*）所表达的观念。

事实上，韦尔南的研究总是注意强调希腊人的相异性，所以从很大程度上致力于列出“希腊人”在生活中对待世界、社会、自我的方式上有何种差别，从《古希腊人的神话与宗教》开始，他便根据伊尼亚斯·迈耶森的教导（这本书就是题词献给伊尼亚斯·迈耶森的），致力于研究古希腊人内心的历史。[1] 但是他从来没有说，所谓相异性，就是头也不回地自顾走向完全的陌生，或者永无止境地追随古希腊人表现出的内心思想。如果说古希腊创造的成就已经有相当大的差别，足以使我们对自己产生“陌生感”，但是，这些成就并非那么遥远，我们和他们之间仍然有灵犀之通。结果就是，最后，他的研究勾勒出的“形象”并不是“具有个别性的希腊人”，而是“希腊人，也是我们”。[2] 他在法兰西学院开班第一课上明确说：“我们与古代的最后联系似乎也在我们的眼前变得支离破碎；当我们乘船驶向古代，试图通过比较，从内部和外部来理解一个已经死去的地区时，我们以人类学

1　让–皮埃尔·韦尔南：《古希腊人的神话与宗教》（J.-P. Vernant, *Mythe et pensée chez les Grècs. Études de psychologie historique*, Paris, Maspero, 1965, p. 9–15）。

2　让–皮埃尔·韦尔南主编的《希腊人》（*L'Homme grec*, sous la direction de J.-P. Vernant, Paris, Le Seuil, 1993, p. 10–11）。

家的方式所探寻的，正是我们自己。”[1]因此，从他们到我们之间的这一次次往复，总体来说，是让我们与我们自身保持距离的一种手段。

当韦尔南说“以人类学家的方式”的时候，他脑子里想到的，是克洛德·列维-斯特劳斯在《忧郁的热带》结尾处，在讲到人种学的地位，以及为什么要进行人种学研究时提出的意见吗？列维-斯特劳斯写道：“如果说人们历来所做的艰难困苦之事，就是想方设法使一个社会生存下去的话，那么，推动着我们遥远的祖先的力量，现在仍然存在于我们心中。木还远没有成舟；我们还可以将一切从头来过。那些已经做过的事，那些没有来得及做的事，我们都可以重新做起：‘盲目的迷信认为，黄金时代已经在我们的身后了，或者说已经成为过去了，其实黄金时代就在我们心中。’当我们怀着人类的博爱，看到最可怜的部落时，确信我们看到的，就是我们自己的形象，而且我们在这种时候的体验与很多其他的体验结合在一起，可以使我们吸取教训的时候，人类的博爱就有了意义。”[2]列维-斯特劳斯离开旧世界及其故步自封的文明，于1935年启程去探望新世界的野蛮人。韦尔南却没有离开旧世界，只是在战后登上了去拜望古希腊人的航程，而古希腊人正在重新变成新人，因为与他们保持距离也是一种方式，我们之所以能够再一次听见他们的话，恰恰是因为有了这一距离，恰恰是这一距离让我们与他们发生了联系，并探索希腊城邦这一“新的出发”具有的全部力量。一个是想赎回和扩大文艺复兴的人文主义，同时证明大家、每个人都有平等的人性；另一个则把讲究人性的人文主义丢在了路旁——经过战争，人文主义并没有变得特别伟大，研究古罗马历史的杰出教授杰罗姆·卡尔克皮诺[3]不是也冲上了国家的最前哨吗？——开辟一条通向民主城邦的道路，在这样的城邦里，人们对政治可以有不同的

---

1 详见前文所引让-皮埃尔·韦尔南的《希腊宗教与古代宗教》，第49页。

2 克洛德·列维-斯特劳斯：《忧郁的热带》，第471页（Cl. Lévi-Strauss, *Tristes Tropiques*, Paris, Plon, 1955, p. 471）。

3 杰罗姆·卡尔克皮诺（Jérôme Carcopino，1881—1970）是专门研究古罗马的法国历史学家，最终成了官员。他主持制定过一部考古法，后来又当了高等师范学院的校长。——译者注

理解。

说到底，选择野蛮人和选择古希腊人，可以被看作两种对“黑暗时代”的体验做出回应的不同方式，这两种方式不是对立的，而是对称的，是两种旅行，各有各的逻辑，各有各的历史，各有各的手段，各有各的目的，但是总体来看，对两个获得了哲学教师资格证书又没有成为职业哲学家的人来说，是互相补充的。前者走向了后者，走向了最无助、最受蔑视的社会，他本来是想救赎人道主义的；当然这种人道主义在16世纪失败得一塌糊涂，但是，最近的失败也很彻底。后者则投身于表面看来是最近处的东西，也就是希腊的“祖国”和西方理性的源头（理性也照样失败得不可收拾），以探索开始时究竟发生了些什么事。这也是一种向过于陈腐的人道主义提出问题的方式——那是软弱的仙女们的人道主义，是列维–斯特劳斯想要离开的“故步自封的世界”的人道主义——也许这种方式有助于使这种人道主义获得新生。这两种姿态当中的政治和思想因素是密不可分的；除了他们的姿态之外，列维–斯特劳斯和韦尔南提出了“‘适合思考’的野蛮人和古希腊人”的概念。这既不是为了卖弄异国情调，也不是为了提出可供模仿的模式，这是一种理论的模式，是用于思考、为了思考的模式，以便“得出可应用于对我们自己的习俗进行改革的社会生活原则”。无论如何，这些希腊人和这些野蛮人向现代人提供了一个机会，让他们不至于只会面对自己，荒唐地、心甘情愿地忘记刚刚过去了的事。

让–皮埃尔·韦尔南：用话语影响他人

让–皮埃尔·韦尔南1914年1月4日出生于普罗万（Provins），2007年1月9日逝世于巴黎。他没有见过自己的亲生父亲。[1]他的父亲

1　为让–皮埃尔·韦尔南的《从抵抗运动到古希腊》写的前言（Préface à Jean-Pierre Vernant, *De la Résistance à la Grèce ancienne*, Paris, Éditions de l'EHESS, 2014, p. 7–25）。

1915 年死于索姆河战役。他写道，对于他父亲，“我的印象只是人们对我描述的那个人：他不仅是个左派，还是社会主义者，战争一开始，他便自愿参加了步兵部队，成为一个二等兵”。[1] 他再没有多说，但是这就足以强调了一点：在当时，他年轻的生命进程被第一次世界大战打下了烙印，而且产生了持续的影响。因此，1914 年事件的 100 周年纪念日，也是他的诞辰，这并不是偶然的。一切都是从那时候开始的。虽然在他受过的教育中，没有任何东西看起来像是崇拜死人或者战争，或者反过来说，没有任何东西可以被说成是有根有据的和平主义。一切都从那里开始，但这显然并不意味着一切都可以从那里得到解释。

《从抵抗运动到古希腊》这本书的内容是 1992 年的一次谈话笔录，谈话的目的是建立法兰西学院的视频档案资料库。韦尔南是这个资料库中的第一份视频档案资料。我们可以把这本书看作对韦尔南“其人其作”的介绍。我认为这本书取的题目既准确，又具有欺骗性。之所以说它准确，是因为韦尔南的确是“从抵抗过渡到希腊研究”的，这在年代的先后上是准确的，因为他真正开始接触古希腊，是在 1948 年，在他进入国家科学研究中心之后，也就是在他 34 岁的时候。但是，如果这个题目让人认为，已经有一条事先划定的路，从前者引向后者，那么这个题目就是具有欺骗性的了。事情显然不是这样。况且，关于人们常常称之为的“路径”或者“路程”，他也很清楚地解释过：“人们是与时俱进的，更好的说法是：人们的变动不是发生在突然之间，而是一点一点变化的，最终到了本来没有想去的地方，到了本不是自己家的地方，外表看起来他仍然是他，但实际上他已经是另外一个人。”[2]

“外表看起来他仍然是他，但实际上他已经是另外一个人”，我想这句话很好地表达了他走过的路程。在失去了他从来没有见过的父亲

1 让-皮埃尔·韦尔南：《神话与政治之间》，第 61 页（Jean-Pierre Vernant, *Entre mythe et politique*, Paris, Le Seuil, 1996, p. 61）。

2 同上，第 7 页。

之后，他在很小的时候，又失去了母亲。因此，他的童年是“在兄弟和表亲的呵护之下”度过的。他写道：“在这个群体当中，我年龄最小，但是群体中大家都是平等的，一切都是共同的。后来，上中学的时候，我体验到的学校生活也是这样，只不过同伴的圈子扩大了。”[1]

“同伴”“共同”“平等”，这是三个关键词，在以后几十年当中，韦尔南的政治和知识生活中的一大部分都是围绕着这些词展开的。[2]在私人生活的空间和公共生活的空间都是这样。将这些词联系在一起的，是友谊（philia）。人们不是常说，在朋友之间，一切都是共同的吗？的确，有的是拉丁区（巴黎大学区）的伙伴，有的是战前参加反法西斯运动的伙伴，而当时各种社团都具有很重要的地位；有的是共产党里的伙伴（他是1932年参加共产党的），后来又有在图卢兹抵抗期间紧张生活中的伙伴，友情使他们同生共死。在战后，又有为了反对法国共产党（PCF）的领导而斗争的伙伴（很多都是与以前的伙伴），法共的领导称他们是“蛀虫”。还有的是反殖民主义战斗中的伙伴（反对阿尔及利亚战争），为苏联持不同政见者而举行社会活动的伙伴。在这些伙伴当中，有几个始终与他同路，比如露西·奥布拉克，或者维克多·勒杜克[3]。维克多·勒杜克在1993年去世的时候，韦尔南以“一个战士的画像”为题，为死者勾画了一幅动人的形象。韦尔南在文中指出：“作为一个战士，就要从内心坚定起来，就是要思考，要凭本能行动，要与其他人一起，通过其他人，为了其他人而思考和行动：永远与其他人为伴。也要把现实作为未来的计划来经历，不管这个现实多么艰难，多么令人失望。”[4]

但是，也出现了一些新的群体。韦尔南本来是获得了哲学教师教

1　让-皮埃尔·韦尔南：《神话与政治之间》，第20页。

2　同上，第19页。

3　露西·奥布拉克（Lucie Aubrac，1912—2007），德国占领时期的抵抗战士。维克多·勒杜克（Victor Leduc，1911—1993）也是抵抗战士，法国社会活动家，当过法国共产党的领导。——译者注

4　让-皮埃尔·韦尔南：《神话与政治之间》，第570页。

职的人，但是从1937年到1945年，他从事的是与所学专业完全不同的工作——当一个“小兵”，一个抵抗战士，一名图卢兹和上加罗河地区秘密军的军官——后来又决定投身古希腊研究。在成为研究人员之后，他采取的方式仍然与众不同，也就是说，他仍然注重打造他与世界和其他人的关系。虽然在最初一些年里，他主要是独自做研究，在图书馆阅读他能找到的每一本图书，“像海绵一样”吸收知识，他发现了“研讨班”这个特殊群体的特点，这里说的是他的两个导师伊尼亚斯·迈耶森和路易·热尔内的研讨班；他参加这两个老师的研讨班时表现出的，不仅是勤奋。他们带给了他很多，他也回馈给了他们很多。当时，他的这两个导师都是高等研究实践学院第六分部的研究生指导教师，那是路易·费弗尔创办的一所学校，当时的校长，仍然是路易·费弗尔。从1958年开始，韦尔南也被选为这所学校的研究生导师，不久马塞尔·德蒂安和皮埃尔·维达尔-纳凯也来参加他主持的研讨班。从这个可供人们发表言论的场所出发，即将形成一个团队、一支队伍，到1964年建成了“古代社会比较研究中心”，这是由他创建的一个中心，他也担当了很长时间该中心的主任。这个团体开始时没有固定形式，其存在的第一个理由，就是“有必要进行比较”。因此，韦尔南才聚起了各种不同领域的一些专家，而且开始时，韦尔南几乎是唯一研究古希腊的人，对这个群体，他只是起到了组织的作用，这种说法既有幽默又有谦虚的意味。[1] 韦尔南的朋友，伟大的印度学家夏尔·马拉默德[2] 说的一句话，很好地反映了比较学的精神状态。韦尔南说，马拉默德让他明白了希腊的事物，因为他谈论的是印度的事。20年之后，韦尔南获得了国家科学研究中心颁发的金奖，这是研究领域最高的奖项。在颁奖的时候，韦尔南透露了一个秘密：“我的作品，我的生活，以及我个人都离不开团队。其他人的工作和研究不断地推

1　让-皮埃尔·韦尔南：《神话与政治之间》，第45页。

2　夏尔·马拉默德（Charles Malamoud，1929—），法国宗教历史学家、东方学家和印度学家。他从对梵文的研究出发，深入阐述了吠陀教的牺牲仪式及其意义。——译者注

动着我前进，我本人也以同样的冲动，带动着这些人的工作和研究。”[1]

从这种“推动”和“带动”的方式当中，产生了一种风格，一种生活、工作、言谈话语和写作的风格，一种参与社会活动的风格，也是一种社会关系和知识分子工作的伦理。我们从这场谈话中对此可略见一斑。这可以是一场一般的谈话，和其他的谈话一样，和很多的谈话一样。但是，韦尔南一开口，从我们第一眼看到他在塞弗勒的办公室日常的样子，我们就知道，这个 75 岁的人，手里拿着一根小小的雪茄，他就在那里，我的意思是说，这就是他，他就是个这样的人。他愿意回顾他走过的路，但是，他是在以他的方式回顾过去，待人既家常又矜持，直截了当，全身心地投入（他向对方略微俯着身子），但是他的表现永远不会庸俗。所有认识他的人都知道，韦尔南有很大的人格魅力。一个群体当中只要有了他，不管是研讨会、政治会议还是朋友间晚上聚餐，或者哪怕是在沙滩上打排球，他都是大家瞩目的中心。这意思并不是说他有意吸引大家关注他，或者总是他独霸人群中的话语权，而是这个群体的人们，不管是在某个单位，还是临时凑在一起的人群，大家都唯他马首是瞻。这也并不意味着，因为他有与大家共同的、平等的价值观，他便自以为是。只是由于他有魅力，由于他不能也不愿意避开众人而已，而且他从始至终都是这样。

在韦尔南逝世前三个月，当他再一次谈到他的老友维克多·勒杜克时，他的人格魅力再一次得到充分展示；维克多·勒杜克的回忆录《一个观念学者的磨难》（*Les Tribulations d'un idéologue*）刚刚再版。在韦尔南逝世前不到几周的时间，他的身体已经很虚弱，但他还是坚持亲自到奥贝维利耶的科贝齐耶中学（Le Corbusier à Aubervilliers），给学生们最后一次讲尤利西斯，讲他心中的尤利西斯。[2] 他最后以他自

1　让-皮埃尔·韦尔南：《神话与政治之间》，第 47 页。

2　让-皮埃尔·韦尔南：《历史没有完全结束：尤利西斯和珀耳修斯，潘多拉和奥德修斯》（J.-P. Vernant, *L'Histoire n'est pas tout à fait finie. Ulysse et Persée, Pandora et l'Odyssée*, Préface de François-Ducroux, Paris, Bayard, 2012, p. 169–194）。

己的方式当了一次老师，正如1940年秋天，他刚刚被任命为图卢兹的皮埃尔·德·费马中学的教师，第一次给学生上课时那样。在后来的文本当中，他回忆了他走过的曲折路程，以及他当时的心情：他突然成了哲学老师，面对文科预科一年级的一班学生，而他从来没有教过书，1937年以来也从来没有翻开过任何一本书，而且他是两手空空来到图卢兹的，没有书，没有任何笔记。不久，抵抗运动又占用了他越来越多的时间。他不得不临场发挥，找到一种真正当老师的方式，又不放弃他基本的价值观，而当时的局势又极其不正常。他在中学接替的是乔治·康吉莱姆[1]的职位。韦尔南讲述了他如何事先没有通知，就去拜访乔治·康吉莱姆的事，那场面很是滑稽。

在这次拜访当中，他回答了乔治·康吉莱姆提出的一些问题，大都是针对一些具体事情的问题，但是有一定的目的性，并非无的放矢，想说明凡事并不简单，不管是希腊神话还是参加共产党。怎么能加入法国共产党呢？怎么能想念苏联，而且为斯大林的死而感到痛苦呢？对今天的年轻人（甚至一些不那么年轻的人）来说，这些事简直莫名其妙。韦尔南区别战前和战后加入共产党的知识分子；战前加入共产党首先是政治上的入党，基础是反法西斯主义，韦尔南就是这种情况；而战后加入共产党的动机，更多的是意识形态方面的。这种区别是有实际意义的。对战前的知识分子来说，加入共产党，等于认为自己“进入了为反对恶势力而进行决定性斗争的时代”。[2]从1945年到1950年期间入党的人很多，他们大都受过基督教的教育，认为党是“一个坚固的基础，一个完全可靠的真理，而且可以清算他们身上的某些东西，他们认为自己应当摆脱这些东西”。[3]战前的知识分子赞成启蒙的传统，

---

1 乔治·康吉莱姆（Georges Canguilhem，1904—1995），法国哲学家和医生，专门研究认识论和科学史，对生物学、医学、心理学、科学意识形态和伦理学的形成过程都有研究和阐述。属于法国历史认识论学派，是福柯的博士论文指导教师，在学术上对福柯产生过很大的影响。——译者注

2 详见前文所引让-皮埃尔·韦尔南《神话与政治之间》，第579页。

3 同上，第597页。

赞成反教权主义传统，入了党，他们仍然可以讨论问题，仍然可以保持不同意见，甚至可以幽默。至于揭露苏联的个人崇拜，韦尔南喜欢说："在苏联，他们有个人崇拜；在法国，我们也有崇拜，但不是对个人的崇拜！"同时，共产党人的确是法西斯分子一贯的、有组织的对头（至少一直到《苏德互不侵犯条约》签订之前），而且苏联也的确代表了已经实现了的社会主义。"我们是千禧年类型的团体，也有这类的团体应该有的信仰，除此之外另一点就是新的时代已经到来了。"[1]

要按照伙伴的秩序，在伙伴的行动范围之内生活，就会遇到一个重要的问题；韦尔南直接面对这个问题，甚至在研究古希腊的工作中也在思考这个问题，那就是关于权威的问题。如何协调平等和权威呢？如何在实际上协调民主与权力？由此才有了希腊城邦的模式，城邦是由平等的人组成的一个群体，权力被置于这个群体的中央，原则上，这一权力是不能被某个人据为己有的。他想："在朋友之间，一切都是共同的，可是如何区别不同层次的责任呢？"当然，他想到了抵抗运动。有些人，比如他，为什么从一开始就有领导职务，其他人则同意服从他的领导（同时也同意拿自己的生命去冒险）？更何况他也不是通过任何制度得到领导地位的。韦尔南认为，有些人之所以起到了领导的作用，是因为这个群体是一个"友情的群体"，至少开始时是这样，群体的成员"觉得自己与他们的领导是平等的，所以可以同意有的人扮演领导的角色"。至于那些担任领导职务的人，则必须接受双重的要求："既有领导的地位，又要有平等的关系"。[2]

战争之后，事情的关键发生了变化，这时韦尔南和伙伴们面对的，不再是秘密军的领导，而是社会政治运动，是知识分子在时代的争论中起的作用，是如何领导一个研究团队，是如何建立业绩。但是，双重的要求仍然是存在的。他的思想具有权威性，甚至在一段时

1　让-皮埃尔·韦尔南：《神话与政治之间》，第595页。
2　同上，第21–22页。

间里，人们称之为“法国式的希腊”以非传统的方式、从深刻的意义上开始建立起来。皮埃尔·帕谢[1]在一篇文章中，恰如其分地提到过韦尔南的影响力；当时正是20世纪70年代，库兹涅索夫委员会（comité Kouznetsov）召集会议，想发动公共舆论，让苏联当局释放费厄多洛夫（Fiodorov）和穆尔延科（Mourjenko）。当时犹太人是无论如何也不能离开苏联的，库兹涅索夫与一个小组订立了一个计划，打算偷一架飞机，飞出国境。他们知道这样做根本不会成功，但是他们想吸引人们的注意。最终，他们被逮捕，并被判了刑。那是1970年的事。多少年过去了，所有在案件中被判决的犹太人都被赦免、释放和流亡了。费厄多洛夫和穆尔延科仍然被关在监狱中，他们不是犹太人，只是参与了犹太人的活动。所以才成立了这个委员会，帕谢夫妻二人也参加了委员会。当时韦尔南给帕谢留下的印象是这样的：“他目光明亮、正直，身体强壮、结实，言语热情，但是简短、不过分。在讨论问题的时候，他很注意地听别人讲话……然后，他会简短地概述一下他的理解，却把别人的意思表达得异常清楚，让人觉得出神入化、无法抗拒，他有这方面的天才，而且十分谦虚地使用这种天才，让人们不由自主地说：‘对，就是这意思，一点不错。’”在后来的工作当中，一直到三驾马车共同创立学派的时候，这种特点始终存在，甚至更加突出：“他给人的印象是，他认为，用不着上级机构来划定框框，关键的问题就摆在面前，就在我们之间，既然我们决定从事这一事业，让它成为我们的事业。”[2]将共同的事业掌握在手中的是群体，是由平等的人组成的群体。

韦尔南讲话的方式以及他利用话语的方式，表现在交谈的过程中，表现在论据交流的过程中，到了一定的时候，需要在这些论据之间建

1　皮埃尔·帕谢（Pierre Pachet，1937—2016），法国文学家和杂文作家。——译者注

2　皮埃尔·帕谢：《对，就是这意思，一点不错》，载前文所引《让-皮埃尔·韦尔南的里里外外》，第168、170页（Pierre Pachet, “Oui, c’est exactement ça”, dans *Jean-Pierre Vernant, Dedans dehors*, *op. cit.*, p. 168, 170）。

立某种联系，将它们联结成一个整体。权威就是通过这样的交流建立起来的；韦尔南认为自己应当在群体中占据的地位是这一权威的基础：他的地位不是在中央，而是“在十字路口”上：他“站在十字路口”，或者他本身就是一个“边境哨所”。[1] 韦尔南为2004年出版的最后一本书选择的标题就是《跨越边境》（*La Traversée des frontières*）。他是共产党人，但是他参加了非共产党的抵抗组织；他是共产党，但是他参加反对派的社会活动；他投身于古希腊研究，但是他声称自己的研究是伊尼亚斯·迈耶森的历史心理学。他最为关注的是政治，但是他成了古希腊宗教的专家。他一向是理性主义者，首先探索的是希腊理性思想是如何出现的，但是，他与马塞尔·德蒂安一起写了一本论述“混合文化”（métis）的书，他阐述了这种狡猾的智慧产生的持续影响，而且从某种意义上说，在古希腊漫长的思想和文化历史上，这种智慧是受到压抑的。他研究神话，关注从神话到理性是如何过渡的；但是，他越来越多地关注的，是神话中决定话语结构的“模糊逻辑”，是非理性的“对立互补”的逻辑。

韦尔南是在抵抗运动之后开始研究古希腊的。但是，当他将自己写的各方面文章收集在一起，想找个准确的标题，以反映他走过的路程时，他选择的是“神话”和“政治”，再用关系副词“在……之间”将它们联系在一起，于是便有了《神话和政治之间》。他并不认为自己是从抵抗运动直接走上古希腊研究的，说到底，不是从前者到后者，而是一向在“政治”和“神话”之间循环。在现代政治和古代政治之间循环，在古代神话和现代政治所包含的神话之间循环，而现代政治的神话可以被称之为幻想，也可以被称之为乌托邦。因为这两个词（“政治”和“神话”）的意思不仅是一样的，而且它们之间还有一些交流。虽然一个词在一段时间里来到前台，其他的退居后台，但退居

1 详见前文所引让-皮埃尔·韦尔南的《神话与政治之间》，第44页。“边境哨所”是1975年12月5日在法兰西学院讲授“古代宗教比较研究”开课时使用的词。

后台的词汇仍然在产生着影响，仍然在起作用。韦尔南恰恰是站在了十字路口，观察着它们之间如何过渡，如何互相影响、互相交叉。这才是他擅长的事。虽然他越来越多地钻研古希腊历史，但是抵抗运动的事并没有消失，我想说的是韦尔南对“伙伴”“共同”“平等”的重视并没有减少，而且通过对古希腊的研究，他对这些问题的思考也被推向前进。

在他的第一本书《希腊思想的起源》中，他的目的是要“为古希腊的理性建立出生证”，并指出理性出现的条件。[1] 理性是如何从宗教的精神状态当中挣脱出来的？理性从神话当中“得到了”什么？又是如何超越了神话的？ 君主专制政体的权力是要将自己关闭在宫殿当中，故弄玄虚。城邦与这种做法相反。韦尔南紧接着描绘了话语占优势地位的城邦模式，也就是以对立双方公开的辩论为主导的模式，负责人要到这里来汇报他们的所作所为。但是，在寻找城邦和理性的联系是如何产生的时候，他同时还在追求另外一个目的，一个现代政治方面的目的。的确，他打算对当时“在共产党内占主导地位的教条主义和思想模式”提出质疑，同时指出：“如果没有对立双方的公开讨论，如果讨论不能做到完全的自由和公开，那在任何领域也不可能有真理。”[2] 另外，1960 年他到苏联去旅行，最终明白了社会主义社会是怎么回事。如果有人站在古代政治和现代政治的十字路口，不使两者发生任何方面的混淆，那么，通过使两者相互之间具有的阐释作用，就能够让我们更好地理解什么是古代政治、什么是现代政治。而他恰恰就是站在十字路口的人，他最适合提供这种双重的阐释。但是，古希腊人并没有因此而变成模式，而是至少表明，另外一种政治、另外一种对政治的理解是可以设想的，这种政治或者对政治的理解曾经可能，现在也仍然可能。[3]

---

1 详见前文所引让-皮埃尔・韦尔南的《希腊思想的起源》。
2 详见前文所引让-皮埃尔・韦尔南的《跨越边境》，第 24 页。
3 详见前文第 204 页及其后续部分。

在探索“古希腊人”及其与“现代人”的不同之处（现代人的人权和自由）时，韦尔南着重指出，在古希腊，“每个人的身份”是在何种程度上“表现在他与别人的关系当中，表现在他与别人的目光和言语交流当中”。[1] 以至于主体的自我体验不是“指向内在的”，不是内省，而是“指向外在的”。他的自我意识不是自省式的，不是向着自己内心的退省，不是自我的加工，不是建立内心的、复杂的、秘密的世界，不是建立属于自我的世界。他的自我意识是存在式的，正如伯纳德·格罗修森[2] 说的那样，对希腊人来说，自我意识是对“他”的感知，而不是对“我”的感知。[3] 当一个希腊人，就是要永远更加深刻地理解这种特殊的、存在于世的风格，在这种风格当中，每个人都生活在别人的目光里，都是通过别人的目光生活的，并因此而“加入社会生活，正如他是宇宙的一分子一样”。我们可以想见，“生活在伙伴当中”的韦尔南从各个方面对这种历史心理学进行了分析。总而言之，邦雅曼·贡斯当以根本性的方式，对古人的自由和现代人的自由进行了区别（而且这种区别太过于模式化）；韦尔南则以他自己的方式，再一次论述并大大地丰富了这一区别。古人的自由是指公民充分地参与公共事务，而现代人的自由则着重私人领域，是民事的自由，要求把公共事务授权给一些代表。

也许我们现在能够更好地理解，为什么韦尔南作为抵抗战士和研究古希腊的学者，能够在谈话中重新勾画他一生走过的路，正如他在本书中所做的那样，同时又坚决地反对一切写自传的想法。他说，他不是个适合写自传的人：“如果我想讲述我一生走过的路，我手中的笔会脱落的：如何去梳理那些线索，又有什么用处呢？”[4] 可以说，韦尔

1　详见前文所引让-皮埃尔·韦尔南的《神话与政治之间》，第 221 页。

2　伯纳德·格罗修森（Bernard Groethuysen，1880—1946），法国作家和哲学家，他的研究常常介于历史和社会学之间，关注心理的历史，也关注人们如何表现世界，如何解释世界的经验。在两次世界大战期间，他将荷尔德林、卡夫卡和德国的社会学引入了法国。——译者注

3　让-皮埃尔·韦尔南：《神话与政治之间》，第 91 页。

4　同上，第 7 页。

南一向是个外向型的人，思维清晰，做事有条理。他是个文人，他的文章一向写得清晰明了，证明他是个很好的文人。作为《心理学报》（*Journal de Psychologie*）的编辑秘书，在伊尼亚斯·迈耶森的领导之下，他写过好几百篇书评文章。这些文章可以教人们读书、写字！他的文笔有古典风格。他在第三共和国时期的中学里读过书，又获得过哲学教师资格证书，有着很好的修辞学功底；他没有把这种学问用来追求文字的效果，而是用来尽可能细致、清楚地为读者分析，让读者理解：在人的生活、思想、想象中，当人们以为自己在做什么，以及人们实际在做什么的时候，有一些逻辑是具有模糊性的。韦尔南知道“这不是件容易的事！”这是他经常说的话，而且他必须理解，并让读者理解的，正是这种“不容易”的事。他把各种线索掌握在手中，让它们相互之间发生联系，却不混淆，将各种不同的层面进行区别，进行比较；所谓“写文章”，就是要把不同的元素编织成一个整体，这也正是写文章的目的。

因此，韦尔南是用话语影响别人的人。作为演说家，他的水平得到人们广泛的认可。皮埃尔·维达尔-纳凯认为，韦尔南是他见过的最伟大的演说家。[1] 与韦尔南相交甚好的记者和作家埃莱娜·帕姆兰（Hélène Parmelin），这样形容他的口才：“在描绘一件事情时，他满怀激情和信心，却不重复。他的话语感情充沛，但又并不煽情。在说到某件事时，他眼前能够活灵活现地出现那件事。他心向往之，把行动的信息传达给人们。”[2] 韦尔南也是一个善于使用话语的人，他站在十字路口，善于倾听别人的话，到了恰当的时候，当他开口时，他不仅能综合别人的思想，而且是把别人说过的一些事编织成一个整体。作为教师，他寻求在他和学生之间，在他与参与研讨班的研究生之间，在他与法兰西学院的听众之间，建立最佳的交流距离。在交流结

1 详见前文所引皮埃尔·维达尔-纳凯的《回忆录》第二卷，第 112 页。

2 《普伊吉利亚，献给让-皮埃尔·韦尔南的研究文集》（*Poikilia. Études offertes à Jean-Pierre Vernant*, Paris, Éditions de l'EHESS, 1987, p. 15）。

束之后，不管是在高等实践研究院“办”研讨班，还是在法兰西学院上课时，他都会关注话语的不同地位。在高等实践研究院，对于讲课时涉及的知识，他可以容许你不知道；可是在法兰西学院，他假设你是知道的。他也承认，法兰西学院的教育有一定的限制性，这使他不得不为范围更大的读者群体写作，并在文章中投入得更多。“现在我老了，不再过多地受制于科学文章的传统形式，个人情感的投入更多，而且有时候，本来自以为是内心感受的一些东西，也表达在文字当中了。比如在《欧里庇德斯的“酒神”》中，我有‘我的’狄俄尼索斯，也许和别人的不完全一样，所以，从某种意义上说，在我写的东西里面，也有我自己的一些东西。”[1] 最后，韦尔南善于使用话语，但也是一个言而有信的人，他始终固执地忠实于最初的信仰，他认为，人的人文特点是与“他积极地参与一个由平等的人组成的共同体”联系在一起的，在这个共同的群体当中，“任何人都不能对别人行使权力”。[2]

在他为格鲁吉亚哲学家梅拉布·玛玛尔达克维利（Merab Mamardachvili）写的一篇短文当中，韦尔南怀着极大的同情之心，像发自内心般地称他为“格鲁吉亚的苏格拉底”，我们不由得认为，他这也是在说自己。不是说他把自己当成苏格拉底！他在文章中说，梅拉布·玛玛尔达克维利认为，在所谓“顺应天时的生命”中，哲学就是一切。因此，生命就是“活跃的、有活力的话语，到了一定的时候，当它与其他的话语汇聚在一起时，会像花朵一样开放，话语会‘顺天应时地’进入交流”，而文字则会僵化。[3] 韦尔南也喜欢这样与人交流。梅拉布·玛玛尔达克维利不是个擅长文字的人（苏格拉底也不是），但是韦尔南是。在他研究古希腊的工作当中，他详细地思考过口语和

1　详见前文所引让-皮埃尔·韦尔南的《神话与政治之间》，第 68 页。
2　详见前文所引让-皮埃尔·韦尔南的《跨越边境》，第 149 页。
3　详见前文所引让-皮埃尔·韦尔南的《神话与政治之间》，第 601 页。

文字共同具有的效果。[1]显而易见的是，他从来没有用文字模仿口语，或者用文字固化口语，但是，在把口语和文字明明白白地区别开来的同时，他的口语和文字所表达的，都是他自己特殊的“人生在世”的风格：他是个用话语影响别人的人，也是个善于使用语话的人。

1　详见让-皮埃尔·韦尔南：《宇宙、诸神与人》的前言（J.-P. Vernant, *L'Univers, les dieux, les hommes*, Avant-propos, Paris, Le Seuil, 1999, p. 13）。在这本书中，他是要“讲述古希腊神话”，他探索了神话故事生存下来的条件（记忆、口语、传统），以及他自己的故事的地位，他的故事无疑是文字的，讲述者也是学者。关于这个主题，亦可参见弗朗索瓦丝·弗龙蒂西-迪克鲁（Françoise Frontisi-Ducroux）在为前文所引《历史没有完全结束》写的前言，其中也有恰当的阐述，以及阿兰·施纳普在《韦尔南的文笔》中的论述（载前文所引《让-皮埃尔·韦尔南的里里外外》，第185–190页）。

尾　声

走向其他的出发点？

在逝世之前，让-皮埃尔·韦尔南有时候微笑着说"'我的'希腊"。他并不是一个要把什么东西据为己有的人，用这样的词语，他只是想说，我带着问题出发走向希腊，希腊又使我重新提出问题，并让我制定出研究方法，而我一向是在"神话与政治之间"循环往复的：在古代政治和现代政治之间，在古代神话和现代政治神话之间循环。这是他为1996年出版的一本书选取的标题。[1]1997年，让·勃拉克为了捍卫和说明他实践和讲授的语文学，也把一些研究文章收集在一起，编成一本书，取了一个他认为非常醒目的标题《不属于任何人的希腊》。标题显然具有挑衅性、论战性，而且与让·勃拉克故作神秘的文风相一致。[2]

他想表达什么呢？在这个批判的过程完成之后，希腊"回归自我"，"在（读者）眼前展示出一片陌生的土地，这才是不属于任何人的希腊"。[3]不属于任何人：首先勃拉克反对了所有的人，从尼采到海德格尔，这些人以为可以直接理解古代的思想和作为源头的话语，"在

1　详见前文所引《神话与政治之间》。

2　这个标题与保罗·策兰的文集《不属于任何人的玫瑰》（*La Rose de personne*）遥相呼应。让·勃拉克认为，《不属于任何人的玫瑰》是诗人的艺术达到巅峰之作。马拉美（Mallarmé）及其对话语的思考也差不多是这样。然而，不管是对策兰的解读，还是对恩培多克勒（Empédocle）的解读，解读的方法是一样的。应当承认和熟悉的是，某种"个人的习语"被"引入了公共的语言当中"。让·勃拉克写道："解释学以某种词汇的稳定参照以及个人与世界相遇时首先会显得神秘的信息为基础，认同了特殊性。"详见前文所引《不属于任何人的希腊：神话掩盖之下的文字》，第338页。

3　见《不属于任何人的希腊》，在书的封底上也引述了这句话。

一切科学之外，甚至与科学相反”。[1] 我们似乎再次看到保罗·利科对德国哲学家理解古希腊和前苏格拉底哲学家的方式所做的思考。从另外一种意义上理解，所谓“不属于任何人”，也是在反对以自己的观念去理解古人的“似是而非的”所有做法（比如韦尔南的历史人类学就是属于这种方法），反对未经论证的大量“武断”的见解，这样的见解让我们无法严格地、“客观地”理解文本的意义，而且事实上让我们理解的客体是某种经过“事先加工”的客体。[2] 从更加深刻的意义上说，“不属于任何人的希腊”是要与所有关于德国的希腊命运的胡言乱语彻底决裂，语文学经常为这类的言论做担保。但是，勃拉克从来没有考虑过要放弃语文学，恰恰相反，他在战争期间逃难到巴塞尔，并在那里体验到了德国最好的大学传统。的确，对勃拉克来说，语文学是发现新事物的唯一的工具。语文学将注意力集中在对意义的追求上，其目的不是普通的意义和已知的意义，而是“与文字结合在一起，揭示出未知的、全新的意义”。[3] 语文学用来“发现人们以前不知道的事物”。简单说，这就是勃拉克以严谨的治学态度和远大的抱负开辟的道路，他在里尔大学聚集的学生跟随他走上了这条路，也延伸了这条路。[4]

这个希腊真的不属于任何人吗？从我用来指罗伊·利希滕斯坦描绘的形象的意义来说，当然不是。罗伊·利希滕斯坦描绘的希腊是纯粹的形象，除了形象本身之外，它什么意义都没有。甚至恰恰相反，因为勃拉克想细细地分析所有明信片上的希腊，那种庸俗的、人们习惯了的、学术上的或者假学术上的希腊，这样的希腊“掩盖”了经典文本的意义，让人们无法看到真正的希腊；而勃拉克的目的正是要让

---

1 让·勃拉克：《不属于任何人的希腊》，第 16 页。

2 同上，第 15 页。

3 同上，第 100 页。

4 最后，请参见安德烈·拉克斯：《打破希腊的封闭：法国三角》（André Laks, “Le désenclavement de la Grèce : le triangle français”）以及皮埃尔·朱代·德拉孔布的《非交叉行程：批判语文学和历史心理学》，载《城邦》（Pierre Judet de La Combe, “Parcours non croisés: philologie critique et psychologie historique”, *Cités*, 59, 2014, p. 143–148 et 149–156），两位作者都强调勃拉克的研究和韦尔南的研究之间“没有交集”。

希腊恢复其本来面目。但是这样一来，这个不属于任何人的希腊，最终成了有主的希腊：希腊是古希腊人的希腊。更加准确地说，希腊属于创造了它的人们——恩培多克勒、赫拉克利特、索福克勒斯——也就是说，是每个创造者“设想”中的希腊，是解释者在当时使用当时的词汇表达的希腊，是任何人都还没有表达过的希腊。传统是理解的障碍，也是这一障碍的基础；语文学家利用了传统，也反对传统，他们的工作就是要感知认识的“断裂”之处。如果语文学家是猎人，那么这些“断裂”之处就是他们追踪的猎物。

还有最后一个问题：在这个机制当中，语文学家的地位如何？他该如何做，才能够使古希腊回归本源，或者才能让人们听到古希腊作者的声音呢？那是人们从未听到过的声音。难道语文学家也要超脱出来，也要不属于任何人（像尤利西斯一样）？他的声音能够不属于任何人吗？勃拉克记了很长时间的日记，名为《一天天》（*Au jour le jour*），我们在其中可以看到一段话：“语文学，在其最好的状态之下，与文学创作有双重的关系。在语文学与文学创作分离开来的同时，恢复文学创作的产生和理解的外部条件，同时承担对文件进行保护的责任。另一方面则相反，语文学把自己也视为对象，进入创作的过程，就好比它能够重新经历这一过程一样。由此，我们从客观性过渡到主观性的中心。”[1] 这一次的回答是清楚的，甚至是明白无误的。语文学的研究对象是文学创作，而语文学家在将客观实践和主观能动性联系在一起的同时，可以“恢复”文学的创作，可以将自己“认同”为文学的创作。“就好比”语文学“可以重新经历”创作的过程一样。这个“就好比”是什么意思呢？还不就是以学者的名义，隐隐约约地、谨慎地再一次祭出以前的“变革”大旗？从根本上说，这种变革本是宗教的推动力。在对语文学家的职业给出的定义当中，前边一部分说的恢复和保护，指的是“复古”，是人文学者与“变革”放在一起使用的另一种推动力。我们在前面强调

1　让·勃拉克：《一天天》（Jean Bollack, *Au jour le jour*, Paris, PUF, 2015, p. 719）。

过，将这两种动力结合在一起，是人文主义者利用“古人”和“现代人”这一对概念，再一次祭出古代的事物，让古代的事物再一次复兴，从而以其特有的方式，使这一对概念又有了生气和力量。我们之所以指出这一点，并不是要把勃拉克推向意大利的“15 世纪”（Quattrocento），而是要强调指出，为了与过去的事物、与已经不存在了的事物建立联系，西方的传统使用了这两种在其历史上形成的伟大的推动力，“复古”（restitutio，主要是从拉丁的意义上说）和“变革”（renovatio，是基督教接过来并进行了改造的概念）。当然，这两种推动力的比例和意义是有变化的，但是至少这种两重动力的结构现在仍然存在，仍然是潜在的，是时时刻刻可以被激活的。

很清楚的一点是，当人们与古人发生了彻底的决裂，来到进步的时代，来到历史加速发展的时代，在过去的基础上“革新”已经失去了其带动的作用。因为从今往后，最为重要的事情，是尚未发生的事情。后来到了 19 世纪，当历史一心想把自己装扮成科学，想把自己定义成“过去的事物的科学”时，同样清楚的是，所有“复古”的程序便都出现在前台，动员起人们的创造性，也使这些事物有了合法性。“复古”是经过博物学来实现的。复古的努力具体表现为追根溯源，重建文本，对古代的文献进行注疏，发展辅助的科学，考古发掘越来越多。由此开启了文献资料的积累时代，人们编辑词典，研究的分工和专业的划分越来越细。各种学科建立了起来，研究的规则和领域的划分越来越清晰。过去不是要复兴的对象，只是需要认识的对象。这变成了人们的“信条”（credo）。

这也是菲斯泰尔·德·库朗热的信条，这是我们在前边已经看到了的。但是，这还没有完，因为同一个菲斯泰尔大大地扩充了“复古”的范围，同时引入了比较（通过印欧的“事实”将古希腊人和古罗马人与吠陀的印度进行比较[1]）。埃米尔·涂尔干完全理解了这种方法的

1 让-保罗·德穆勒：《印欧人到底哪里去了？西方起源的神话》（Jean-Paul Demoule, *Mais où sont passés les Indo-Européens? Le mythe d'origine de l'Occident*, Paris, Le Seuil, 2014）。

新颖之处，也理解了这种方法在解释学上的潜力。但条件是要进行更好的、更多的比较。社会学系统化地使用了这种方法，并致力于建立比较的规则，人种学又成了后继者。经过社会学的磨砺，比较的方法又一次用于对古希腊进行研究；这主要归功于路易·热尔内，最终达成的结果（至少在制度层面上是这样），是在法兰西学院设立了一个古代宗教比较研究的教席；1975 年，该教席授予韦尔南。因此，有两种方式来实施“复古”。对古代的事物来说，第二种（离不开第一种，如果用一个词来形容的话，那就是“博物学的复古”）是将古人放在世界当中，让他们完全摆脱“他们 / 我们”这种二元论的关系，因为自从“古人”和“现代人”这一对概念的对立瓦解之后，“他们 / 我们”的二元论关系就已经过时了。在将古人相对化处理的同时，也使他们变得普遍化了。这样一来，希腊的经验就变成了可以比较的经验，因此也就成了可供使用的经验。由此，古希腊人也就不再是不可比较的了。

我们的出发点是《亚历山大之役》，这是一幅威廉四世订购的油画，从画家阿尔布雷希特·阿尔特多费尔描绘的场景来看，亚历山大和威廉四世几乎具有同时代的特点。这一特点的基础是末世论对时空的超越，标志是天空出现的十字架。作品描绘的主题是帝国的相继登场：在波斯人之后，是希腊人，然后希腊人又被罗马人取代。但是，最后一个王国还没有终结，在这个王国的心目中，他们是前人；所以从这种意义上说，所有的王国都是同时代的。三个世纪之后，当弗里德里希·施莱格尔瞻仰这幅画时，他知道，自从亚历山大和威廉四世以来，时光流逝，而且已经逝去了很多很多的时光。因此，他赋予语文学的目的是，“以实际的方式，让古代在自己心中实现”：“以古典的方式生活”，就是这样。我们应当承认，这句话并非不言而喻。语文学是实现古代的工具。这也就意味着，这样想来，语文学不仅仅是一种技术和一种知识：它是一种对生活的选择，是一种真正的苦修。因为这是生活，而不仅仅是读书：是为了生活而读书，同时明知道时间在流逝，却要将时间消除。时间无法挽回地将弗里德里希·施莱格尔和古人分别了开来；在领会这样的时间的时候，弗里德里希·施莱格尔想到的前人是人文主义者，也想到人文主义者“革新”和“复古”的双重的推动力，而语文学正是这种现代版的推动力在德国的再现，是为了德国而再现的推动力。

从时间的角度来看，在人文主义者和弗里德里希·施莱格尔之间不同的，是现代时代不均衡的、缓慢的出现。莱因哈特·科泽勒克对此进而做集中的分析。在这一现象当中，法国大革命是极其重要的事件。在法国，当时的人们一概排斥在古人的基础上进行“革新”的要求，同时出现了“复古”的诉求，因为所谓“复古”，首先是理论上的依据，以封死“革新”之路。问题不再是如何模仿古人，而只是了解过去。从邦雅曼·贡斯当到菲斯泰尔·德·库朗热，这种态度都是占主导地位的。在德国情况恰恰相反，法国的排斥激起“革新”和“复古”在德国同时复活；所谓“革新”和“复古”的对象，首先是古希腊。温克尔曼开辟了道路，众多的学者在这条路上追随了他。

随着历史学的现代体制变得越来越有势力，逐渐形成了一种观念，认为时间是一种因素，而历史是一种过程，演变论的影响开始扩大，并认为用演变的模式可以解释社会的发展。古希腊人在这种模式当中是有地位的，而这种地位要通过比较学说来探索，这就是菲斯泰尔在讲义当中指出、涂尔干进行了修改、韦尔南又重新阐述的学说。[1]这首先是一个历史心理学的设想，后来到了1968年之后，又成了历史人类学的计划。但是，随着对现代体制的质疑变得越来越多（有时候这种体制发生了故障，有时候它失去了民心，或者被人们放弃），演变论也成为人们质疑的对象，后来也被抛弃了。从1952年开始，克洛德·列维-斯特劳斯在联合国教科文组织的支持之下从事了一系列的研

1 让-皮埃尔·韦尔南：《思考不同》（“Penser la différence”），载前文所引《跨越边境》，第151–160页。关于韦尔南的历史人类学，请参见奥雷利安·格罗的《论让-皮埃尔·韦尔南的历史认识论》（Aurélien Gros, *Jean-Pierre Vernant, Essai d'épistémologie historique*, soutenue à l'EHESS en 2015）。

究，作为成果的《种族及历史》（*Race et histoire*）对此进行了清楚的阐述。人们进入了结构主义和一种新型的比较主义的时代，其中的古希腊人和野蛮人一样，变成了“值得思考”的人。[1]

不过，为什么他们“值得思考”呢？不久便有人提出了意义是否“有用”的问题。如果过分地“从人类学的角度”去研究，古希腊人会不会落入纯粹的异国情调？柯奈留斯·卡斯托里亚蒂斯就一向拒绝这样做，他本来想把希腊民主的经验作为一种“萌芽”来探索。[2]在西方漫长的历史上开启的两条道路当中——“复古”之路和“革新”之路——虽然第一条道路在19世纪和20世纪占了上风，但是在我们的视野当中，第二条道路也没有完全消失。我们刚刚已经看到，语文学的设想中就有这种想法。更何况我们可以认为，在欧洲，半个世纪以来，现代，也就是未来起决定作用的历史学的现代体制时代，其大部分推动力量已经丧失。取而代之的，是“现在主义的现在”（un présent présentiste），除了这种现实之外，它很难具有其他的前景，只能甘心情愿地醉心于借助信息技术而不断花样翻新的种种形式。

但是，在这样的境况之下，“革新”也是有地位的，甚至会出现一些诉求，激活某种形式的“革新”。革命、造反、乌托邦、解放的理想都是这种诉求以各种不同形式的表达。如果我们把一些荒诞不经的想法放在一旁，只关注与过去的关系，那就会有人提出种种建议，要在过去的某个时点和现在的某个事件之间建立直接的联系。瓦尔特·本雅明[3]成了这种提议和做法的鼻祖。米歇尔·福柯（Michel Foucault）也反复说过，哲学家的任务就是“对现实做出诊断”。他认

1 马塞尔·德蒂安：《阿多尼斯的花园：希腊香料的神话》（Marcel Detienne, *Les Jardins d'Adonis, La mythologie des aromates en Grèce*, Paris, Gallimard, 1972, p. 13–15）。韦尔南在他写的前言（p. IV–V）中说：比较是在“相同文化领域内部”建立的，也要考虑“相似性和差别”，而且比较的目的并不是在“人物和传说类型之间建立相似性，而是要定义各种元素在同一个整体当中的相对地位”。

2 详见前文第62页。

3 瓦尔特·本雅明（Walter Benjamin，1892—1940），犹太裔德籍哲学家，出生于德国柏林，出版有《发达资本主义时代的抒情诗人》《单向街》等作品。——译者注

为，这样做与出发去希腊一点也不矛盾，出发去希腊是为了给有欲望的人建立系谱。

相对古代来说，在今天建立与现实的关系（但不是与现在主义的现实之间的关系）意味着什么呢？至少在潜在的意义上，勃拉克的语文学在其目的上保留了某种“革新”的意义。妮科尔·洛罗号召人们实行有限的忽略年代的方法，但是同时，他在 1933 年便颇有远见地提出了这个问题 。[1] 我认为，在我关注的事物当中，最为重要的，是对时代、对我们这个时代的探索，我也为此进行了很长时间的研究。这一探索吸引了我的注意，并让我一次次出发去希腊。更加准确地说，自从希罗多德提出历史这个名称之后，我从一开始对这个古老名称的思考，就是与探索今天的历史联系在一起的，也就是说，我思考的，是我们与正在发生变化的、正在从未来决定论倒向现实决定论的时代之间的关系。其他更加年轻的人可以借用这条道路，出发去一次希腊，或者多次去希腊。年轻人也可能会开辟其他的属于他们自己的道路，那就更好。[2] 为了不让希腊变成不属于任何人的希腊，不让它成为缺席的希腊——既不知道自己缺席，又感觉不到自己的缺席——不让它成为无可救药的希腊。我们不要让希腊成为数字化的、复制的、通过 3D 可以随时进入的希腊。这样的希腊是没有用处的、死了的希腊。温克尔曼万岁！

1　妮科尔·洛罗：《对历史中年代错误的赞颂》，后收入《雅典的悲剧》（Nicole Loraux, “Éloge de l’anachronisme en histoire”, repris dans *La Tragédie d’Athène*, Paris, Le Seuil, 2005 p. 173–190）。

2　可参见《古希腊的政治》（Politique en Grèce ancienne），是《年鉴》关于城邦以及“今天的希腊仍然可以告诉我们什么”一期的专号。里面的文章旨在衡量二十世纪七八十年代以来所发生的一些变化，并提出重新定义城邦的线索（*Annales HSS*, 3, 2014）：故地重游时的城邦已经不同于涂尔干的城邦了。

见识丛书

科学　历史　思想

01《时间地图：大历史，130亿年前至今》　［美］大卫·克里斯蒂安

02《太阳底下的新鲜事：20世纪人与环境的全球互动》　［美］约翰·R. 麦克尼尔

03《革命的年代：1789—1848》　［英］艾瑞克·霍布斯鲍姆

04《资本的年代：1848—1875》　［英］艾瑞克·霍布斯鲍姆

05《帝国的年代：1875—1914》　［英］艾瑞克·霍布斯鲍姆

06《极端的年代：1914—1991》　［英］艾瑞克·霍布斯鲍姆

07《守夜人的钟声：我们时代的危机和出路》　［美］丽贝卡·D. 科斯塔

08《1913，一战前的世界》　［英］查尔斯·埃默森

09《文明史：人类五千年文明的传承与交流》　［法］费尔南·布罗代尔

10《基因传：众生之源》（平装+精装）　［美］悉达多·穆克吉

11《一万年的爆发：文明如何加速人类进化》　［美］格雷戈里·柯克伦　［美］亨利·哈本丁

12《审问欧洲：二战时期的合作、抵抗与报复》　［美］伊斯特万·迪克

13《哥伦布大交换：1492年以后的生物影响和文化冲击》　［美］艾尔弗雷德·W. 克罗斯比

14《从黎明到衰落：西方文化生活五百年，1500年至今》（平装+精装）　［美］雅克·巴尔赞

15《瘟疫与人》　［美］威廉·麦克尼尔

16《西方的兴起：人类共同体史》　［美］威廉·麦克尼尔

17《奥斯曼帝国的终结：战争、革命以及现代中东的诞生，1908—1923》　［美］西恩·麦克米金

18《科学的诞生：科学革命新史》（平装）　［美］戴维·伍顿

19《内战：观念中的历史》　［美］大卫·阿米蒂奇

20《第五次开始》　［美］罗伯特·L. 凯利

21《人类简史：从动物到上帝》（平装+精装）［以色列］尤瓦尔·赫拉利
22《黑暗大陆：20 世纪的欧洲》［英］马克·马佐尔
23《现实主义者的乌托邦：如何建构一个理想世界》
［荷］鲁特格尔·布雷格曼
24《民粹主义大爆炸：经济大衰退如何改变美国和欧洲政治》
［美］约翰·朱迪斯
25《自私的基因（40 周年增订版）》（平装 + 精装）［英］理查德·道金斯
26《权力与文化：日美战争 1941—1945》［美］入江昭
27《犹太文明：比较视野下的犹太历史》［以］S. N. 艾森斯塔特
28《技术垄断：文化向技术投降》［美］尼尔·波斯曼
29《从丹药到枪炮：世界史上的中国军事格局》［美］欧阳泰
30《起源：万物大历史》［美］大卫·克里斯蒂安
31《为什么不平等至关重要》［美］托马斯·斯坎伦
32《认知工具：文化进化心理学》［美］塞西莉亚·海斯
33《简明大历史》［美］大卫·克里斯蒂安［美］威廉·麦克尼尔 主编
34《专家之死：反智主义的盛行及其影响》［美］托马斯·M. 尼科尔斯
35《大历史与人类的未来（修订版）》［荷］弗雷德·斯皮尔
36《人性中的善良天使》［美］斯蒂芬·平克
37《历史性的体制——当下主义与时间经验》［法］弗朗索瓦·阿赫托戈
38《希罗多德的镜子》［法］弗朗索瓦·阿赫托戈
39《出发去希腊》［法］弗朗索瓦·阿赫托戈
40《灯塔工的值班室》［法］弗朗索瓦·阿赫托戈
41《从航海图到世界史：海上道路改变历史》［日］宫崎正胜
42《人类的旅程：基因的奥德赛之旅》［美］斯宾塞·韦尔斯
43《西方的困局：欧洲与美国的当下危机》
［德］海因里希·奥古斯特·温克勒
44《没有思想的世界：科技巨头对独立思考的威胁》
［美］富兰克林·福尔
45《锥形帐篷的起源：思想如何进化》［英］乔尼·休斯

见识城邦 出品